国家出版基金项目
NATIONAL PUBLICATION FOUNDATION
四川省巴蜀文化研究中心重點科研項目
巴蜀文化研究大家系列

〔清〕劉沅◎著
總主編◎譚繼和
總策劃◎施維
箋解　譚繼和　祁和暉

十三經恒解

卷之四

箋解本

《書經恒解》

巴蜀書社

圖書在版編目（CIP）數據

十三經恒解（箋解本）／（清）劉沅著；譚繼和、祁和暉箋解
—成都：巴蜀書社，2016. 1
ISBN 978-7-5531-0569-7

Ⅰ. ①十… Ⅱ. ①劉… ②譚… Ⅲ. ①經學②《十三經》-注釋 Ⅳ. ①Z126. 2

中國版本圖書館 CIP 數據核字（2015）第 175942 號

十三經恒解（箋解本）

（清）劉　沅　**著**
譚繼和　祁和暉　**箋解**

出 品 人	林　建　侯安國
策劃編輯	施　維
責任編輯	張照華　張亮亮　肖　靜　封　龍 張紅義　王群栗　趙邦媛　童際鵬
出　　版	巴蜀書社
	地址：成都槐樹街 2 號　　郵編：610031
	總編室電話：（028）86259397
網　　址	www. bsbook. com
發　　行	巴蜀書社
	發行科電話：（028）86259422　86259423
經　　銷	新華書店
印　　刷	四川省南方印務有限公司
版　　次	2016 年 1 月第 1 版
印　　次	2016 年 1 月第 1 次印刷
成品尺寸	210mm×290mm
印　　張	218. 5
書　　號	ISBN 978-7-5531-0569-7
定　　價	2000. 00 元（全 10 卷）

目　録

書經恒解

十三經恒解 箋解本 卷之四

十三經恒解

箋解本

卷之四

書經恒解

李昊　賈雯鶴◎整理

序①

先王治天下之大法，莫要於《書》。《書》者，蓋古史之遺也。黄炎以前，非無制作，而狉獉初遠，經畫未詳。唐帝以巍巍之德，集羣聖之臣，禮樂文章，燦然具備。夫子刪書，托始於此。蓋以模前範後，典則莫能逾也。三代迭興，世變不齊，而本身脩德，以及萬民，前聖後聖，殊途同歸。夫子苟得志於時，猶周公也。特其損益質文，以協時中，必有化裁，非徒沿襲。身既不遇，則刪定聖人之蹟，以詔將來，其文存，斯其道存。而率由前王因時補救者，亦可依類而推矣。秦皇毒焰，典册淪亡。伏生掇拾於煨燼之餘，僅留一綫。安國繼興，壁經以明。考諸漢代，今文古文原自分行，其源流彰彰可據。特今文列於學官，而古文私相授受，不特經多殘闕，即安國《傳》文，亦非舊矣。南齊建武，古文始行。至東晉，而梅賾復上《孔傳》，然其中不無後人損益之筆。後儒因《傳》之不可盡信，遂並經文而益疑之，始於吴才老，成於吴草廬。至今日而排擊罅隙、以求必信者，指不勝屈矣。夫讀古人之書，必深悉古人之情事，而又以聖人中正之理衡之，然後不迷於趨向。摘句尋章，以爲詬病，其亦疏矣。我朝聖治丕昭，其心即堯舜之心，其道備唐虞三代之道。欽定傳説彙纂，古今文並行，而頒諸學宫。一遵蔡《傳》，誠慮衆説之騖而歧也。然蔡《傳》亦有譌失，不免啟他人之滋疑。沅也蛩見無多，管窺有得，竊嘗自慚身親雅化，而無補於當時，深忝於庭訓。爰就鄙見，梳櫛其文，務求意理之貫通，不敢附會於舊説，非故爲矯異也。

① 《槐軒雜著》卷一本序作《尚書恒解序》。

誠以聖人之言存，即其事與心之顯然易見者，亦眾箸而可知。特傳註相沿，必穿鑿拘泥，則反覺難安耳。書成，亦以《恒解》名之。蓋以人心之公理，即聖人維世之大經也。大雅君子，其或不以爲庸妄乎？

雙流後學劉沅謹識

《書》之古今文，辯論紛紛，全書字句尤多疑竇，先生《恒解》辨正至詳。此序略言其概，必玩全註始晰。

受業陳治安志①

① 按：陳志安題記原載《槐軒雜著》卷一本序末。

凡例 附辨正

一、孔安國《尚書序》云：伏羲氏始畫八卦，造書契。按《世本》云：蒼頡始造書。司馬遷、班固、韋誕、宋忠、傅元皆云黄帝之史官，崔瑗、曹植、蔡邕、索靖皆云古之王者。徐整云在神農、黄帝之閒，譙周云在炎帝之世，衛氏云在庖犧、蒼帝之世，慎到云在庖犧之前，張揖云蒼頡爲帝王，生於禪通之紀。其説不一。愚謂夫子第云上古結繩而治，後世聖人易之以書契，不言何人。自洪荒以前，浩渺難稽，然三皇五帝，其傳已久。天皇、地皇、人皇，開闢草昧，不應無書，但簡略耳。蒼頡作書，蓋始廣其刑象而爲之，故云：天雨粟，鬼夜哭，謂其奪造化之奇也。蒼頡之作字，其先後於伏羲，六經無明文，殆不可泥。至伏羲畫卦，窮萬物之情。《序》謂爲始造書契，蓋亦依經立義，不爲無見。大抵文字之興，自上古聖人皆有之，至伏羲而始略盡也。《序》又云：伏羲、神農、黄帝之書，謂之《三墳》，言大道也。少昊、顓頊、高辛、唐、虞之書，謂之《五典》，言常道也。常道即大道，不必强分。三皇之書始創，故以大稱之。五帝發明人倫之典，故以常稱之，非大道與常道有二也。《左傳》言《三墳》《五典》，不言爲皇帝之書，而《序》云然，殆未可據。後世所傳《三墳》《五典》，尤不足信也。至於三皇五帝，言者不一，當以天皇、地皇、人皇三皇爲是。五帝，儒者沿《家語》孔子之言，然孔子乃云金、木、水、火、土分司化育之神，曰五帝。其配以太皞、炎帝等名，乃後儒附會。五帝之神，分司上天功化，有德者可以爲之，而必鑿指何人，且終古只此數人，於義爲不通。《易傳》曰：庖犧氏没，神農氏作，黄帝、堯、舜氏作，則以羲、農、黄帝、堯、舜爲五帝。依經立論，其説自不可易。後之作史者，據《漢書·律歷志》，以伏羲爲太皞，神農爲炎帝。崔氏述曰：《易傳》：庖犧、神農在黄帝之前。《春秋傳》：黄帝氏以雲紀，故爲雲師而雲名。炎帝氏以火紀，故爲火師而火名。共工氏以水紀，故爲水師而水名。太皞氏以龍紀，故爲龍師而龍名。炎帝、太皞在黄帝之後，庖犧、神農在黄帝前。炎帝、太皞在黄帝後，則庖犧非太皞，神農非炎帝矣。《史記·五帝本紀》曰：軒轅之時，神農氏世衰，諸侯相侵伐，暴虐百姓，而神農氏弗能征。又曰：炎帝欲侵陵諸侯，軒轅乃脩德振兵，與炎帝戰于阪泉。前文言衰弱，凡兩稱神農氏，皆不言炎帝。後文言征戰，凡兩稱炎帝，不言神農。然則與黄帝戰者自炎帝，與神農無涉也。其後又云：諸侯尊軒轅爲天子，代神農氏。不言炎帝，然則帝於黄帝之前者自神農氏，與炎帝無涉也。《戰國策》曰：神農伐補遂，黄帝伐涿鹿，而擒蚩尤。亦列神農於黄帝之前，而不云炎帝。《晉語》曰：黄帝以姬水成，炎帝以姜水成。亦列炎帝於黄帝之後，而不云神農。惟《史記·封禪書》神農封泰山禪云云，炎帝封泰山禪云云，黄帝封泰山禪云云，嘗列炎帝於黄帝前，蓋謂二帝同時，故偶先及之。然上文自有神農，則炎帝亦不得復爲神農也。《春秋傳》云：炎帝爲火師，姜姓其後也。與《國語》炎帝姜姓之説合，皆云炎帝，不云神農。蓋自《史記》以前，未有言庖犧風姓爲龍師、神農姜姓爲火師者，亦未有言太皞畫八卦、作網罟，炎帝制耒耜、爲市廛者。然則庖犧氏之非太皞，神農氏之非炎帝，明矣。其博考辨正，甚有所見，然上古事無稽，原不必鑿求，當辨不止此也。

一、孔安國《大序》云：八卦之説，謂之《八索》。九州之志，謂之《九邱》。即謂上世帝王遺書，然古帝王經世之書，不應孔門無傳，或多上世之書，不必皆出於帝王也。《孟子》云：誦其詩，讀其書，知其人。使古無書，孔孟何以論世？即以帝王書論《史記》古事，當亦不止此《書》。特此《書》經夫子删定，衹存什一，則《八索》《九邱》不得與此《書》並列。子國云：孔子讚《易》道，以黜《八索》；述職方，以除《九邱》。果屬上世帝王之書，必有發明，孔子不應黜之，是其言亦自相剌謬矣。

一、《書》有今文古文，今文者，伏生所傳；古文者，孔安國得之壁中者也。然古文今文又有漢唐之異，馬氏端臨曰：漢所謂古文，科斗書；今文者，隸書也。唐所謂古文，隸書；今文，世所通用之俗字也。今文古文，漢代兼有之，第今文列於學官，而古文行於民間，其閒顯晦，傳授不一。今已頒定遵行，而攻擊古文者，尤屢屢辨不勝辨，姑撮其大要如左。

一、《史記·儒林傳》云：伏生故爲秦博士，孝文帝時，欲求能治《尚書》者，天下無有，乃聞伏生能治，欲召之。是時伏生年九十餘，老，不能行，於是乃詔太常使掌故晁錯往受之。秦時焚書，伏生壁藏之。其後，兵大起，流亡，漢定，伏生求其書，亡數十篇，獨得二十九篇，即以教於齊魯之閒。學者於是頗能言《尚書》，諸山東大師無不涉《尚書》以教矣。伏生教濟南張生及歐陽生，歐陽生教千乘兒寬，兒寬復受業孔安國。又云：自此之後，魯周霸、孔安國，雒陽賈嘉，頗能言《尚書》事，孔氏有古文《尚書》，而安國以今文讀之，因以起其家逸《書》，得十餘篇，蓋《尚書》滋多於是矣。按史遷記秦以前事，多不實，以採輯百家傳記，世遠難稽也。至秦漢後事，則見聞較確，其言可信。今遷載伏生授受本末甚明，既云山東大師無不涉《尚書》以教，又傳張生、歐陽生，則知《尚書》者，非止伏生矣。文帝以《書》傳自伏生，故特遣晁錯往受業，非伏生傳諸於人，竟無傳本而徒口授也。安國《書序》乃云：伏生失其本經，口以傳授。衛宏因而云：伏生老，不能正言，使其女傳言教錯。齊人語與穎川異，錯又不能盡通，略以其意屬讀。然則所謂山東諸大師及張生、歐陽生者安在？詔求遺書，竟無傳本，而但據一老翁一女之口，當時君臣粗疏已甚。是安國《書序》實啟後世之訾，而朱子疑其非安國作者，亦有由也。

一、孔安國淵源由於伏生，及得壁中所藏，事屬確鑿。史遷從安國遊，故《史記》多古文之説，而載伏生、安國事甚詳。特安國所作之《傳》未經奏上，而後世所傳《安國傳》非其原書，或後人有所增損，故今之《孔傳》多來學者之疑。今略爲採取一二，其採用者直曰漢孔氏云云，以《安國傳》眞本久已無傳，而此既相沿爲《孔傳》，則孔傳之耳。

一、孔壁所出古文《尚書》，《漢書·藝文志》云：安國得其書，以考二十九篇，得多十六篇，安國獻之，遭巫蠱事，未列於學官。則安國所獻古文，未經通行民閒可知。又云：劉向以中古文校歐陽、大小夏侯三家經文，《酒誥》脱簡一，《召誥》脱簡二，率簡二十五字者，脱亦二十五字，簡二十二字者，脱亦二十二字。文字異者，七百有餘，脱字數十。夫中古文者，即安國所獻之古文，劉歆所謂藏於祕府，伏而未發者也。劉歆又云：《尚書》初出於屋壁，朽折散絶，今其書見者，時師傳讀而已。其書見者，即安國所獻而藏之祕府者。云時師傳讀而已，則未經頒行，第私爲授受已明。然則今文古文，其在漢時並行，灼然可據。第其篇目，與今傳五十六篇之數不合，或古人分析卷目於後不同。毛大可據《隋書·經籍志》，力辨古文非僞，論者謂長生無忌等所言，不足爲信。然《史記》、劉歆、班固所言，則可信也。閻百詩、惠棟等必盡斥古文爲偽，其可乎？故今即《史記》、劉歆、《漢書》以決古文之非僞。其中或有後人增入者，要以義理斷之，亦必求其可信而後信之，不敢人云亦云。

一、安國所獻古文，漢代時師已爭相傳授，而廷臣狃於便安，不欲更改前章，故於劉歆不惟不行其説，而反加怒恨。大司空師丹奏歆改亂舊章，非毀先帝所立。上曰：歆欲廣道術，何以爲非毀哉？得不加罪。然歆由是忤執政大臣，懼誅，求出，補吏爲河内太守。至平帝時，乃立古文。然不久王莽廢官學，仍不行。光武初，尹敏，字幼季，習歐陽《尚書》，既而受古文。汝南周防，字緯公，亦受古文《尚書》，撰《尚書雜記》三十二篇。肅宗朝，詔高才生能受古文《尚書》者，魯孔僖，字仲和，自安國以下，世傳古文不絶，拜郎中。陳留楊淪，字仲理，師事司徒丁鴻，習古文《尚書》，講學大澤中，弟子至千餘。是漢代古文《尚書》之傳，確有證據。而賈逵、馬融、鄭康成等於諸經引古文者，皆註曰逸《書》，似未見古文者。則以安國之《書》，未經頒行，而賈、馬諸人所註，皆杜林漆書也。後漢杜林，字伯山，扶風茂陵人。光武徵拜侍御史，於西州得漆書古文《尚書》。同郡賈逵爲之作訓，馬融作傳，鄭康成作註解。然三人皆在林後，不過喜而註之，非親爲受業，且安國所傳古文，世既以爲不足信，而林所得乃又眞乎？孔穎達不知康成所註乃漆書古文，而誤以爲即孔安國古文，因疑此二十四篇，鄭註無有，而篇目存亡，又與《左傳》不合，是必張霸上僞書時，於鄭註之外，僞造二十四篇，以足鄭註所闕之數。然張霸，西漢人；康成，東漢人，霸豈能預造僞書以補鄭註。且考成帝時，求眞古文者，張霸以能爲百兩篇徵，以中書校之，非是，迺黜其書。中書者，中祕書，即孔安國所獻古文也。因安國《傳》未奏上，而民閒私相授受者不一，故詔求眞《書》。張霸所上百兩篇，與孔本不合，故黜之。然既云百兩篇，則非二十四篇矣。惟安國之《傳》未公行於世，而中祕古文又未頒行，故古文分合篇數，由私相授受者所爲，遂生許多疑竇。故今之《書》，古文未必盡安國原本，而其義可存則存之矣。今之安國《書傳》，亦非安國原本，而其説可採，亦採之矣。

一、古文《尚書》漢代已行，而賈逵、馬融、鄭康成皆習古文《尚書》者，其註諸經引古文處，皆曰逸《書》。是以後代疑今傳古文之僞，然三人所謂古文皆杜林漆書古文，非安國舊本也。毛大可引徐仲山語，謂立學者爲

《尚書》，不立學爲逸《書》，猶之合官法者曰官書，否則曰野書。三人以非令甲所頒行，不敢公言爲《尚書》。觀劉歆倡言立古文《尚書》，而廷臣罪之，則古文雖早行世，朝廷不取也。安國既私傳古文《尚書》於都尉朝，朝授膠東庸生，其流傳自未湮没，特三人偶未及見，故云逸《書》。古書不比今書，紙印易爲流傳，古文《尚書》，三人不及見，亦非怪事。何可即據以斥其非？况鄭康成所註漆書古文，今已無存，惟孔穎達《註》、孔《傳》尚在，則漆書之僞，不久而湮。古文《尚書》，其義不謬於聖人，即以爲安國眞古文，未嘗不可。詳見下文。

一、毛大可謂梅賾所上乃孔安國《傳》，非謂經文是也。而以《小序》爲皆孔子作，又不知《書》有譌誤之處，别撰爲《舜典補亡》，則非。《小序》之非，愚已别爲一卷條析之。而《堯典》及《益稷》諸篇錯簡，皆於本篇詳辨，兹不贅。後世諸儒多斥古文之僞，而今文中文義多不能詳，其錯簡亦不能辨，則於聖人微言大義，固未深徹，徒抉摘於字句之閒，呶呶爭訟，亦何益也。

一、孔安國去伏生已遠，其於聖人之道，又未有得。其得壁經時，不能校正譌誤，並不能知《小序》非孔子作，徒以先代遺文，珍重奉行。史遷亦然，故令此書遂爲殘闕之籍。今詳考源流，明辨是非，不敢自任私見，亦不敢曲從前人，要衷於至是而已。

一、梅賾所上孔《傳》，既未必安國舊本，而姚興大航頭所得《舜典》二十八字，尤非原文。今於孔《傳》節取之，於二十八字闕之，以期無失聖人之意而已。

一、伏生《大傳》，世多引用，然其言不雅馴，首尾不倫，未必伏生自作也，當闕之。

一、《書大序》，朱子疑其非孔安國作，謂傳子子孫孫，以貽後代，漢時無此文字。然《詩》已有子子孫孫，勿替引之之語。且全文古樸，自是漢人本色。《小序》可疑，此不可疑也。其序古文本末甚明，學者賴以考焉所云。其餘錯亂摩滅，弗可復知，則殘闕不成篇目者，悉棄而未收。而一二好奇嗜古之士，别存其説，及諸經所引《書》文，有今《書》所無者，皆在錯亂之列者也。而後儒必據以斥古文盡僞，毋乃不察乎？

一、孔壁藏書之説不一，《家語》：孔襄名騰，以秦法峻急，藏《尚書》《孝經》《論語》於夫子舊堂壁中。《漢紀》以爲孔鮒所藏。《隋書》則云：漢武帝壞孔子宅，得其末孫惠所藏之書。按《史記》《漢書》不載所藏書人，而《書序》衹稱我先人用藏其家書於屋壁。考騰字子襄，安國曾祖，爲漢景帝博士，長沙太守。是時藏書之禁已弛，何緣必私藏之。孔鮒爲陳涉博士，則其畏秦法而藏者，理或有之。是《家語》所云亦非也。至《隋書》稱末孫惠者，則並無其人。毛氏以爲子襄子名忠，字與惠字形相近而致誤，理或有然。

一、《泰誓》眞書，久已亡逸。董仲舒《對策》有白魚入于王舟，有火復于王屋，流爲烏語。疑武帝初猶有其篇，或經巫蠱之事而散失。劉向《別錄》：武帝末有得《泰誓》於壁內者，獻之。云武帝末，則非董仲舒所見也。馬融、王肅、鄭玄皆云《泰誓》後得，王充《論衡》：《泰誓》掘地所得。又云：宣帝時，河內女子發老屋，得逸《易》《禮》《尚書》各一篇，奏之。宣帝下示博士，然後《易》《禮》《尚書》各益一篇，而《尚書》二十九篇始定。後漢建安十四年，黃門侍郎房宏等説，云宣帝泰和元年，河內女子壞老屋，得古文《泰誓》三篇。《隋書》亦云然。按馬融作《書序》，盛詆伏生《泰誓》爲非是，而又以《春秋》《國語》《禮記》所引《泰誓》，凡孔壁所有者，俱未之見爲恨，則知馬融所見伏生《泰誓》，已是後時所得僞本，非仲舒所見原本。且融所註者漆書，與孔書原自不同，故云《春秋》《國語》《禮記》所引《泰誓》者，俱未之見也。今《泰誓》三篇，於先秦諸書所引，皆有之矣，而義多悖謬，不特非孔壁眞書，亦非董子所見，安國所傳，其爲僞撰顯然。愚故存其書而辨其誤，不敢以先儒之是者爲非，亦不敢以先儒之非者爲是也。

一、吳才老謂古文文從字順，非若伏生之書詰曲聱牙，至有不可讀者。吳草廬因之，曰：二十五篇采輯補綴，無一字無所本，而平緩卑弱，殊不類秦漢以前之文。後之斥古文者，大都祖是二説而推波助瀾。然前人已明辨之，金氏履祥曰：孔壁中不惟有古文諸篇，計必兼有今文諸篇，安國雖以伏生之書考古文，不能復以古文之書訂今文，是以古文多平易，今文多艱澀。章氏如愚曰：《典》《謨》《貢》《範》，同出於伏生，而明白坦亮如彼，獨《盤》《誥》有艱深焉，則世儒之所以疑者，非其實也。陳氏第曰：今文自殷《盤》周《誥》外，若《堯典》《皋謨》《甘誓》《湯誓》《高宗肜日》《西伯戡黎》《牧誓》《洪範》《無逸》《顧命》，何嘗不文從字順乎？《左》《國》《禮記》諸書，稱引二十五篇，彬彬具在，今謂作古文者采綴爲之，是倒置本末，而以枝葉作根幹矣。且其綱紀道德，經緯人事，深沈而切至，高朗而矯健，又安見其平緩卑弱乎？孔穎達曰：古文經雖晚始得行，其辭富而備，其義宏而雅，故復而不厭，久而愈亮，可謂知言也已。毛大可曰：《書》體無艱易之分，惟《典》《謨》渾穆，《頌》《命》麗和，《訓》《誥》通皙，《誓》《誡》峻激，每以體製分平險。蓋廟堂之上，高文典册，自與誓師誥眾者不同，故有謂《盤庚》《大誥》，義直意曲，樸鍥與奡莽兼而有之，且亦時代升降使然。《左傳》簡整而《國策》悍曼，大、小《雅》至變後，則其詞反險奥歷落，與前迥異。是以《禹誓》《甘誓》尚自坦緩，至商周加之以桀縱之氣。韓愈云：周《誥》殷《盤》，詰曲聱牙。專指商周言，非無謂也。李厚菴曰：古文《尚書》精確處，聖人不能易，若漢儒能爲此，即謂之經可也。學者不深維義理，徒求之語言文字，以定眞贋，所謂信道不篤也。以上諸人之言均有可採。要之，讀古人書，當有聖人之心，乃能明聖人之言，可以折衷羣書。今古文章句意義能曉然者，三千年來，蓋亦甚鮮，而徒摘一二字句以疑之，所謂不揣其本而齊其末者。論説雖繁，於義曷當哉？今愚正其字句，通其章脈，庶覽者了然於本句之語義，而知眾説之鹵莽。

一、《孔叢子》載夫子之言有曰：《帝典》可以觀美，《大禹謨》《禹貢》可以觀事，《皋陶謨》《益稷》可以觀政，《洪範》可以觀度，《泰誓》可以觀義，五《誥》可以觀仁，《甫刑》可以觀誡等語。竊謂政事仁義，聖王所同，似不必强爲分别，此決非孔子之言。子夏歎《書》昭昭若日月之明，離離如星辰之行。司馬温公曰：《尚書》者，二帝三王嘉言要道盡在其中，爲政之成規、稽古之先務，欲求楷模，莫盛於此，是爲得之。

一、孟子言：堯舜性之，湯武反之。蓋論其初用功之難易，至爲聖人，則夫子所謂及其成功，一也。彼此便無分别。宋儒誤解孟子，遂謂湯武遠遜堯舜。又以征誅不如揖讓，不知其德同，其遇不同，則其隨時以處中者不同。征誅較揖讓尤難，非聖人不能無疵。夫子曰：天道革而四時成，湯武革命，順乎天而應乎人。以革命譬天道，豈有不合哉。第所以順天應人之理，滑口同聲，未經確實指明，覺終有不能釋然之處。此《書》備載湯武之事，而傳註誤解，則商周興國之原不能了然，而夫子之言亦誤。愚於《商》《周書》再三申明之，誠慮後世失聖人之眞，則湯武反爲篡竊者所藉口，其爲名教害非淺也。至周公東征事亦然，學者當以聖人之心，求聖人之書，然後得其至是，而不爲眾説所淆亂。

一、王伯厚曰：《仲虺之誥》，言仁之始也；《湯誥》，言性之始也；《太甲》，言誠之始也；《説命》，言學之始也，皆見於《商書》。湯之誥曰：惟皇上帝，降衷于下民。武之誓曰：惟人，萬物之靈。劉子所謂天地之中，子思所謂天命之性，孟子所謂性善，淵源遠矣。按王氏所言，皆古文經語，而後儒必斥之，足見其昧於聖學之源，而徒摘章句之末也。薛文清亦云：《易》雖古於《書》，然伏羲時，但有卦畫而無文辭，文辭實始於《書》。故凡言德、言聖、言神、言心、言道、言中、言性、言天、言命、言誠、言善、言一之類，諸性理之名，多見於《書》。可謂知言也。

一、孔氏穎達曰：《書》體爲例有十，曰典，曰謨，曰貢，曰歌，曰誓，曰誥，曰訓，曰命，曰征，曰範。此爲初學言，俾有條理可尋，亦是也。然不及鄭漁仲之説，其言曰：《書》有一篇，備數篇之體者，五十八篇之中，聖人取予之意，各有所主，有取於治亂興廢之所由者，如《典》《謨》《訓》《誥》《湯誓》之類是也。有世不得以爲治，而有取其言以傳遠者，如《五子之歌》《君牙》《冏命》是也。有取其事者，有取其意者，有特記其時者，有以示戒勸者，與三百篇之美刺、二百二十四年之褒貶，無以異。此言是也。董氏鼎亦云：陸德明以六體分正攝，蓋以典、謨、訓、誥、誓、命名篇者爲正，不以名篇而在六體之類者爲攝。然古之爲書者，隨時書事成言，取辭之達意而已，豈如後之作文者，求必合體制也。其説尤爲有見。夫古史書甚多，孔子刪之，又經殘闕，今僅存數十篇，安可不珍重？詳求之，《書》雖史籍，經夫子刪訂，即爲夫子之書。聖人非徒以書教人，蓋欲人身體力行。凡修己治人之道，一一實踐，而得其精，則本諸心性，推諸天下，平治無難。古今聖人，一氣相孚，萬卷百家，是非立辨，又何俟分門别户，摘句尋章，互相非駁也。凡聖人書皆當以此求之，况此書爲唐虞三代治蹟所存，奚可淺見妄言，致誤將來也。

一、朱子於《尚書》註釋，未有成書，屬之門人。蔡傳之優者亦多，而誤者尤不少。海内名流，必多箸作，未能盡窺也。今第就先儒成説，細爲尋繹，求合經文本旨。其他辨説，不能悉載。聖賢雖往，其言具存。即其言以求其心，因即聖人之心，以去取千百世之心。此聖經所以維持天理，而教天下後世也。以空言飾之，以淺見説之，則書傳日多，聖人之道日晦。故不遜訓詁之譏，而詳櫛其字句，使易知而入德焉。

雙流劉沅識

書序辨正

《書》有百篇之《序》，朱氏彝尊曰：《周官》外史達書名於四方。凡書必有序目，顯於方册，義亦近是，但百篇之名不始於孔子也。墨翟曰：昔周公旦朝讀書百篇。揚子雲曰：昔之説《書》者《序》以百。墨翟所謂百篇之書，必非《尚書》，而揚子所謂百篇，則當即《尚書》也。但其所謂《序》者，不可考。自劉歆、班固、馬融、鄭康成、王肅等，皆謂孔壁所得《序》爲孔子所作。於是後人曲爲附會，多不敢議。按孔安國雖云《書序》得之壁中，而未嘗以爲孔子所作，但謂《書序》，序所以爲作者之意耳。蔡仲默曰：《序》文雖頗依文立義，而識見淺陋，無所發明，其閒至有與經相戾者。於已亡之篇，則依阿簡略，尤無所補。其非孔子作，明甚。善哉，言也。愚按：孔子序《詩》《書》，不過删訂之後叙其篇次，以明是非去取大意，非必自爲之序。此蓋秦漢之閒，儒者以己意撰成，孔氏之藏書者，未加别擇，與孔子之書並藏之。孔安國又不詳其義類，以之各冠其篇首，而史遷意主搜羅，亦不能決擇其是非。於是遞相傳述，幾眞爲孔子作矣。蔡仲默既辨其非，而復合《序》爲一篇，以附卷末，疏其可疑者，此意甚善。愚今亦仍其例，而復更爲條辨之，以俟將來云。

昔在帝堯，聰明文思，光宅天下。將遜于位，讓于虞舜，作《堯典》。虞舜側微，堯聞之聰明，將使嗣位，歷試諸艱[①]，作《舜典》。

《堯典》《舜典》古本合爲一篇，堯舜同德，舜攝位而終堯之事，及其即位，則無事矣。故孔子曰：無爲而治。兹分爲二，而所以序其作之之故，亦不得其旨。

帝釐下土方，設居方，則生分類。作《汨作》《九共》九篇、《槀飫》。

① 艱，《尚書正義》作難。

凡十一篇，俱無從考其義類，而共止一序，其僞尤顯然可見。孔氏安國等尚必爲之疏解，不亦誤乎？

皋陶矢厥謨，禹成厥功，帝舜申之。作《大禹》《皋陶謨》《益稷》。

《皋陶》《益稷謨》本一篇，今分爲二。且《禹》《皋》《益稷》之謨非因帝申命而始然也，朱子議其淺近，良是。

禹别九州，隨山濬川，任土作貢。

此序《禹貢》，尚無差謬。

啟與有扈戰于甘之野，作《甘誓》。

蔡仲默曰：大戰于甘者，甚有扈之辭也。序《書》者宜若《春秋》筆，然《春秋》桓王失政，與鄭戰于繻葛。夫子書王伐鄭，不曰與，不曰戰者，存天下之防也，以啟之賢，征有扈之無道，正禮樂征伐自天子出也。《序》曰與、曰戰，若敵國者，何哉？

太康失邦，昆弟五人，須于洛汭，作《五子之歌》。

經文已有本序，蔡氏謂此爲贅疣，信矣。

羲、和湎淫，廢時亂日。胤往征之，作《胤征》。

經亦有本序，此贅。

自契至于成湯八遷，湯始居亳，從先王居。作《帝告》《釐沃》。

孔氏穎達曰：《商頌》云：帝立子生商。是契居商也。《世本》云：昭明居砥石。《左傳》稱相土居商丘。及今湯居亳。事見經傳者四遷，其餘未詳聞。陳氏櫟曰：契，帝嚳子。舜封之商，賜姓子。嚳元都亳。帝告，孔穎達以爲當告帝嚳。釐沃，陳氏謂理治沃饒之土。皆想像語。且契本居殷，《詩》云宅殷土芒芒是也。後相土居商，至盤庚復遷殷，故曰：天其永我命于兹新邑，紹復先王之大業。新遷，故曰新邑。爲契舊居，故曰復先生之大業。

湯征諸侯，葛伯不祀，湯始征之，作《湯征》。

此依《孟子》説之，尚無害。

伊尹去亳適夏，既醜有夏，復歸于亳。入自北門，乃遇汝鳩、汝方，作《汝鳩》《汝方》。

《孟子》曰：伊尹五就湯，五就桀。蓋湯以至公至誠之心薦尹于桀，不憚再三，而桀不用，後乃自任尹，足見其無毫髮利天下之心矣。張氏九成曰：惜二篇之亡，不得見湯尹之心。而孫武乃曰：商之興也，伊摯在夏。以伊尹爲反間，甚可怪也，諒哉。

伊尹相湯伐桀，升自陑，遂與桀戰于鳴條之野，作《湯誓》。

升自陑者，所從伐桀之道也。漢孔氏以爲出其不意，先儒力駁之，謂仁義之師不尚詭道，諒矣。然陑地究不可考，序湯伐桀，必著此句，殊爲多事，故蔡仲默以爲序者之陋，豈不然哉。

湯既勝夏，欲遷其社，不可。作《夏社》《疑至》《臣扈》。

《記》曰：喪國之社屋之，不受天陽也。湯繼禹而興，因於夏禮，所損益可知。社之可遷不可遷，此無難立決者，而煩再三審度乎？孔氏穎達以疑至、臣扈爲二臣名，疑其亦言不可遷之意。蓋皆以《序》爲孔子作，曲傅會之耳，而不知其非也。其義不可詳，闕疑爲是。

夏師敗績，湯遂從之，遂伐三朡，俘厥寶玉。誼伯、仲伯作《典寶》。

《詩》曰：韋顧既伐，昆吾夏桀。《孟子》曰：湯一征自葛始，東面而征西夷怨，南面而征北狄怨，曰：奚爲後我？蓋當時夏桀無道，天下諸侯各肆横暴，湯既誕敷仁德，天下引領，遂征諸侯之虐民者。至桀則五遣伊尹佐之，冀其悔心，既不果從，乃任尹爲相，弔民伐罪，先征諸侯，後聲桀罪。民怨桀虐，無與効力，桀奔南巢。三朡，國名，亦虐民者，非桀走保於此，而湯窮追之也。漢孔氏曲説，致啟後人疑竇，不可不辨。至《典寶》之作，因三朡横征，素蓄珍奇。湯既滅之，誼伯、仲伯作《典寶》以誌戒，非湯尚以寶玉爲重，亦非謂俘桀之寶玉也。漢高祖且不取秦府藏，而湯以寶玉爲心乎？

湯歸自夏，至于大坰，仲虺作誥。

仲虺因湯自以伐夏爲歉，解湯之意，宣示天下，故曰誥，而此不達其意也。

湯既黜夏命，復歸于亳，作《湯誥》。

此篇之義，愚已詳經文中，此《序》尚無語疵。

咎單作《明居》。

孔氏穎達曰：百篇之《序》，此類有四，《咸有一德》《無逸》《立政》與此篇直言所作之人，不言作者之意。蓋以經文分明，故略之。愚按：乃史臣紀錄其言，非自作也。且其文既逸，則不知所以作，而漢孔氏謂咎單主土地之官，作《明居》《民法》，未免臆揣。

成湯既没，太甲元年，伊尹作《伊訓》《肆命》《徂后》。

《孟子》曰：湯崩，太丁未立，外丙二年，仲壬四年，太甲顛覆湯之典刑。吴氏曰：太甲諒陰，爲服仲壬之喪，爲之後者，爲之子也。祗見厥祖，謂至湯之廟。蓋太甲既立，伊尹訓于湯廟，故稱祗見厥祖。若止是殯前，既不當稱奉，亦不當稱祗見是也。世儒以此《序》爲孔子作，又泥邵康節《皇極經世》曲從程子之説，謂外丙方二歲，仲壬方四歲。蘇東坡曰：太史公案：《世本》湯之後，二帝七年，而後至太甲，其迹明甚。孔安國臆度，謂成湯没而太甲立，且以是歲改元，學者因謂初無二帝，而太史公妄增之，豈有此理哉。愚按：二説足破諸儒之惑。此《序》既不可信，則其謂

《肆命》《徂后》皆伊尹訓太甲作，亦不可信也。

太甲既立，不明，伊尹放諸桐。三年復歸于亳，思庸，伊尹作《太甲》三篇。

史臣錄伊尹訓戒太甲之詞，因簡册分爲上中下三篇，非伊尹自作也。伊尹放太甲事，明載《孟子》，而《史記》異説。後儒以此三篇今文所無，謂爲僞作，皆不察其詞義而妄相詆毁者也，詳見正解，兹不贅。

伊尹作《咸有一德》。

伊尹致仕，而陳君臣宜一德之義。史錄其辭，取篇中咸有一德字名篇，以通篇辭義主于勉君臣一德，非頌伊尹，亦非伊尹自作。此篇自詡其一德也，《序》何誤邪？

沃丁既葬伊尹于亳，咎單遂訓伊尹事，作《沃丁》。

沃丁，君也。咎單，臣也。單誠述伊尹事以訓，篇名當云《咎單》，而云《沃丁》，何耶？此不可信。

伊陟相太戊，亳有祥桑穀共生于朝。伊陟贊于巫咸，作《咸乂》四篇。

伊陟，伊尹子。祥，妖也。桑穀並生，不足爲異，可異者，七日而拱耳。此事傳者不同，惟此與《史記》以爲太戊事，近之。而謂伊陟贊于巫咸，作《咸乂》，則不知陟何以不陳戒于太戊，而但贊于巫咸，其所贊者何也？其文已逸，其事或有之，姑闕疑焉。

太戊贊于伊陟，作《伊陟》《原命》。

漢孔氏謂原臣名，孔氏穎達曰：太戊告伊陟，亦告原，俱以桑穀事告，故《序》總以爲文。然君告其臣而曰贊，殊爲未協，且何以見其爲桑穀事而告邪？臆談蓋不足信。

仲丁遷于囂，作《仲丁》。

河亶甲居相，作《河亶甲》。

祖乙圮于耿，作《祖乙》。

仲丁，太戊子。河亶甲，仲丁弟。祖乙，亶甲子。按《太甲》三篇，史臣叙太甲事。《盤庚》三篇，叙盤庚事。右三篇，或者亦叙其遷居事邪？然不可考矣。

盤庚五遷，將治亳殷，民咨胥怨。作《盤庚》三篇。

蔡氏曰：篇中云不常厥邑，于今五邦，是盤之前已自五遷，而作《序》者考之不詳，謬云爾也。《史記》遂謂盤庚自有五遷，誤矣。其言甚是。殷，亳之别名，亳殷即是一都。湯遷還從先王居，而盤庚又復還舊都也。

高宗夢得説，使百工營求諸野，得諸傅巖，作《説命》三篇。

皇甫謐曰：使百工寫其形象，謂工爲工巧之人。云百工者，見其求之衆矣。而漢孔氏謂使百官求之，故來蔡氏之疑。至夢説之事，前人多以爲妄，予於《説命》註已詳，兹不復贅。

高宗祭成湯，有飛雉升鼎耳而雊，祖己訓諸王，作《高宗肜日》《高宗之訓》。

經但言肜，而不言祭何王，必實之曰祭成湯，謬矣。經但言有雊雉，而實之曰升鼎耳，鑿矣。高宗賢明，偶有豐昵之失，祖己因事進諫，不必謂雉雊爲大祥異。漢儒等喜言災異，遂謂鼎、三公象，此乃羽蟲之孽、主三公云云，殊不核經文並無言及三公之事。又高宗乃史臣追書之辭，金仁山等乃疑祖己告祖庚，非告高宗。史遷又謂祖己當祖庚，時嘉武丁之以祥雉爲德，立其廟爲高宗，殊穿鑿無理。至《高宗之訓》，亦無以見其爲因雊雉一事而作，《序》蓋不可信也。

殷始咎周，周人乘黎。祖伊恐，奔告于受，作《西伯戡黎》。

西伯所以戡黎，及祖伊奔告之故，愚於經文及附解已詳之，兹不贅。殷未嘗咎周，周人非私自乘黎。《序》既不足信，而先儒之辨之者，亦多不得其實。學者詳味經文，知聖人之心則得矣。

殷既錯天命，微子作誥，《父師》《少師》。

錯，亂也，謂紂錯亂天命，而微子誥二人，義無大害。林之奇曰：微、箕皆有國邑，故以其爵爲稱。比干雖爲三孤於朝，而未有封爵，故不以爵稱是也。然經文自是微子慮殷將亡，謀于箕、比。史臣以微子發端，故即以名篇。其實三人之忠慮一也，故孔子曰：三仁序以爲誥。文非誥體，亦誤。

惟十有一年，武王伐殷。一月戊午，師渡孟津，作《泰誓》三篇。

《泰誓》三篇早亡，今所傳三篇，語多謬戾，間有與孔孟所引合者，亦係後人綴輯之辭。愚於正解一一詳辨，兹不復贅。

武王戎車三百兩，虎賁三千人，與受戰于牧野，作《牧誓》。

紂爲無道，天下畔之。武王因諸侯翼戴，不得已而統一之，以靖亂。至於商郊，恐其肆行暴掠，約束將士，作此篇。而先儒每誤解文義，此《序》又謂與受交戰，則竟誣武王爲力征矣。且革車三百兩，虎賁三千人。《孟子》言武王以仁伐暴，兵車之少耳，而此遂指爲交戰之具，區區者遂足戰邪？必戰而有天下，武王何亟亟如此邪？其悖陋顯然。

武王伐殷。往伐歸獸，識其政事，作《武成》。

《史記》：武王克殷，乃罷兵西歸行狩，記政事，作《武成》。此云歸獸，則歸馬放牛耳，不及《史記》之當。但文係史臣所記，亦非武王自作。且《武成》之篇，建武之際已亡，今所傳《武成》，錯簡太多，亦不盡可據。愚於正文已詳，兹不贅。

武王勝殷，殺受，立武庚，以箕子歸，作《洪範》。

武王初無利天下之心也，因天意棄商，天下諸侯同心畔紂，不期而會孟津，翼戴周室。武王不得已而撫輯諸侯，以安天下。紂聞諸侯畔己，衣其寶玉自焚。故孔子曰：應乎天而順乎人也。若使强迫諸侯從己，用兵攻取商受，豈得爲應天順人哉？司馬遷不得聖人之意，《殷本紀》云：紂兵敗，走入登鹿臺，衣其寶玉衣，赴火而死。武王遂斬紂首，懸之太白旗。於《周本紀》亦云然，且云：紂嬖妾二女自經，武王亦斬其頭，縣小白之旗。荒謬不經，痛誣聖人，其罪可勝道哉。《詩》云：勝殷遏劉。言以仁義勝殷，而止暴亂，非謂力脅取之也。此《序》云：勝殷殺紂。史遷所本，其謬何可勝誅。至箕子佯狂逃遁，武王克殷後二年，始求得之，訪以大道，箕子乃爲陳天人協應之理，何嘗是克殷時即以之歸乎？司馬遷亦云：武王克殷後二年，始問箕子矣。而又云：箕子不忍言殷惡，以前亡國宜告武王。武王亦醜，故問以天道。以小人之心測君子之腹，眞堪噴飯矣。學者若不以孔孟之言爲師，而拘牽傳記之僞，其爲綱常名教之害，何有紀極。惟其子未嘗臣周，而武王亦不强臣之聖賢，各行其是。至《洪範》之大道，則自古聖王傳之禹湯者，武王虚心訪問，且實能有乂安天下之心者，故箕子爲詳言之。於此尤足見聖賢大公無我之心，而前人不察，多爲之説，蓋辯之不足辯也。

武王既勝殷，邦諸侯，班宗彝，作《分器》。

按《春秋》昭十二年《左傳》：楚靈王曰：昔我先王熊繹與吕伋、王孫牟、燮父、禽父並事康王，四國皆有分，我獨無有。十五年《傳》曰：諸侯之封也，皆受明器於王室。則諸侯之封，必有分器可知。而此云班宗彝，豈所班僅尊彝邪？義無大害，然未有以見其必然也。

西旅獻獒，太保作《旅獒》。

經文惟克商二十七字，即原序也。亦似可無庸復爲此序。

巢伯來朝，芮伯作《旅巢命》。

漢孔氏謂芮、周同姓，圻内之國，此經之可考者也。謂巢殷諸侯，南方遠國，則未有以見其必然。孔仲達疑即南巢，亦示足據，且訓旅爲陳，謂陳威德以命巢，亦强也。

武王有疾，周公作《金縢》。

陳氏櫟曰：周公納祝册於金縢之匱中耳，周公東征而歸之後，史作此書，述禱疾事爲始耳，書非周公作也。此《序》不特不能盡此書之事，大意全非。其説甚是。

武王崩，三監及淮夷畔，周公相成王，將黜殷，作《大誥》。

先儒以居東爲非東征，弊由誤信此《序》也。武王封紂子武庚於故都，欲其脩禮物以賓王，意至公也。因武庚不才，故命三叔爲三監。《王制》：天子使其大夫爲三監，監於諸侯之國，國三人，大國三卿，皆命於天子，爲之輔相，使無失政，非監制之也。三叔不知武王、周公、大公之意，導武庚作亂，陰結淮夷、徐奄諸國爲援。曁周公既平，管蔡及武庚諸國不安，遂連以畔。於時，成王之齒已長，率諸侯征之。内外臣工以王室新定，諸國阻遠，欲王勿征。故王大誥天下，非討武庚時也。前人未得其情，故不明其語意之所在，而以小腆爲指武庚，王宫邦君室爲二叔，令經文幽晦不明。愚於正解已詳詁之，兹特約舉其概，以誌《序》文之謬。

成王既黜殷命，殺武庚，命微子啟代殷後，作《微子之命》。

《商書·微子篇》云：我不顧行遯。蓋微子知紂必亡，逃遯在外，武王克商之時，未即歸周也。及武庚既誅，成王、周公乃求得之，而封於宋。故此《序》云：成王封者是也。而《樂記》云：武王克殷，投殷之後於宋者。謂封殷後者，武王之志，本其初言之耳。而吴才老乃謂封宋在武王時，非也。至《左傳》楚逢伯諛其君造面縛、輿櫬、銜璧迎武王之説，而《史記》採之。又或謂武王既克紂，微子痛社稷無主，抱祭器歸周。皆不知聖賢心迹，而妄爲附會者，斷不足信。

唐叔得禾，異畝同穎，獻諸天子。王命唐叔歸周公于東，作《歸禾》。

聖人不言祥瑞，禾之異畝同穎，亦其偶然。唐叔既受成王、周公命爲諸侯，蓋亦賢者，豈肯以此小事爲瑞，獻諸成王，而成王、周公豈不禁之，乃王復以爲瑞，歸諸周公，周公復以爲瑞，作《嘉禾》以示天下。果有是事，成王、周公不足爲聖賢矣。意當時諸侯或有得嘉禾而獻之王，王不受而歸之，禁絶符瑞，必有戒斥之語，史故紀歸禾之篇也。此《序》乃誤認而誣成王、周公、唐叔三人，安可不辨。

周公既得命禾，旅天子之命，作《嘉禾》。

《春秋傳》曰：昔周飢，克商而年豐。而《詩》詠豐年多黍多稌，亦有高廩，以爲頌禱。蓋周初政治清明，豐年屢告，或有嘉禾之瑞。周公因而陳天人協應之幾，持盈保泰之道，作《嘉禾》一篇，則理所有也。而豈矜言祥瑞，以諛其君，以誇天下哉。此《序》之陋，蓋可知矣。

成王既伐管叔、蔡叔，以殷餘民封康叔，作《康誥》《酒誥》《梓材》。

商王畿之内，地方千里，武王克商，封武庚以朝歌舊都，而又分其餘地，以封康叔。因殷民染紂餘習，多不率教，故作誥誥之。《左傳·定四年》：祝鮀曰：分康叔殷民七族，命以殷誥而封于殷墟者是也。後武庚既滅，而康叔所封之地不改。其邶、鄘、衛則滅武庚後，復割截其地，分隸三國，非誅三叔後始封康叔也。經文云：朕其弟，乃寡兄。明爲武王之辭，先儒已訂正之。而近人猶有據首段錯簡，謂爲周公營洛後封康叔者。按之本文，其義不然，蓋不足辨。

成王在豐，欲宅洛邑，使召公先相宅，作《召誥》。

文王本居豐，故武王遷鎬，豐有文王廟，不毁。成王將宅洛，而至豐，以告文王之廟。其在鎬，告武王之廟。可知經不言告文武者，省文也。成王本文武之意以朝會，不欲遠勞諸侯，營洛以爲東都，其事周公導之，召公贊成之，故《召誥》《洛誥》皆一時事。第召公則先來相宅，初定規模，即復命于王，史記其事，爲此篇也。

召公既相宅，周公往營成周，使來告卜，作《洛誥》。

周公已成洛邑，復命于王。王至洛邑祭告，留公治洛，史記此篇，非但使來告卜而已。以上二篇，先儒多未細察經文，疑義甚多。愚於經註每篇後附解已詳，不再贅。

成周既成，遷殷頑民，周公以王命告，作《多士》。

成王既討武庚，別封微子，商故都之舊臣世族無所歸屬，遷之居洛。王既命周公治洛，因誥戒之。史記此篇，因篇首首呼多士，既以名篇。此《序》所云，情事近矣，第以頑民爲負固不服周之民則非。愚於正解已詳，不贅。

周公作《無逸》。

此周公戒成王之辭，史臣錄之，以篇首無逸字名篇，《序》無他失。

召公爲保，周公爲師，相成王爲左右。召公不悅[①]，周公作《君奭》。

周、召二公夾輔成王，見於經傳者有確據。此篇之作，意當時召公或有喪疾他故，欲暫退位，而周公挽留之也。乃此《序》謂召公不悅，周公作此篇。於是史遷、孔仲達皆沿其誤，蔡仲默闢之，是矣。而以爲召公盛滿難居，欲遜權位，亦非。按召公年下於周公，周公没後，召公事成王及康王，何緣成王初年即欲退老邪？史臣摘其篇首君奭字名篇，別無他意。其實篇中召公亦有言，但先儒未深玩其辭意耳。愚於經文附解已詳，不贅。

蔡叔既没，王命蔡仲，踐諸矦位，作《蔡仲之命》。

此《序》無悖謬，蔡叔未卒，成王、周公猶冀其或改行也，故待其既没，而後封其子於蔡。孔仲達曰：若父有大罪當絕滅，則別封他國，不得仍取蔡名，以蔡叔爲始祖，蔡叔身尚不死，則其罪輕。不立管叔後者，罪重無子，或有而不賢是也。

成王東伐淮夷，遂踐奄，作《成王政》。

淮夷、奄當成王之時再叛，《成王政》一篇，不知所以作。而此《序》云伐淮夷、奄所作，然成王政三字無著。於是漢孔氏、唐孔仲達訓成爲平，謂平此叛逆之民，以爲王者政令，然義殊牽强。黄氏度曰：言王政於此成也，稍通。然其實既不可考，當闕之。

成王既踐奄，將遷其君于蒲姑，周公告召公，作《將蒲姑》。

蒲姑，《史記》作薄姑。此《序》稍近情理，然亦無以考其實然矣。

成王歸自奄，在宗周，誥庶邦，作《多方》。

淮夷諸國始助武庚爲亂，成王伐之而作大誥，不久而服，至是復畔。黄氏度曰：淮夷諸國，種類不一，奄其最大者是也。此序所云宜信。而崔氏述謂奄無再畔事，《多方》篇次當在《多士》前。愚於正註附解已辨其非矣。

---

① 悅，《尚書正義》作説。二字通。

周公作《立政》。

此篇非周公自作也。成王既壯，公制作大備，申告王以立政用人之要，史輯其語而記之，摘篇中立政二字名篇，以任賢政乃立也。前人於經文語義多牽強不順，愚已詳註正文，玆不贅。

成王既黜殷命，滅淮夷，遠歸在豐，作《周官》。

《史記》：成王訓迪百官之辭，而名曰《周官》，以明周官人之大意也。蓋周之官制，肇自前王，而周公成之，然實當成王之時。使成王非有德，雖周公之制，亦不能推行也。史故記此以美成王，非著周之官制盡於是也。此《序》毫不得其旨，而史遷又誤採之，致來後人之議，疑爲僞作。甚矣，其誣也。且黜殷命，滅淮夷，與此篇何涉？謬妄昭然。

成王既東伐淮[①]夷，肅愼來賀，王俾榮伯作《賄肅愼之命》。

《魯語》曰：武王克商，遂通道于九夷八蠻，於是肅愼氏來賀，貢楛矢。則當時或實有其事，《序》言未爲誣也。賄，漢孔氏曰：賜也。黄氏度曰：魏時，肅愼海外國。魏時，東夷挹婁通中國，云即古肅愼，在扶餘國東千餘里。

周公在豐，將没，欲葬成周。公薨，成王葬于畢，告周公，作《亳姑》。

《史記》言周公將没時，遺言必葬成周，明不敢離成王。周公卒，成王亦讓，葬周公於畢，以明不敢臣周公，義固無害也。漢孔氏曰：説葬周公之事，其篇乃名亳姑，不知所道。孔仲達謂遷奄君于亳姑者，周公之意，告周公以葬畢之意，乃用亳姑名篇，必是告葬之時，並及奄君已定於亳姑，言周公所遷之功已成，故以名篇，亦有意義，然未有以見其必然也。亳姑，蒲姑。

周公既没，命君陳分正東郊成周，作《君陳》。

君陳，臣名，非周公子也。分正，孔仲達曰：分别殷民所居，即《畢命》所云旌别淑慝，表厥宅里是也。言東郊者，鄭云：天子之國，五十里爲近郊。今河南洛陽相去則然，言成周之邑爲周之東郊也。其言甚允。《序》言無大謬，前人或疑此篇爲僞作，非也。

成王將崩，命召公、畢公率諸矦相康王，作《顧命》。

康王既尸天子，遂告諸矦，作《康王之誥》。

成王將崩，命羣臣立康王，史序其事，及康王受命見羣臣之語。伏生本爲一篇，漢孔氏始分爲二篇。然康王答羣臣語，非特誥諸矦，不得謂爲康王之誥也。且史臣本意記成康授受事，以爲世法，不得分截其辭，另爲一篇。至尸天子，蔡仲默謂太康尸位，羲和尸官，皆言居其位而廢其事之稱。《序》亦云，然無義理，其言諒矣。

---

① 淮，《尚書正義》作東。作東是，作淮當爲涉上淮字而誤。

康王命作册畢，分居里，成周郊，作《畢命》。

孔仲達曰：《周禮·内史》云：凡命諸矦及孤卿大夫，則策命之。命作册者，命内史爲册書以命畢公是也。蔡仲默曰：分居里者，表厥宅里，殊厥井疆是也。

穆王命君牙爲周大司徒，作《君牙》。

因篇中有宏敷五典，式和民則句，謂君牙爲大司徒，理或然也。諸矦亦有司徒，故稱大以别之，第周字殊無意義，蔡仲默非之，是也。

穆王命伯冏爲周大僕正，作《冏命》。

孔仲達曰：正，長也。《周禮》大僕下大夫。此言大僕正，則官高於大僕。按《周禮》大御最爲長，其職中大夫，且與君同車，最爲親近。故春秋隨矦寵少師爲車右。《漢書》：文帝愛趙同，命之爲御。凡御者最爲密昵，故此經云汝無昵于憸人。其説是也。

吕命穆王訓夏贖刑，作《吕刑》。

穆王命吕矦祥刑之法，史錄其語名篇。其言贖刑，因時尚虐刑，不得已而告，以疑赦之罪則贖之，以存寬仁，非專尚贖刑也。此云訓夏贖刑，蓋謂因苗民制爲五虐之刑墨、劓、宫、剕、辟，五刑非中夏，故王特告吕矦以贖刑之法，義猶無大害也。先儒不得其解，於經文尤多不明。愚已詳正註及附解，不再贅。

平王錫晉文矦秬鬯、圭瓚，作《文矦之命》。

經文止言秬鬯，而此益以圭瓚，《記》曰：賜弓矢然後征，賜圭瓚然後爲鬯。未賜圭瓚，則資鬯於天子。《序》豈因是而附益之歟？於義尚無大害。

魯矦伯禽宅曲阜，徐、夷並興，東郊不開，作《費誓》。

林少穎曰：魯之分地，《禹貢》徐州之境，其地南抵淮。徐戎淮夷，蓋東方戎夷之種落，錯居於魯之境内者也。當紂之時，中國無政，嘗侵入職方之地，肆爲吞噬，則其心必不利於魯之建國。其言甚爲有見。蓋淮夷徐戎在周公時已二畔，及周公没，又畔。其意蓋弱視伯禽也，詎知伯禽能繼周公，所以備禦之者至詳且善，夫子錄此以美之。而先儒謂此誓即《多方》王來自奄，伐徐奄事者，非也。林氏又謂戎之與夷，壤地相望，蓋有唇齒犄角之勢，服則俱服，叛則俱叛，《常武》之詩曰：率彼淮浦，省此徐土。不留不處，三事就緒。《閟宫》之詩曰：保有鳧繹，遂荒徐宅。至于海邦，淮夷蠻貊，莫不率從。言淮浦必言徐土，言徐宅必言淮夷，明此二者嘗有並興之勢。

秦穆公伐鄭，晉襄公帥師敗諸殽[1]。還歸，作《秦誓》。

此篇蓋作於封殽尸之時，愚於正解附解已詳之，要其爲侵鄭敗殽事而發，《春秋傳》有明文，無可疑者，《序》於作誓之意欠分明。

① 殽，《尚書正義》作崤。

書經恒解卷一 晚年定本

虞書

虞，國名，後因以爲有天下之號。書本十六篇，今存五篇。而伏生今文有《堯典》，無《舜典》，《臯陶謨》《益稷》合爲一篇，無《大禹謨》。今從其舊，實得三篇。自晉以前皆云《虞夏書》，未有分爲二者，故馬融、鄭康成、王肅、《别録》題皆曰《虞夏書》。楊子《法言》曰：虞夏之書渾渾爾。杜預註《左氏》引敷納以言曰：《尚書·虞夏書》是也。逮東晉梅氏書出，始析爲二，第於義無大害，故仍之。夏史臣追記而爲此書也。

堯典

堯，唐帝名。古禮質，尚無廟號等制，故堯、舜、禹皆以名傳，尊之曰典，言其可爲後世之常法也。古有《堯典》而無《舜典》，漢儒始析爲二，今仍合之，以存其舊。史云堯在位百年，以經文考之或然。第秦火後，諸書言古事多不信，《紀年》尤難據，故略之。

曰若稽古，帝堯曰放勳，欽明文思安安，允恭克讓，光被四表，格于上下。

曰、粤、越通。曰若，發語詞。夏臣追叙堯事，故曰稽古。放，至也。放勳猶言至德，帝堯之號也。欽，敬之嚴。欽明，本敬德以爲明通。文思，思睿而有文理。安安，德造於自然。允，信。克，能。欽明以其心言，允恭以其貌言。格，至。四表，四海之外。上下，天地。此節總贊堯之至德也。

言稽古帝堯，可謂至德，其欽明文思，本於自然而無勉強，信乎其恭而能讓，故光輝被四表而格上下。此總言其內外德容也。

克明俊德，以親九族。九族既睦，平章百姓。百姓昭明，協和萬邦，黎民於變時雍。

俊、峻同，大也。九族，高祖至元孫之屬，而凡與九族相屬者，皆以次親之可知。平，均。章，明也。百姓，百官。《左傳》曰：天子建德，因生以賜姓。昭明，各明其德。黎民，庶民。於，歎美詞。變，變惡爲善。時雍，如四時之雍和，《孟子》所謂皞皞也。

言堯克明其俊德，由親親而及於臣民，無不各得其理而共臻祥和也。此乃言其治功之盛。

乃命羲和，欽若昊天，曆象日月星辰，敬授人時。

重黎之後，羲氏、和氏蓋一姓，而後以其名異氏者，世掌天地四時之官。若，順也。昊天者，混元之氣昊然廣大也。曆，紀數之書。象，觀天之器。日月，陰陽之精。星，二十八宿爲經，五星爲緯。天無星處爲辰。人時，耕穫之候。

上文總贊堯之至德至治，而兹又特言其治曆明時之大務也。人時與天道相準，天道著于日月星辰。自上世以來，重黎司天司地，其後别氏羲、和。堯以治道無大于授時，乃命羲、和欽若昊天，自然之數爲曆數，曆象以測日月星辰之度次，敬授人時，俾民生遂而百物昌也。日行黄道，行有恒度，雖有盈縮加減之差，而差亦有恒度。故曆象先測太陽，後及諸曜。月之晦朔一生干日，日與月各隨天行，又各自有行度，分遲疾不一，因而有朔望交食，故曆象次及之星，以二十八宿爲經，定諸曜之行度次舍，而以五星爲緯，緯星必以經星爲準。蓋諸曜之行，循于黄道，而黄道非有光象可求，必用經星之度分以紀之。日月所會，五緯所經，分周天爲十二辰，所以紀日月星辰行度之次也。曰欽曰敬，見堯奉天恤民之至。意上古聖人已分天地日月星辰，堯兹更詳定之，垂爲成法也。

分命羲仲，宅嵎夷，曰暘谷。寅賓出日，平秩東作。日中星鳥，以殷仲春。厥民析，鳥獸孳尾。

宅，至其地而以圭，近測日景。嵎夷，東海島夷，或云即今朝鮮也。暘谷，因日所出之地而爲名。既言嵎夷，而又言暘谷者，日從海出，從山望而見日出之景也。寅賓，敬禮之如賓。出日，方出之日。平，均。秩，序也。天時所宜，凡應種植者，皆恰合其平而以次就理。平秩即敬授之事也，下放此。作，起也。東作，春月歲功當作事，如今穀雨、芒種之類。日中，春分之刻，於夏永冬短爲適中，晝夜各四十八刻也。星鳥，南方朱鳥七宿。殷，盛也。仲春，陽氣盛而得中。仲秋，陰氣盛而得中，故獨於春秋言殷也。析，散居也。乳化曰孳，交接曰尾。

堯以曆象莫大於測日定時，莫要於考中星分，命羲、和履其地而察之。羲仲往宅嵎夷，寅賓出日而識其景，均序東作之事，節候以定春分。日躔在昴，初昏中星爲鶉鳥。以正中春，而又驗之於民，則民各散。鳥獸孳尾，其時已和，可無差矣。

申命羲叔，宅南交。平秩南訛，敬致。日永星火，以正仲夏。厥民因，鳥獸希革。

申，重也。南交，南方交阯之地，或曰即今安南國。不言曰明都者，日之明，天下無異，不因南交而倍明也。南方極熱，宅南交以審夏候極暑之情。訛，動也。火司長養而實陰性，浮熱之氣盛，轉多疾疫，宜靜以養陽，故有政令節宣之，使和平敬致。詳審定制，適合天時之中正也。永，長也。日永，晝五十九刻五分，夜僅三十六刻十分也。星火，蒼龍七宿之一，房心也，一稱大火。堯時夏至，日躔在星，而初昏中星爲大火，正夏至陽極，而午爲正陽位也。因，仍也，仍析居而興作也。希革，毛羽希少，更多變化也。

分命和仲，宅西，曰昧谷。寅餞納日，平秩西成。宵中星虛，以殷仲秋。厥民夷，鳥獸毛毨。

西，極西之地。曰昧谷，即崦兹山。蓋極乎日所入之境而宅也。餞，禮送行者之名，敬日之入如餞也。納日，日入於地如有納之者。西成，西，金，萬物告成之時，凡收穫聚蓄之事。宵，夜也。仲春，陽之中，故舉日。仲秋，陰之中，故舉宵。宵中，秋分夜之刻，於夏冬爲適中。虛，北方元武七宿之一。堯時秋分，日躔在房，而初昏中星爲虛。夷，平也，和平安息之意。毛毨，新生之毛更鮮澤也。

申命和叔，宅朔方，曰幽都。平在朔易。日短星昴，以正仲冬，厥命隩，鳥獸氄毛。

朔方，北荒之地，北方元冥至高，通乎於穆，幽遠不測也。前人言萬物盡於此之謂幽都。王安石曰：以位言，則日月星辰皆伏而不見。以時言，則草木歸根，昆蟲閉蟄，皆有隱伏之意。非也。在，察也。以人事言，時窮有當改易之事，察而行之，蓋有不盡改易者也。日短，晝僅三十六刻十分，夜乃五十九刻五分也。昴，西方白虎七宿之一。堯時冬至，日躔於虛，而初昏中星爲昴也。正冬至陰之極，而子爲正陰之位也。隩，室中隱隩之處，氣寒而民居內也。氄毛，别生細耎之毛，鳥獸得以自温也。

帝曰：咨，汝羲暨和。朞三百有六旬有六日，以閏月定四時成歲。允釐百工，庶績咸熙。

咨，嗟。暨，及也。天體渾淪上覆，本無三光星宿之名，道次度數之分。自地皇氏定三光，分晝夜，建臺測星，以距南北兩極，而横絡天腹者爲道，以近道之星爲宿，定其宿之一星爲距，距星凡二十八，以宿界之，內分爲度。測天以日爲主，迎日推筴，以冬至日午景最長爲始，積三百六十五日四分日之一，其景復長爲歲。故周天亦列三百六十五度四分度之一，蓋天度之數同乎日積之數也。天與日皆左旋，一晝夜皆繞地一周。天運每日周地三百六十六度四分度之一，每年總計亦三百六十六度四分之一。天運每日過日一度，每歲多日一周。日躔每日不及天運一度，每年不及天一周，積三百六十五日四分之一日，方行天一周，計天運得三百六十六日四分度之一，而比日又多一周。天歲終日復于舊躔，天與日會而爲一歲，謂之朞。朞者，期會之意。三百有六旬有六日者，舉成數言之也。計一年之中，日與天會三百六十日，外多五日二百三十五分，爲氣盈。月與日會三百六十日，内少五日五百九十二分，爲朔虚。將日行所多五日二百三十五分，合月行所少五日五百九十二分，通計得十日八百二十七分。三歲積氣朔之數三箇十日八百二十七分，計三十二日六百單一分。五歲積五箇十日八百二十七分，計五十四日一百七十五分。故三歲一閏，五歲再閏，氣候始得均齊，而四時寒暑不謬。否則乖戾，故曰以閏月定四時成歲也。允，信也，久而不變之意。釐，治也。百工，凡百官。庶，職。績，事。咸，皆。熙，和也。順時作事，百工始成衆事，咸得和平，蓋人君憲天出治，無事不爲民，無事不則天也。

帝曰：疇咨若時登庸？放齊曰：胤子朱啟明。帝曰：吁，嚚訟，可乎？

上文即授時一事，以見堯則天立政之意。此下略舉數端，以見其用人之概。疇，誰。咨，訪問。時，是也，謂代己者。庸，用也。放齊，臣名。胤，嗣。朱，丹朱。啟，開也。吁，歎詞。嚚訟，口不道忠信之言，而好與人爭辯也。帝求可以代己大用之人，放齊言嗣子朱之賢，而堯歎其不可，記此以見傳賢之所由來也。

帝曰：疇咨若予采？驩兜曰：都，共工方鳩僝功。帝曰：吁，静言庸違，象恭滔天。

若，順也。采，事也。都，歎美詞。驩兜，臣名。共工，官名。鳩，聚。僝，勤勉意也。帝求可以順理庶事之人，而驩兜薦共工勤事，方鳩聚衆事，勉赴其功。帝歎其静則能言，用之則言行相違，且外貌恭而心惡如水滔天不測也。

帝曰：咨，四岳，湯湯洪水方割，蕩蕩懷山襄陵，浩浩滔天。下民其咨，有能俾乂？僉曰：於，鯀哉。帝曰：吁，咈哉，方命圮族。岳曰：异哉，試可乃已。帝曰：往欽哉。九載績用弗成。

蔡氏曰：四岳，官名，一人而總理四岳諸侯之事也。湯湯，水盛。洪、洚通，水逆行而大也。割，害也。蕩蕩，廣遠。懷山，環山如納諸懷。襄，駕乎其上。大阜曰陵。浩浩，大貌。滔天，漫天。咨，嗟怨。俾，使。乂，治也。僉，衆也。於，歎美詞。鯀，崇伯名，禹父。咈，不然也。方，逆。圮，敗也。异，已也。載，年也。帝咨四岳，言洪水方且爲害，其蕩蕩之勢，懷山襄陵，任其浩浩，必且日盛一日，至于漫天，下民其嗟困矣，有能使治者乎？衆臣同薦鯀而帝不然之，謂其違命敗類，不和于衆。四岳曰：其遂已之而不用哉，亦姑試之，苟其可以治水，不必論其他矣。于是帝戒以往而敬事，鯀不能然，九載無功，蓋鯀剛愎自用。方命，即堯命亦不從。圮族，即同類亦不信。以其子禹之聖而不用，至於獲譴，可徵矣。

帝曰：咨，四岳。朕在位七十載，汝能庸命巽朕位？岳曰：否德忝帝位。曰：明明揚側陋。師錫帝曰：有鰥在下，曰虞舜。帝曰：俞，予聞，如何？岳曰：瞽子，父頑，母嚚，象傲，克諧，以孝烝烝，乂不格姦。帝曰：我其試哉。女于時，觀厥刑于二女。釐降二女于嬀汭，嬪于虞。帝曰：欽哉。

朕，古人自稱之通號。巽，古遜字，通用。否、鄙同。忝，辱也。明明揚側陋，蘇氏曰：明其高明者，揚其側陋者。師，衆。錫，與。羣臣衆言舜於帝。鰥，舜無妻也。虞，今解州安邑，蓋舜祖始封，而後因以爲姓。俞，然之也。如何，更問其詳也。舜父不明，號曰瞽叟。心不知德義爲頑。母，舜後母。象，舜異母弟。諧，和。烝，進。乂，治也。格，變革也。女，以女與人也。時，是。刑，法。二女，堯女娥皇、女英。釐降，以禮下嫁二女于舜也。嬀，水名，在今蒲州，出歷山，入河。汭，小水入大水之名。舜居嬀汭也。嬪，婦也。欽哉，堯戒二女敬全婦道也。

帝以丹朱不肖，欲遜四岳以位。四岳自言德薄，難堪帝命。以顯在位之有德，揚貧賤之賢人。而衆人合詞薦舜，帝言我亦聞之，其詳如何？于是岳言舜父頑、母嚚、象傲，而能和諧以孝，凡事親友弟之事，烝烝日進而治矣。不能格其姦惡，蓋舜之聖，天下人皆信之，而父母及弟冥然不化，此其所以爲頑嚚與傲也。帝已知其賢，而特以隱微幽獨之盛德，非妻孥不察，故曰：我其試哉。以女女之，觀其刑家者何如。釐降就耕歷山處，爲宫成禮，既乃歸見翁姑，故曰於嬀汭嬪於虞，蓋舜被瞽叟逐出久矣。

慎徽五典，五典克從，納于百揆，百揆時叙。賓于四門，四門穆穆。納于大麓，烈風雷雨弗迷。

徽，善也。五典，五常。慎徽，慎重而善其法，以教人。揆，度也。百揆，官名，所攝事繁，故曰百揆。或如後世之冢宰也。强而入之曰納，堯驟試舜如納之也。時叙，以時而叙。賓于四門，使主四方之賓也。穆穆，雍肅也。山足曰麓。弗迷，静鎮而不失其常也。

承上言堯既妻以二女，乃歷試以事，使之綱紀五倫常道。舜敬慎以善其法，而五典人能從教，驟使應劇，納于百揆，舜因應自然，而事皆時叙；驟使履險，納于大麓，舜德性堅定，而烈風雷雨不致迷亂。言其德才兼備，常變如一，不特家庭之内孝友至誠而已。

帝曰：格，汝舜。詢事考言，乃言底可績，三載。汝陟帝位。舜讓于德，弗嗣。

格，來。詢，謀。乃，汝。底，致。陟，升也。

堯既試舜而賢，乃曰：來，汝舜。吾詢汝以事，考汝以言，汝所言者，皆可實致于施行而有成功。今三載于兹矣，汝可升受天子之位。舜謙遜，自謂其德不足以嗣堯。

正月上日，受終于文祖。

上日，朔日也。受終，堯耄倦未終。治平之事，今得舜，使相，以終己事，而告之文祖，重其事也。文祖，帝堯之祖廟，未知爲何人也。舜惟不肯嗣位，故堯使爲相，而實則己事皆命之代，如下文所云也。

在璿璣玉衡，以齊七政。

在，實察也，凡事必實有所在而後考之明。璿，美玉如珠者。璣，器名，可旋轉，故曰璣。以璿飾璣，象天體之轉運。衡，衡簫也，以玉爲管，横而設之以窺璣。而齊七政之運行，如今之渾天儀也。七政，日月五星也。日月五星互藏其宅，交致其功，而生化功，用以成爲天之常經，故曰政。在知其度分及氣候盈縮變化之不一者，而齊之使平。堯已曆象授時矣，舜更詳考之，蓋初制璿璣玉衡，以爲成法，使後世有式，故特以在言之，而一切憲天出治之政亦在其中矣。故下文不再言舜德，堯德即舜德，相際而成至治，史臣所以合爲一篇，後人增二十八字，雖於理亦無悖，而非史臣紀載之精意也。

舜居相位，攝行天子之事，乃首即觀天之器，所謂璣衡者，更詳定之，以璿飾璣，以玉爲衡，象其天體，察運行以齊七政，蓋敬天以勤民，猶是堯欽若敬授之心也。

肆類于上帝，禋于六宗，望于山川，徧于羣神。

肆，遂也。上文二句聖德王功皆在其内，此下言舜補行堯所未及之事。類、禋、望皆祭名，非郊祀之時而同郊祀之禮，故曰類。禋，潔敬以享之謂。六宗，四時、寒暑、日、月、星、水旱也。人所常尊，故曰宗。望，不克親至其地，望而祭之也。徧，周徧。羣神，如邱陵墳衍及歷代聖賢帝王之類。

承上言舜德已備，遂祭告天地百神，蓋堯之祀典亦自舜攝之。《孟子》所謂使之主祭而百神享之者也。

輯五瑞。既月，乃日覲四岳羣牧，班瑞于羣后。

輯，斂。瑞，謂桓、信、躬、穀、蒲五等，諸矦所執之信圭。舜以堯之命，使諸矦皆執瑞來朝，有似輯而斂之也。既月，盡正月一月。日覲者，國有遠近，來之先後不同，故日日見之，不如他朝會之同期于一日也。四岳猶言四方，與上文四岳異。羣牧即羣后，諸矦爲天子牧民者也。班、頒同。時堯當耄期，倦勤天下，蓋有不及整理者，舜既受命攝政，故以堯命使諸矦執五瑞來朝，而正月以外，乃日覲諸矦，各述其職，舜得詳其能否，既見而歸，乃仍班瑞以還之。于是天下皆知堯以天子之事命舜攝矣。

歲二月，東巡守，至于岱宗，柴。望秩于山川，肆覲東后，協時月正日，同律度量衡。修五禮、五玉、三帛、二生、一死贄。如五器，卒乃復。五月南巡守，至于南岳，如岱禮。八月西巡守，至于西岳，如初。十有一月朔巡守，至于北岳，如西禮。歸，格于藝祖，用特。

歲二月，來歲之二月。二月，寅正之二月，當堯巡守之年，以堯耄期，故舜代堯而巡守也。岱，泰山，五岳之長，故曰宗。柴，燔柴，加牲于柴上而焚之，取其氣上達。望，山川不能皆至者，望祭之也。秩，次也。五岳各至其方，燔柴以望祀山川，而其禮之秩次差等，如五岳視三公，四瀆視諸矦也。協，合。時，四時節氣。月，謂月之大小，月令與節氣相比，而調寒暑，恐諸矦國令或殊，故協而一之。正日，則正其發令布功之日，如月朔上丁下辛之類。律，十二律，黄鐘、太蔟、姑洗、蕤賓、夷則、無射、大吕、夾鐘、仲吕、林鐘、南吕、應鐘也。同之使清濁相維，高下相生，皆有準則。度，分、寸、尺、丈、引。量，龠、合、升、斗、斛。衡，銖、兩、斤、鈞、石也。修，治也，習也。五禮，吉、凶、軍、賓、嘉。《臯陶謨》言天秩五禮者是也。五玉，五等諸矦相享之玉。《周禮》小行人享天子用璧，享后用琮，其大各如其瑞者是也。三帛，諸矦世子執纁，公之孤執玄，附庸之君執黄。二生，卿執羔，大夫執鴈。一死，士執雉。蓋舜初爲此禮，令相見者贄以此，故特著之也。如，若也。五器，即五玉。卒，終。復，還也。孔穎達曰：蒙上文言，贄物之内如五玉，禮終乃還之，如三帛、生、死則不還是也。南岳，衡山，在今湖廣衡州府衡山縣西北三十里，接衡陽縣及長沙府界。西岳，華山，在今陜西西安府華陰縣南十里。北岳，恒山，在今山西大同府渾源州南二十里，接直隸眞定府界。順四時以巡四方，順陰陽之氣以出入，且自東而南西北，自北而歸京師，地理亦宜也。藝祖，即文祖。特，特牲也。

舜即承堯之命，居相位而攝行天子事。于是明年當巡狩之歲，堯老而不能行，乃奉堯命，代爲巡狩。以二月至于岱宗，既祀岱宗矣。又燔柴以望祀未至之山川，各以尊卑致禮而祭，遂見東方諸矦。前者正朔，已頒自堯矣，恐其久而或差，又協其時月，復正其吉凶用事之日，以一正朔，律度量衡，皆制度之所在，亦恐其或異，比而同之。五禮之頒，具有常法矣，恐其遵行或紊，更修明之，又别爲定相見之儀，俾已成國之諸矦，執五玉。未成國之世子、公孤、附庸，執三帛。卿大夫執二生，士執一死以贄，藉物以將誠，不虞其瀆矣。其贄物如五玉之重器，則禮畢仍還之，以示輕財重禮之意。帛與生、死則不還也。五月南巡守，至于南岳，以覲南方之諸矦。凡柴望、一正朔、考制度、同風俗等事，與東巡之禮同。八月西巡守，至于西岳，其禮與初至東岳同。十一月北巡守，至于北岳，其禮與西巡守同。四方既遍，乃歸京師，至于藝祖之廟，以特牛祭祀，告明代堯巡祀，四方無虞，可以告于前寧也。

五載一巡守。羣后四朝，敷奏以言，明試以功，車服以庸。

承上言舜因立爲定制，五載之內，天子一巡守。其明年，則東方諸侯來朝。又明年，南方諸侯來朝。又明年，則西方諸侯來朝。又明年，則北方諸侯來朝。蓋上下交而情義洽也。敷，陳。奏，進也。民功曰庸。令諸侯各陳爲治之説，而明試以功，考其所言之實，其善者則賜之車服，以表其功，而諸侯咸奮矣。

肇十有二州，封十有二山，濬川。

肇，始也。九州者，冀、兖、青、徐、荆、揚、雍、梁、豫。舜以青州越海，而分齊爲營州。冀州南北太遠，分恒山之地爲并州。燕以北爲幽州。新置三州，並舊爲十二州也。封，表也。十二州各表一山，以爲鎮，如揚州則會稽之類。濬川，防壅塞也。吴氏曰：此節本在禹治水之後，史臣泛記舜所行之大事，不計先後之叙是也。

象以典刑，流宥五刑，鞭作官刑，扑作教刑，金作贖刑。眚災肆赦，怙終賊刑。欽哉，欽哉，惟刑之恤哉。

象，如天垂象，易避而難犯也。典，常也。聖人代天討罪，辟以止辟，故垂如天象，示人以五刑之常，如下文所云也。宥，寬也。墨、劓、剕、宫、大辟，三苗之刑也。舜始酌其中而象以典刑，初創爲流刑，以宥乎犯五刑者，以流爲舜制，故特著之也。鞭，本末垂革，官府之刑，如今鞭撻吏人。扑，夏、楚二物，學校之刑。金，五金，金、銀、銅、鐵、錫。罪之極輕者，則以金贖也。肆，縱。眚，過誤。災，不幸。無心而非自致者，則直赦之也。怙，有恃。終，再犯。賊，殺也。有所恃而終其惡，然後賊之。范蜀公云：舜之五刑，流、官、教、贖、賊是也。欽哉以下，舜之言也。又戒用刑者，敬念此刑毋有枉濫，欲其得中也。陳雅言曰不欽，則或失于怠慢，不恤則或失于慘刻，二者刑之所由，不得其平也。

流共工于幽洲，放驩兜于崇山，竄三苗于三危，殛鯀于羽山，四罪而天下咸服。

流，遣之遠去，如水下流而不返也。流有五等，故四人各不同。洲、州通。幽洲，今順天府密雲縣東北，古塞外地。共工、驩兜事見上。放，置之于此，使不得他適。崇山，今湖廣永定衛西，大庸所東。竄，驅逐于僻陋。三苗，國名，今湖廣武昌、岳州二府，江西九江地。三危，今陝西嘉峪關外，廢沙州衛界。殛，拘囚困苦之。羽山，今山東兖州府沂州接郯城縣，及江南淮安府海州贛榆縣界。服，服其用刑之當也。

舜既以堯命正典刑，因即四人之罪而罪之，天下咸服其用刑之當，史臣舉此以證象以典刑之事也。

二十有八載，帝乃殂落。百姓如喪考妣，三載，四海遏密八音。

殂落，死也。死者魂歸于天，故曰殂。魄歸于地，故曰落。喪，爲之服。考妣，父母死之稱。遏，絶。密，靜。八音，金、石、絲、竹、匏、土、革、木也。

言舜居相位，攝行堯事，二十八年，堯乃崩。百姓哀慕，至三載之久，四海皆廢八音。可知舜爲相所行之事，莫非堯之事，而帝堯任相之明，爲不可及也。

月正元日，舜格于文祖。

月正，正月。元日，朔日也。《孟子》曰：堯崩，三年之喪畢，舜避堯之子于南河之南。天下諸侯朝覲者，不之堯之子而之舜；訟獄[①]謳歌者，不之堯之子而之舜。夫然後之中國，踐天子位焉。蓋堯崩，舜仍以相而攝行天子事，至三年喪畢，天下皆尊舜，而且堯必先有命，丹朱亦甘就臣僕，舜始不得已而踐位。于是以正月元日至文祖之廟，而告以臣民之意，以明不敢擅也。

詢于四岳，闢四門，明四目，達四聰。

詢，謀。闢，開也。四岳，元老，其職周知四方，故舜謀之而使開闢四方之門，廣其視聽以來天下之賢士。

咨，十有二牧。曰：食哉，惟時柔遠能邇，惇德允元，而難任人，蠻夷率服。

十二牧，十二州養民之官，蓋舜相堯時所簡之賢者，今更重咨之也。惟時，不違農時。柔者，寬以養之，使其自化。能者，勤教督之，使成材能。惇，厚。允，信。元，善也。難，愼重也。自惇厚其德，而信善不疑，至任用人才則必其難其愼，毋使不肖倖進，如此則不特中國安而蠻夷亦率服矣。

舜曰：咨，四岳。有能奮庸熙帝之載。使宅百揆，亮采惠疇？僉曰：伯禹作司空。帝曰：俞，咨禹，汝平水土，惟時懋哉。禹拜稽首，讓于稷、契暨臯陶。帝曰：俞，汝往哉。

蔡氏曰：此章稱舜曰，下方稱帝曰者，以見堯老舜攝，堯在時，舜未嘗稱帝是也。奮，起。庸，功。熙，廣。載，事。宅，居。亮，輔相意。采，事。惠，順。疇，類。僉，眾也。禹，姒姓，代父鯀爲崇伯，故稱伯。時，是。懋，勉。稷，農官，姫棄爲此官，故因以名之。契，子姓。暨，及也。

舜既即位，乃咨于四岳，問有能奮發功勳，可以廣帝堯之事者，使居百揆，弼亮衆事，順乎輿情。四岳及羣臣僉言伯禹現作司空，可當其任。帝然其言，因咨禹曰：汝平水土，功業已見，今其勉宅百揆，以總眾職。禹稽首謙讓于稷、契、臯陶，帝然其所舉之賢而不許其辭百揆之任也。

帝曰：棄，黎民阻飢，汝后稷，播時百穀。

阻，厄也。后，君也。棄聖於稼稷，堯舜故特設爲后稷之官，名尊而君之。播，

① 獄，底本作嶽，恐誤。

布。百穀，概言之，或曰粱①、稻、菽各二十種，蔬果各二十種，則後世踵而悉之者也。舜因禹之讓而申命之，使仍舊職。下放此。

帝曰：契，百姓不親，五品不遜，汝作司徒，敬敷五教，在寬。

親，相親睦。五品，五倫。遜，順。五倫以順理相親爲主也，五倫必先自盡而後可以教人，且民之不親遜者，非獨無良，上之德未施而教未盡耳。故敬以律己而慎重敷之，寬以養之，使人漸漬于教化而自得天良。《孟子》所謂勞來匡直，輔翼使自得之，又從而振德之也。

帝曰：皋陶，蠻夷猾夏，寇賊姦宄。汝作士，五刑有服，五服三就。五流有宅，五宅三居，惟明克允。

猾，亂。夏，大也，中國大于夷裔，以其有文明，又曰華夏。攻劫曰寇，殺人曰賊，在外曰姦，在内曰宄。士，理官。五刑，流、官、教、贖、賊也。服，服其罪，《吕刑》所謂上服下服是也。三就，就三處而決其獄，《禮·王制》：史以獄成告于大司寇，大司寇以獄成告于王，王命三公參聽之是也。《周禮》三刺亦此意。五流，流有五等。有宅，流之于其地，必有以宅之，仁之至也。五宅三居，流之爲罪，輕重不同，則所以宅之者亦不同，大概分三等以居之，如今管束、効力、爲奴等意。上文四凶同流，其法不同，即此義。明，精審。允，誠信也。

已上三人皆舊官而舜特申命之，故三人不復讓也。

帝曰：疇若予工？僉曰：垂哉。帝曰：俞，咨垂。汝共工。垂拜稽首，讓于殳、斨暨伯與。帝曰：俞，往哉，汝諧。

若，順其理而治之。工，百工之事爲天下主，故凡所以前民用者，皆曰予工。垂，臣名。共工，官名。前共工不名，蓋世官也。共工放後，帝乃命垂爲之。殳、斨、伯與，三臣名。蔡氏曰：殳以積竹爲兵，建兵車者。斨，方銎斧也。古多以其所能爲名，殳、斨豈能爲二器者歟？諧，和也。工非一人，垂特總其事，使工拙不至相蒙，勤怠不至相冒則諧也。

帝曰：疇若予上下草木鳥獸？僉曰：益哉。帝曰：俞，咨益，汝作朕虞。益拜稽首，讓于朱虎、熊羆。帝曰：俞，往哉，汝諧。

上，山。下，澤。若，順也。物各有性，順而生養取用之。聖人以萬物爲一體，故曰予草木鳥獸。虞，掌山澤之官，蓋非一人，而益總其事也。舜時洪水初平，草木鳥獸之事尤繁，故命益總其職。先時益掌火，佐禹治水，而兹更特命爲虞也。朱虎、熊羆，二臣名。孔氏曰：垂益所讓四人皆在元凱之中，以《左傳》八元之内，有伯虎、仲熊也。然殳、斨、伯與不知誰何？亦想當然耳。蔡氏曰：虎熊以獸爲名，亦以

① 粱，底本作梁。

其能服是獸而得名。理或然也。

帝曰：咨，四岳。有能典朕三禮？僉曰：伯夷。帝曰：俞，咨伯。汝作秩宗，夙夜惟寅，直哉惟清。伯拜稽首，讓于夔、龍。帝曰：俞，往，欽哉。

典，主也。三禮，祀天神，享人鬼，祭地祇之禮。伯夷，臣名，姜姓。秩宗，主祀事之官，總叙次百神之禮，故尊之曰宗。夙，早。寅，敬。直，正。清，明也。人神之相通以禮，必夙夜常存敬畏，正直存心，然後志氣清明，可以格也。夔、龍，二臣名。陳氏曰：九官惟百揆、秩宗，咨四岳而命之，重可知矣。

帝曰：夔，命汝典樂，教胄子，直而温，寬而栗，剛而無虐，簡而無傲。詩言志，歌永言，聲依永，律和聲。八音克諧，無相奪倫，神人以和。夔曰：於，予擊石拊石，百獸率舞，庶尹允諧[①]。

胄，長子，自天子至卿大夫之適子也。栗，莊敬也。正直者或少和厚，寬緩者或少莊敬，須化其偏。剛果者易至刻虐，簡略者易致傲慢，宜防其過。四者所以約之于中和也，而皆以樂涵養變化。之下四句乃言樂之所以宜于教胄也。志者，心之所之。詩者，有韻之言。曼聲曰歌，以詩爲歌，所以永其言中之趣。聲則宫、商、角、徵、羽五音也。五聲依歌詠之節而生，第長短、清濁、高下不齊，則必十二律和之而始成調。凡此皆所謂音由人心生也，人心之美惡見于詩歌，即詩歌而和以聲律，乃涵養其情而化其氣質之偏也。八音三句乃命夔以作樂之道。金、石、絲、竹、匏、土、革、木，器異而聲律不異，作樂者使人聲與器相比，翕如、純如、皦如，諧和而不失其倫次，則神樂其和平而人適其形神，可以薦之郊廟，奏于朝野矣。夔曰以下十六字，《益稷》文，本當在此，簡編錯落，此處反缺庶允諧句，而《益稷》文重出。先儒不詳文義，反以此爲衍文，誤也。蓋此時舜已作《韶》，夔不過典司，即教胄有功，亦樂之功。而夔不敢專美，故無庸讓于他人，而即帝言而歎之，言樂可教胄，其理信然。予非有他能，可以使八音克諧者，然嘗驗之。樂作之時，予不過一擊石拊石而已，而百獸率舞，庶尹信多和諧，則帝樂之神妙可知，而教胄宜有效也。因自謙，故不舉八音而第言石，非舊説石聲難和，故特舉之之謂。且知本文眞語意則上下文義本相蒙，而《益稷》之錯簡者，與戛擊鳴球段重複不通，顯然可見也。

帝曰：龍，朕堲讒説殄行，震驚朕師。命汝作納言，夙夜出納朕命，惟允。

堲，疾。殄，絶。震，動。師，眾也。納言，喉舌之官。出者上之命，納者下之言。允，信實也。讒説變亂是非，使爲善者怠，故曰殄行。矯妄惑亂，故震驚眾聽。朕命惟允，出上之命，不使假上意而操國是。納下之言，不使借公論而亂主聽。已上二人皆因伯夷之讓而申命其職也。

---

① 庶尹允諧，《尚書正義》无。

帝曰：咨，汝二十有二人，欽哉，惟時亮天功。

蔡氏曰：二十二人，四岳、九官、十二牧也。天子奉天理物，君事皆天事。羣臣輔君，以成天功，帝故特戒之，以敬夫百揆之任固重矣。而其他政職莫非天功，安得弗敬。舊説必别其輕重，則已昧所謂欽哉時亮者，故不可從之。若夫唐虞平水土，若百工各爲一官，而周制同領于司空，唐虞以士一官兼兵刑，而《周禮》分爲夏秋兩官。蔡氏謂隨時制宜，損益可知者，則是也。

三載考績，三考，黜陟幽明，庶績咸熙。分北三苗。

考，核實。三考，九載也。幽，愚闇意。北與背同。舜既得人以任衆職，而又立爲考績之法，三載則考其得失，三考而定其功罪，幽者黜之，明者陟之，于是庶績咸熙。而如三苗者，亦得别其善惡而分背之，終言舜致治之事也。王氏樵曰：竄三苗于三危，舜攝位時事，所竄者其君。《禹貢》所記既宅丕叙者，以其竄于三危者而言，苗不即工，徂征來格，及分北則其舊都之衆，計苗之事，終舜之世始定。竄者初年，分北者末年是也。

舜生三十徵庸，三十在位，五十載陟方乃死。

徵，召。陟方，孔氏曰：升道南方巡守而死是也。陟方猶言巡方，以其死于是方，尊之曰陟。總記舜之始終，生三十年而堯召用歷試，及相堯共三十載而始爲天子，又五十年，巡方乃死。按《禮·檀弓》言舜崩于蒼梧之野。今零陵九疑有舜塚①。而《孟子》曰：卒于鳴條。或以爲即湯與桀戰之地，在安邑西，今安邑亦有舜墓。《路史》以爲聖王恩沾倮隅，澤及牛馬，殊方異域，無不爲位而墳墓，以致其哀敬，是以墓非一所。《大荒南經》云：赤水之東，蒼梧之野，舜子叔均之所葬。而《九疑山記》亦謂商均窆其陰。豈非商均徙此，因葬之，後世遂以爲舜墓耶？其説近是。《竹書紀年》載舜四十九年，帝居鳴條，五十年死。註云：鳴條有蒼梧之山，帝崩，遂葬焉，今海州。是與《孟子》云東夷之人合，然不言巡方，而以陟爲死，又分爲兩年事，則非也。

附　解

今之《堯典》《舜典》本爲一篇，自姚方興託云於大航頭得曰若稽古帝舜二十八字，于是始析爲二。其原文本相連屬，蓋史臣紀堯之事，而以舜合載。首段總叙堯聖德神功，已足該括堯之一生矣。下文乃即授時用人二大端，以見堯敬天勤民，求賢如渴，丹朱、驩兜、伯鯀，堯皆灼知其不才，而特咨四岳。以巽位之人，及羣臣舉舜，堯遂妻以二女，歷試諸艱，既知其

① 塚，底本作塜。

賢，使攝行已事。二十八載之中，舜之所行皆奉堯命爲之，是舜事皆堯事矣。月正元日以後，則舜之事。而舜實無事，蓋用先帝之人，行先帝之政，行其所已行，補其所未行。凡成功文章，二聖相繼，經營數十載，其心同德同，而其致治亦合二聖而始備，故須合寫，乃得曉然，則史臣合爲一篇紀之，良有深意，非可以私意妄分也。閻百詩疑别有《舜典》，不知何時逸之，亦或有然。《孟子》引二十八載帝乃殂落曰《堯典》。《漢·王莽列傳》兩引十有二州，皆云《堯典》，其本爲一篇無疑。齊明帝建武中，吴興姚方興言于大航頭買得《舜典》一篇上之，即今所傳《舜典》也。梁武帝時，博士議曰：孔《序》稱伏生誤合五篇，皆文相承接，所以致誤。《舜典》首有曰若稽古，伏生雖昏耄，何容合之？遂不行用。則今之《舜典》，古人已明斷之，故今仍爲一篇。其今《舜典》首二十八字言舜德亦無不是，但上文欽哉句，文氣未完。下愼徽以下，詳堯試舜事，以二十八字横梗於中，實爲不順耳。至王氏柏于舜讓于德弗嗣下增堯曰咨爾舜二十四字，于敬敷五教在寬下增勞之來之二十二字，蓋以孔孟爲據，然古人軼事逸語甚多，孔孟所引不必定是《堯典》之詞也。又陳氏以宅南郊下當有曰明都三字，亦屬臆造，故均弗從之。殷字，《爾雅·釋言》訓中也、正也，然以中中春，于文義強，若訓正字，南北言正，春秋何獨異文？古人文字不如是巧换字面也，故正之。《堯典》中星與今不同，由歲差之，故前人已多言之。第歲差之法，朱子言劉焯取兩家中數七十五年爲近之，然未爲精密。元郭守敬以周天周歲强弱相減，差一分五十杪，積六十六年八箇月而差一度，算已往減一算，算將來加一算，其法始密。明鄭善夫言定歲差，宜定歲法，于二至餘分絲忽之閒，定日法于氣朔盈虚一晝之際，定日月交食于半杪難分之所，而法益密。蓋朱子所未聞也。蔡傳云：日永晝六十刻，夜四十刻。日短晝四十刻，夜六十刻。與今不同，蓋地勢有在南在北之異。蔡傳據地中而言，故晝夜刻數，長極于六十，短止于四十。今時憲書據燕都而言，故不同也。然大抵今法爲合，故正之。氣盈朔虚之説，傳註簡而易晦，今亦附記于此。一歲有二十四氣，假如一月約計三十日，則宜十五日交一節氣矣。然朞三百六十五日零二十五刻，分配二十四氣，則不止于三百六十日，故必十五日零二十五刻爲一節，三十日五十二刻爲兩節，所謂氣盈也。月之合朔二十九日半，則月不能滿三十日之數，積十二月三百六十日計之，内虚五日零六時三刻，是爲朔虚，故每歲嘗六箇月小，止得三百五十四日也。大率一歲之内，月行之數，日與天會而多五日二十四刻二十五分，爲氣盈。月與日會而少五日六十三刻二十八分八十四杪，爲朔虛。合氣盈朔虛，共得十日八十七刻五十三分八十四杪爲一歲。閏率三歲一閏，則三十二日六十二刻六十一分五十二杪。五歲再閏，則五十四日三十七刻六十九分二十杪。十有九歲七閏，則二百六日六十三刻二十二分九十六杪。其先則三年一閏者三，繼以兩年一閏者一，續又三年一閏者二，繼以兩年一閏者一，如是經七閏，然後氣朔分齊，是爲一章也。方命圮族是剛愎自用之人，故無成功。不然，禹乃鯀子，何不早佐其父治水，而必待復命之哉？蓋鯀不用故也。四岳或以爲四人，然以汝能庸命巽朕位觀之，則爲一人。且汝二十有二人承上指目之，若四岳爲四人則不合矣。前人泥僉曰字，謂四岳同對，不知前岳曰瞽子，四岳一人言，後僉曰伯禹，眾臣同薦禹，亦如師錫舜也。帝咨四岳一人，而廷臣交薦禹。師錫帝舜，而岳一人獨對。事同，文之叙法略異，人遂眩惑矣。不格姦，格字《史記》作至字，後儒因之，然無解。于《孟子》不告而娶諸言，則以爲但不大至于姦惡耳。其意蓋以爲若舜不能格親化帝，堯必不能用之，不知瞽瞍若易化，何至稱爲頑瞽。三苗至頑矣，而益言矧兹有苗，是瞍之愚更甚。瞍本虞國之君，因欲廢舜立象，逐出，使耕歷山。堯妻舜，即就歷山，爲宫成禮，乃歸見翁姑，故曰事舜於甽[1]畝之中。瞍畏堯，不敢違。堯正舜嫡位，置百官，分土田使治之。瞍猶不忿，又使浚井完廩，舜亦夔夔盡孝。《書》與《孟子》本一，迨舜登庸後，不以人悦之好色富貴爲喜，而惟以順于父母爲事，夔夔齋慄，有加無已。瞽瞍既喜于爲天子父，而又見其子之純孝無已，故遂底豫。《孟子》曰：爲天子父，尊之至。以天下養，養之至。又曰：五十而慕者，予于大舜見之。正謂此也。不然舜未登庸時，瞽瞍已底豫，而《孟子》乃鑿空妄語，豈足爲聖賢乎？焚廩浚井一段，先儒言萬章所言，孟子不暇深辨，夫使本無其事，而章誤引，孟子必將力折之。齊東野人之語，好事者爲之是也。事關聖人大倫所在，乃不置辨乎？此事閻百詩亦嘗辨之，而其説不詳明者，必有以定。其説也，《大戴記》以堯爲黄帝玄孫，則是堯與舜高祖敬康爲同高祖兄弟。堯舜皆聖人，豈得不辨人倫而妻二女。前人已多辨之，《戴記》不足信也。至稷、契爲帝嚳子，《史記》妄傳，《祭法》妄記，愚於《詩·生民》《元鳥篇》已詳辨之，兹不贅。納于大麓，自是堯命舜入幽僻之處，適遇烈風雷雨，不失其常，蓋聖人德性鎮静，龍蛇物怪，視如無有。若禹以蝘蜓視蛟龍之事，太史公謂山林、川澤、烈風、雷雨，舜行不迷。蘇東

① 甽，底本作畝，此據《孟子·萬章上》改。

坡曰：洪水爲患，使舜入山林，相視原隰，雷雨大至，衆懼失常，而舜不迷，其度其量，有絶人者。後儒恐涉于邪怪，必將此等處解作常語，謂大録萬幾，抑思聖人神明變化，當洪水滔天之世，百怪奮興，非有神功，豈能施治。後世若李冰制孽龍，且有異蹟，聖人而無神烈，何以爲聖人？但聖人本至德以爲至功，不似術數之士逐末忘本，且非爲國爲民除害致治，則不以是見耳，學者詳之。璿璣玉衡，蔡傳言其法式甚悉，然必覩其器而後知，非紙上空言可了。今渾天儀具在，故不贅叙。柴望，舊説多作燔柴祀天，然經文明言柴望秩于山川，不得以爲祭天也。修五禮以下，就本文解最得，不必如蔡傳更易次第，義已詳正解中。五刑，舊謂墨、劓、剕、宫、大辟，今從范景仁説，乃合聖人之法，詳見《吕刑》。三就，馬、鄭、王三家皆以爲大罪于原野，大夫于朝，士于市，然皆謂死刑。孔穎達已疑其不可通，當正之。象以典刑，王充耘謂各象其罪而加之刑，不如蔡傳正大。夔曰於十六字，蘇、陳、蔡皆謂錯簡，二十二人及陟方誤解，今皆正之。學者但味經文語意，詳求愚説，則有以知其非故反前人矣。又伯益即伯翳，金仁山辨之甚詳。鄭康成、《史記》讀舜生三十爲句，不可從。吴才老以閏月定四時，定古作正。閻百詩謂正字爲優，亦不可從。篇中前人聚訟者甚多，今不盡述，學者但觀正解自見。

舜典

自漢以來，只有《堯典》而無《舜典》，東晋梅頤今作賾上孔《傳》，闕《舜典》曰若稽古下二十八字，世多用王肅、范甯之註補之，而皆以慎徽五典以下爲《舜典》之初，至齊蕭鸞建武四年，姚方興乃云于大航頭得孔氏傳古文《舜典》，乃有二十八字。夫今之《堯典》《舜典》，無論伏生，即孔安國原只名《堯典》一篇。梁武帝時已議其非，歷代疑之者亦衆，今既以文義考而正之矣，亦附存二十八字于後，以俟明者。

曰若稽古，帝舜曰重華，協于帝。濬哲文明，温恭允塞，玄德升聞，乃命以位。

放勳、重華、文命，堯、舜、禹號。《史記》云然，以義理衡之，亦無大謬。此二十八字得自姚方興，至唐始行，故孔穎達註用之，細考其語，亦無大悖，但於文義不順，前《附解》已言之矣。《書》本多闕文，或古原有是語，如閻百詩所謂别有《舜典》者。重華固古有此稱，即濬哲等字，今亦沿爲舜事矣。惟玄德二字，儒者力斥其非，以老子言玄也。然玄止是幽深之意，《中庸》不顯之德，朱子亦以玄解之。

蓋德藴於心，本無可測，文王之穆穆，即不顯之德之純也，非玄乎，即凡人心中所思，亦何人能測亦玄也。玄德二字有何不通，漢昭烈諱備，字玄德，萬物皆備於我，藐然一身耳。何以萬物皆備，德備而萬物咸具，以此爲玄德，漢人其猶有知聖學者乎？此二十八字不可以爲《舜典》，而玄德字則不必遂以爲異端耳。

汩作一篇
九共九篇
槀飫一篇

以上十一篇皆亡，既無其書，不知所謂，無事强解，世傳古《序》所云，不足據也。下放此。

書經恒解卷二——晚年定本

大禹謨今文無，古文有。

此篇歷來疑其僞者甚多，然詞義粹美，非後人所能僞造也。第中有錯簡，宜酌之。禹亦稱大，以其能配堯舜也。孔子稱禹曰無閒然，其不曰典，而曰謨，明乎禹承二帝之治，遜也。

曰若稽古，大禹曰：文命敷于四海，祗承于帝。

曰，文命之曰，史臣稱禹之詞也，與《皋陶謨》不同。放勳、重華、文命，《史記》作堯、舜、禹號。史遷嘗從孔安國學古文，故云然。《孟子》引《堯典》曰：放勳乃殂落。又引放勳曰重華。不特見于《淮南子》，屈子《離騷》曰：就重華而陳詞。《涉江》曰：吾與重華遊兮瑤之圃。《懷沙》曰：重華不可遌兮。則放勳、重華爲堯、舜號，或然。文命敷于四海，言禹承堯舜後，文德誕敷，非號也。祗承于帝者，堯則天，舜無爲，治功已備，禹但敬承而光大之。文命敷于四海，即《禹貢》聲教訖于四海。二句總括其德與政而言，下乃約舉其言與事之一二。以文命爲號，則敷于四海句無着，蓋漢儒誤解經文，而史遷亦然，誤以爲與放勳、重華等，不可從也。其曰若稽古，與堯同何也？《虞書》本夏臣所作，紀堯既然，則於禹亦宜然，臣子之禮也。《皋陶》亦曰稽古云云者，既與禹同爲謨，又禹同時之賢，類及之也。

曰：后克艱厥后，臣克艱厥臣，政乃乂，黎民敏德。

曰，禹言也。史臣約舉禹言及攝政伐苗事，明禹之事舜，亦如舜之事堯，而不紀禪位事，齒禹於羣臣之列，曰謨而不曰典，以別於堯舜。前人誤以此節爲祗承于帝之言，遂令文義不通矣。艱，難。敏，速也。言君臣各知其難，各盡其道，政乃治而黎民速化于德。

帝曰：俞，允若兹，嘉言罔攸伏，野無遺賢，萬邦咸寧。

嘉，善。攸，所也。俞者，舜然禹言，謂果能君臣克艱，則必不自恃而集益，嘉言皆得自獻，賢才無不登庸，而萬邦咸寧矣。

稽于眾，舍己從人，不虐無告，不廢困窮，惟帝時克。

申言集嘉言，致羣賢，必實有好善之誠，虚己之實，稽于眾論，舍己從人，即鰥寡孤獨皆使得所，微賤困窮之人有善可採，皆不廢之。此惟帝堯乃能，蓋舜自謙之詞也。

益曰：都，帝德廣運，乃聖乃神，乃武乃文。皇天眷命，奄有四海，爲天下君。

益歎美舜言，因言堯實有聖德，如舜所云，帝謂堯也。廣運如天，廣大運行而不息，下詳言之。聖，無所不通，神聖不可知之名。武，威嚴意。文，經緯之。眷，顧。奄，覆也。

禹曰：惠迪吉，從逆凶，惟影響。

惠，順。迪，道也。逆，反道者。禹因益言而言堯德雖盛，無非順天理而已。凡事順道則吉，逆道則凶，吉凶由于善惡，應如影響之隨形聲。蓋道即天理，順天理而天心屬之，逆天理而天心去之，順天者吉，逆天者凶，天豈有心于其閒，亦人自致耳。孔子言餘慶餘殃，《孟子》曰禍福無不自己求之。君子不以福而始爲善，禍而不爲惡，然天理之一定者，豈有爽哉。惟，獨也，言獨有此理也。

益曰：吁，戒哉。儆戒無虞，罔失法度，罔遊于逸，罔淫于樂。任賢勿貳，去邪勿疑，疑謀勿成，百志惟熙。罔違道以干百姓之譽，罔咈百姓以從己之欲。無怠無荒，四夷來王。

蔡氏曰：先吁後戒，欲聽者精審是也。儆與警同。虞，憂，虞法度義理之準則。遊，佚適也。淫，溢也，過也。逸樂非絶不可遊，淫則縱欲矣。咈，逆。來王，《周禮》所謂九州之外謂之蕃國，世一見也。

益承禹言而歎吉凶由人，必常自儆戒，始可無虞。其儆戒如何？惠道之法度宜守，逆道之淫樂宜戒，賢人惠迪者也。任之勿貳，邪人從逆者也。去之勿疑，有介乎迪與逆之謀，即勿遽成之，更加詳察。凡百志慮必明於迪逆之分，光明不滓。至百姓不盡賢者，其有己是而百姓以爲非者，罔違道以干其譽。己非而百姓之欲是者，罔咈百姓以從己之欲。至公、至明、至虚如此，而又無怠無荒，則儆戒之意始篤，四夷來王，近者無論矣。

禹曰：於，帝念哉。德惟善政，政在養民。水、火、金、木、土、穀惟修。正德、利用、厚生惟和，九功惟叙，九叙惟歌。戒之用休，董之用威，勸之以九歌，俾勿壞。

禹承益言而歎之也，言帝當儆戒者。於，歎詞。德惟善政，人君之德惟在善政。政者，德之所見也。養民又政之本。水、火、金、木、土、穀謂之六府，皆養民之具，惟在人君立法以修明之。正德使民，各正其德，誠正修齊之學，皆在其內。利用，凡民所用財貨器具之類，皆爲利之。厚生，飽煖、安全、豐亨、久道。此所謂三事也。和，各當其理而無乖戾。合六府三事爲九，九者各有成功。順其理而不紊曰叙。九者叙矣，乃以平治愉豫之情作爲詩歌，頌樂太平，蓋養立而教興矣。于是以禮樂齊一斯民，戒諭以休美之事，而使知所勸，督之以刑罰之威，而使知所儆。復以九歌協于律吕，俾民涵泳、鼓舞、勸勉而不息，無致久而廢壞。凡此皆舜所知所能而禹言之者。水土初平，治功雖具，而戒其勿壞，所以爲聖人之君臣也。

帝曰：俞，地平天成，六府三事允治，萬世永賴，時乃功。

水土治曰平。天施地生，地不平則天功亦無由成，故地平天成也。蔡氏曰：水、火、金、木、土、穀，財用之所自出，故曰府。正德、利用、厚生，人事之所當爲，故曰事。舜然禹言，而又歸功於禹，以自謙也。

帝曰：格汝禹，朕宅帝位三十有三載，耄期倦于勤。汝惟不怠，總朕師。

八十、九十曰耄，百年曰期，時舜年已九十餘，在耄期之間，故並言之。總，率也。舜因禹戒勿壞，而思治功久遠，必資聖君，遂以己平日屬意於禹之志告之，而言己年耄，難以勤勞，汝能不怠，可總我衆而攝行天子事也。

禹曰：朕德罔克，民不依。皋陶邁種德，德乃降，黎民懷之。帝念哉，念茲在茲，釋茲在茲，名言茲在茲，允出茲在茲，惟帝念功。

邁，勇往力行意。種，布。降，下也。禹言己德不堪，民不能依，惟皋陶力行種德，德降于民而民懷之，帝其念哉。念茲四句則申明黎民懷之之實。茲，此也，指皋陶也。允出，承名言説，謂名言由誠心而出也。言民懷皋陶不忘，念之固在皋陶，釋之而他念，亦在皋陶，名言其德固在皋陶，誠出于心，悦服其德者，亦在皋陶。惟帝念其功如此，而使總師焉。夫皋陶刑官，而民懷之深如此，則其所以弼教而使民協中者，豈恃刑哉？

帝曰：皋陶，惟茲臣庶，罔或干予正，汝作士，明于五刑，以弼五教。期于予治，刑期于無刑，民協于中。時乃功，懋哉。

干，犯。正，正道，五倫是也。弼，輔也。聖人本德以爲禮樂法度，無非維持天地之正道，教不率而後以刑，所以使其各協中道。舜言臣庶無或干我之正者，以汝作士，明于五刑，以輔五品之教，而期我以至治，所以不得已而刑，欲其改惡從善，至于無刑也。民凜其法而體其仁，咸協于中道，是乃汝功。蓋不聽禹之讓而美皋陶之功也。

皋陶曰：帝德罔愆。臨下以簡，御眾以寬。罰弗及嗣，賞延于世。宥過無大，刑故無小。罪疑惟輕，功疑惟重。與其殺不辜，寧失不經。好生之德，洽于民心，兹用不犯于有司。

愆，過。罔愆，精微適中，無一毫之過也。簡，執至一之德以馭煩。寬，擴宏仁之度以育物。二者相爲體用。嗣、世皆謂子孫，嗣親而世疎也。過，不知而誤。故，知之故犯。宥其無心，刑其有意也。罪在可疑，寧從輕以宥之。功在可疑，寧從重以賞之。不經宥罪，非常法也。與其從重而殺無辜，寧從輕而失不經，蓋聖人恐己之明未至，而人或誤入于死也，仁之至也。皋陶自讓其功而推明帝有好生之德，故民心感化，犯法者希也。

帝曰：俾予從欲以治，四方風動，惟乃之休。

民相化于善而不爲惡，舜之欲也。皋陶能明刑弼教，使民鼓舞于德教而日遷善，帝故仍歸功以勉之。

帝曰：來，禹。洚水儆予，成允成功，惟汝賢。克勤于邦，克儉于家，不自滿假，惟汝賢。汝惟不矜，天下莫與汝爭能。汝惟不伐，天下莫與汝爭功。予懋乃德，嘉乃丕績。天之曆數在汝躬，汝終陟元后。

洚，古文作降。《孟子》曰：洪水也。水逆行謂之洚水。舜以爲天之所以儆懼己也。成允成功，禹蓋嘗以治水之事言于帝，而信能實踐其言，其後大功果成也。勤于國事，己溺己飢之心，儉于自奉，卑宫惡衣之事，不自滿假，申上二句之意也。自賢曰矜，自功曰伐，言禹不自矜伐而天下實無能及者。予是以盛汝德而嘉乃績，知可當天意，終將升爲元后，而此時總師無可辭也。曆數，人君奉天出治，天時遞嬗，帝王相承，總以成天之功也。劉氏應秋曰：舜之意以皋陶雖有明刑弼教之功，而禹則有再造乾坤之力，是以特命繼己也。

人心惟危，道心惟微，惟精惟一，允執厥中。

道心，性也。人心，情也。性爲體，情爲用，本不可分，但情動易入於妄，故危。性靜難極於純，故微。精以晰，其幾一，以守其至正，常守至中，德乃無瑕，執固守之意。堯、舜、禹皆聖人，相戒以守道之意如此。

無稽之言勿聽，弗詢之謀勿庸。

無稽，考之于義理而不合。弗詢，揆之于公論而不符。勿聽，則不自眩其聰。勿用，則不貽誤于民。此非至中者在我，不易言也。

可愛非君？可畏非民？眾非元后何戴？后非眾罔與守邦？欽哉，慎乃有位，敬修其可願。四海困窮，天禄永終。惟口出好興戎，朕言不再。

可愛者豈非君乎？可畏者豈非民乎？又言君民相須之意，見非禹不可在位，但當慎耳。可願民之所好，敬而修之，《大學》所謂本慎德以絜矩者也。四海困窮，知四海之困窮則必敬修，而天祿可永終矣。惟口出好興戎，言吉凶由于言詞，況天下大器已審慎而後命汝，豈有妄言，何庸多讓也，故以朕言不再結之。

禹曰：枚卜功臣，惟吉之從。帝曰：禹，官占，惟先蔽志，昆命于元龜。朕志先定，詢謀僉同，鬼神其依，龜筮協從，卜不習吉。禹拜稽首，固辭。帝曰：毋，惟汝諧。

枚卜，如數物而人人卜之。官占，占卜之官。蔽，斷。昆，後也。卜以龜，筮以蓍。習，重也。固辭，再辭。上文舜之所言，其意已決。禹復請枚卜有功之臣而從其吉者。舜言官占之法，惟在以理先斷于志，而後命之于龜。今我志既定，衆論交推，則人心之所向往，即天心之眷顧，鬼神其依，龜筮亦必協從矣。蓋我不卜之于幽而卜之于顯，理無可疑，即是眞卜，若再枚卜，是重卜矣。卜不習吉，汝其勿疑。禹又稽首固讓，而帝弗許，言惟汝諧此元后之位也。

正月朔旦，受命于神宗，率百官若帝之初。

神宗，堯廟也。舜受天下于堯，今以傳禹，自當祭告于堯，以明鄭重付託之意。不曰受終而曰受命，堯得舜而終己之事，舜得禹而終堯之事，堯命在己，今命于禹，如堯親命也。率百官如舜初年，亦以相位而攝天子事，非遂即天子位也，故下文征苗，仍舜命之。

帝曰：咨，禹，惟時有苗弗率，汝徂征。禹乃會羣后，誓于師曰：濟濟有衆，咸聽朕命。蠢兹有苗，昏迷不恭，侮慢自賢，反道敗德。君子在野，小人在位。民棄不保，天降之咎。肆予以爾衆士，奉辭伐罪。爾尚一乃心力，其克有勳。

徂，往。征，正其罪而伐之也。會，徵會。誓，戒軍旅之詞也。諸侯相見則必有會軍旅，警衆則必有誓。而《禮》載周豐之言，謂商作誓，周作會者，蓋春秋重會誓，豐矯言以正之。作之云者，謂重其詞而造作之義，與此不相礙也。昏，闇。迷，惑。恭，敬也。侮慢自賢，輕人而尊己。道、德一也。自其通乎天人萬物言之曰道，自其得諸身言之曰德。反，背。敗，壞也。帝以三苗餘民久不率教，命禹征之。禹乃會諸侯以告衆，歷言有苗之罪，民怨天怒，故奉命伐之而勖衆，以一心力也。抑舜已竄三苗矣，而兹又言弗率，既曰民棄不保矣，而下文又言苗民逆命，何邪？蓋舜之所竄者其君，而其部落酋長尤衆，此所謂弗率者也。苗民即指其酋長，民棄不保之民，則凡爲民也。戰國吴起云：三苗之國，左洞庭而右彭蠡。在唐虞時，想其地尤廣，而負固不服，則民罹其殃，故舜禹憂之也。

三旬，苗民逆命。益贊于禹曰：惟德動天，無遠弗屆。滿招損，謙受益，時乃天道。帝初于歷山，往于田，日號泣于旻天，于父母，負罪引慝。祗載見瞽瞍，夔夔齊[1]慄。瞽亦允若。至諴感神，矧茲有苗。禹拜昌言曰：俞。班師振旅，帝乃誕敷文德，舞干羽于兩階。七旬，有苗格。

贊，佐也。益從禹出征，履其地而見苗民之不可以威服，故告禹使增修文德。德者，天之理，故可動天。滿則自足而德不進，謙則從善而德日增，故損益異也。初于四句，指其微賤時言。負罪以下，究其終而言。歷山，今山西平陽府滿州南三十里，即《禹貢》雷首山也。仁覆閔下謂之旻天，號泣于旻天，于父母言，其呼天自責而思慕父母，無可如何之況，所謂如窮人無所歸者也。負，積而益厚之意。引，非其慝而引以爲咎也。祇，敬。載，事。夔夔，戰懼之貌。齊，莊敬。慄，悚惕。允若，信而順之。諴，誠也。昌言，善言。班，布也。振，整。班師振旅，所謂按兵不動也。誕，大。文德，對武功而言，即指下文之事。干羽，繫羽於干，舞者所執也。兩階，阼階西階，賓主相見，樂舞以行禮也。

苗民險遠負固，雖居聖世，素未深知聖人之德，故以兵臨之，三旬而猶逆命。益乃告禹以返，己增修其德。因述帝初于歷山之時，共爲子職而親不悟，日日號泣，呼天自責，而思父母，無可如何，然負罪引慝，積久不怠，惟敬事以見瞽瞍至于今，而瞽亦允若，蓋至誠之感甚神也。況此有苗不過素未親見聖化，何必以兵迫之。禹拜受其言，于是分布師旅，嚴整有備，以益言奏帝，帝如其言。大布文德于有苗，禹承而宣示之，即于行師之地，行賓主揖讓之禮，奏韶舞中和之樂，舞干羽于兩階。苗民目覩雍容揖遜之文，心感韶舞和平之韻，不覺感化説服，七旬而有苗至矣。

附　解

此篇因今文所無，議之者多，而莫甚于梅鷟、閻百詩，謂篇中皆摹彷古人僞造之語，搜採他書字句。不以聖人正義詳繹字句，而索垢求瘢，其言甚辨，實乃無識妄言耳。至黄宗羲謂人心惟危，道心惟微，正是《荀子》性惡宗旨。《孟子》言求放心，不言求道心。言失其本心，不言失其道心。夫子之從心不踰，只是不失人心。以十六字爲理學之蠹，噫，何其誕且肆也。夫求聖賢之書，必當知聖賢之理，知聖賢之理，必先能實踐聖賢之事。此篇雖有殘闕，而其言多至理，人心十六字尤宋儒所服膺。雖宋儒未深達其理，知道心人心之源，然閑邪存誠之功以此而始，未爲不可也。十六字，先儒以爲聖學之本矣，而何以云猶未深達哉？蓋人心道心，一心而有二名。危者微者，一念而有公私。由先天後天而分。人爲萬物之靈，以其得天地之正理正氣而生，得此正理正氣，在未生以前，子在母腹，子之呼吸通于母，母之呼

① 齊，《尚書正義》作齋。

吸通於天地。呼吸者，即乾坤之闔闢也。其時渾然粹然，無知覺運動之機，無精神意氣之跡，如天地未分太極之蘊含。《孟子》所謂人性皆善者也。至十月胎元滿足而生，形質既具，七竅通靈，先天之渾然粹然者，散爲情識，感物而遷。其性之清濁，視乎氣質之累重累輕，生安學利困勉由此而分，人禽幾希之界自此而起。孔子所謂性相近者也。乾坤以日月爲功，日月以陰陽互宅爲妙，人秉日月之菁華，其心亦然。故人心道心有二，然天地則陰陽互宅，而適得其平。人心則性情同功，而常失其正。故有復性之學，若既生與未生同一。粹然無欲之性，而何必復性哉。克己也，明明德也，求仁也，致中和也，養氣不動心也，皆言復先天之性，而化其後天氣質之偏。先儒以心爲性，謂昭昭靈靈之心，即純一不已之性。不知心在先天，純乎天性。心在後天，紛於七情。情者，性之用，即人心也，不可以一息而無。然情得其正，即性不得其正，即非性。性者，渾然無爲，粹然至善，如太極然。天之所以爲天也，聖人之學，靜而致中，動而致和，由養氣以至於神化，中之所涵者，浩然與天地同，故外之所著者亦同。允執厥中，中者，天下之大本也。中兼內外，而此則止言守中。執非強制也，只是常虛常靜，如有所執。堯、舜、禹皆大聖，性已全心無滓矣，第動而易浮，紛而易雜者，天下之事物，氣質之常情，故戒以允執。危也微也，言其幾也，若但知人心之危，刻刻防閑，念念克治，其理亦是。而道心未復，譬如室無主人，紛紛欲治奴婢，勞而無功，原思之克伐，怨欲不行，所以不得爲仁也。周濂溪之學本於海巖和尚，以養空空之識神，爲得先天之元性，後人紹述，稱此十六字爲至要，而不知聖學始終本末之功，必如孔孟所言，十五志學，七十而後從心不踰，有諸？已充實而漸至化神，方爲全備也。然先儒服膺十六字，不過未得其全。而毀先儒者，至毀此十六字，並毀此篇爲妄則非。瞽瞍底豫，在舜得天下後。故《孟子》曰極天下無足解憂者，惟順于父母可以解憂也。此篇言帝于田號泣，其初之不得乎親如彼，及祗載夔夔，久而不懈，瞽亦允若，其後之感神如此。文義本甚分明，先儒誤以允若爲于田時，又誤解烝烝不格，遂使《孟子》與《書》不合。愚于《孟子》不孝有三章詳辨之，兹不贅。班師振旅以下，向來誤解，今亦正之。蓋苗民僻處險遠，未親覩聖人禮樂之化，故負固不服。禹因益言，分部兵將，嚴整有備，使奏于帝。帝乃令禹曉示以禮樂之事。誕敷者，大宣布于有苗之地耳，不然舜恭己有年，尚少文德，待益言而後誕敷，于義可乎？舞干羽于兩階，示以賓主揖讓之禮。韶樂中和之舞，如是者七旬，蓋非一時一處，故曰誕敷。不曰禮樂，而曰文德者。禮樂，舜所以治天下，玆特宣布有苗之地，對武功而言，故曰文德耳。韶樂如天如地，鳳可以儀，獸可以舞，何況血氣心知之倫。舉舞干羽，亦就其易見者言之。獷歌猺舞，苗俗所有，一目擊韶舞，潛移默化于音容之中，不覺心曠神怡，自悔其桀驁之失，所以格也。前人誤以班師爲還，覺舞干羽于數千里之遙，而苗民歸化，太不近情矣。解者曰苗民之來，偶值舞干羽之時，故史臣特記之然，故神其事。史即卑陋，而苗忽來格，究屬何因，弊由不察當日情事，實由不善讀書耳，識者詳之。昌言之昌，《爾雅》曰：當也。《説文》曰：美言也。然《孟子》曰：禹聞善言則拜。不如即訓爲善言，尤醒。

皋陶謨　益稷今文、古文皆有

孔安國古文析帝曰來禹以下，另爲《益稷》一篇，然文勢相續，不可横截，且篇名《益稷》而篇中無二人之言，于義欠安。孔穎達謂禹稱二人，二人佐禹有功，因以名篇。然帝與禹、皋陶言，而以他人名篇，尤非情理。揚子雲《法言》或問忠言嘉謨，曰言合稷契之謂忠，謨合皋陶之謂嘉。則益稷或有謨而逸之，揚子猶得見，故馬融、鄭康成、王肅三家本皆據《書序》，益稷原名棄稷，而要不得以《皋陶謨》爲《益稷》也。蔡邕《獨斷》云：漢明帝詔有司採《尚書·皋陶篇》制冕旒。今其制正在今《益稷》内，而邕云然，則其時古文孔《書》未出，二篇猶合爲一可知。孔穎達不考，反以馬、鄭、王三家爲妄。而蔡氏謂古者以簡編重大，故釐而二之，非有他意，皆決不可從也。堯舜爲典，臣下爲謨，史美當時羣臣之言，必不止此。柰《書》已殘闕，僅存什一，後人珍重存之，其篇名存而其文不存，非皋陶一人之言，而曰《皋陶謨》，無益稷之語，而名曰《益稷》，分其篇尤不可。今如舊合之，以見君臣相咨儆意可也。若篇名則不必鑿求其義，仍其舊可已。篇中亦有錯簡，不可不知，今悉正之。

曰若稽古，皋陶曰：允迪厥德，謨明弼諧。禹曰：俞，如何？皋陶曰：都，慎厥身修，思永。惇叙九族，庶明勵翼，邇可遠在兹。禹拜昌言曰：俞。

皋陶曰，述皋陶之言，與《大禹謨》異。允，信而久也。迪，蹈也。謨，臣下之言。弼，匡正之事。明，察其理。諧，合其功也。俞如何，然其言而又問其如何可以允迪德也。都，美其進問也。慎修身之要，不曰修身，而曰身修者，已修之身，猶加慎也。思永，思久而不懈。庶明，庶官明哲者。九族，與身至近，身之所近，莫先于家。庶明，于身觀型，待以仁厚，而叙其品制，恩義交盡，庶官感興，勉勵輔翼，家齊而國治矣。邇可遠，至近而理可推諸至遠。兹，謂慎修思永。

皋陶曰：都，在知人，在安民。禹曰：吁，咸若時，惟帝其難之。知人則哲，能官人。安民則惠，黎民懷之。能哲而惠，何憂乎驩兜？何遷乎有苗？何畏乎巧言令色孔壬？

都，美禹之納昌言也。申言迪德固在愼修而推之天下，又在知人安民。二者也，禹歎其難，而言果如是，帝堯亦尚難之。官人，官稱其才，哲智之精，惠仁之普，懷者實被其惠而不忘。巧，好。令，善。孔，大也。孔壬，大凶惡之人。何憂、何遷、何畏，正言惟帝其難之意。夫知人安民，非有加于以德修身外也。而禹推極其義，至于能官人，黎民懷則必無一職之非才，無一夫之不獲，然後爲能知人安民，故曰惟帝其難，猶孔子言堯舜猶病，非堯果不能也。

皋陶曰：都，亦行有九德。亦言其人有德，乃言曰，載采采。禹曰：何？皋陶曰：寬而栗，柔而立，愿而恭，亂而敬，擾而毅，直而温，簡而廉，剛而塞，彊[①]而義。彰厥有常。吉哉。

都，美禹之知難也。亦，轉語詞。言其事雖難，知人亦自有法，亦惟知其人行事有九德，亦惟深知其人而能言其德。乃于官人之時，乃言曰：其所行某事某事可以爲驗，而後任之耳。載，行。采，事也。寬宏者易縱弛，故貴莊栗。柔和者易頽靡，故貴卓立。謹厚者或鄙陋，故貴恪恭。有治才者易少敬畏，質馴順者或病優柔。正直而能温和，簡易而有分辨，剛而中心誠實，強而必合義理，九德皆得其中正矣。或全備，或一端，苟實得于身而著于行事，常久不渝，斯則吉人也哉。

日宣三德，夙夜浚明有家。日嚴祗敬六德，亮采有邦。翕受敷施，九德咸事。俊乂在官，百僚師師，百工惟時，撫于五辰，庶績其凝。

申言九德之要。宣，布。嚴，密也。日宣，日新而宣布。日嚴，日謹而莊嚴。三德、六德，大略言之。浚，治也。有家，大夫。亮，左右也。有邦，諸侯。九德有三，而日日宣著則可以爲大夫，而使治明其家事。九德有六，而日加嚴敬則可以爲諸侯，而使佐天子治事。翕，合。才德過千人曰俊，百人曰乂。師師，相師法。自聯事言則曰百僚，自治事言則曰百工，其實一也。撫，順。五辰，五行也。在地爲物，在天爲時，順其時而撫之則百物可成民用。凝，成也。大略言九德，或偏擅，或全備，皆有可用。人君翕而受之，布而用之，九德之人咸事其事，則俊乂在官，百僚相爲師法，百工以時赴功，撫順五辰而盡經綸，庶績皆成矣。

無教逸欲有邦，兢兢業業，一日二日萬幾。無曠庶官，天工人其代之。

又推言九德必自人君踐之。教，非必教令。天子有一毫逸欲，其下即化之，猶教之也。獨言有邦者，天子用人，至諸侯而極，舉大以包小也。兢兢，戒愼。業業，危

---

① 彊，本作疆，據《尚書正義》改。

懼。幾，微也。萬事莫不本于一心，而心之幾微，理欲必辨。一日二日，其時甚淺而有萬幾當慎，故兢業也。庶官，各有其職。人君代天理物，官之事莫非天事，非其人之謂曠，一官曠則一事廢，天子以兢業察幾于上，庶官以兢業盡職于下，人事理而天工治。此上皆言知人之事也。

天叙有典，勑我五典五惇哉。天秩有禮，自我五禮有庸哉。同寅協恭和衷哉。天命有德，五服五章哉。天討有罪，五刑五用哉。政事懋哉，懋哉。

叙，序次秩則整齊得中。典，至常不易。禮，節文適中。天叙有典，乾坤、夫妻、父母、六子、弟兄、日月、風雲等交濟功化如朋友。天爲君，餘皆臣也。覆育生成，天地一仁而已。成象成形，各得其所曰禮。陰陽五行，各得其宜曰義。無微不至曰智，萬古不易曰信。聖人本天典而自修，以及人勑正而不偏，如此五典庶其敦哉。本天而制禮，以經緯五倫，其大要有五，自我踐之以教民五典，庶常行而不替哉。君臣同畏天命，協力恪恭，各盡誠以同，敦典禮則心和矣，庶幾其如是哉。遵典禮爲有德，天所眷命，君則制五等之服，以章其德。違典禮爲有罪，天所討罰，君則用五等之刑，以懲其罪。命討一本天心政事，其勉勉之哉。

天聰明，自我民聰明。天明畏，自我民明威，達于上下，敬哉有土。

聰明，視聽精察之稱。明畏，賞罰公嚴之意。畏、威古通用。上，天。下，民。有土，有民社者。言天之聰明明畏皆自民見之，民心所在即天理所昭，此理上下無閒，有土者不可不敬也。以上二節言安民之事，而一本于體天以敬民，眞西山曰：隆古君臣無一事不本于天，無一事不本于敬，知言哉。

臯陶曰：朕言惠可底[①]行？禹曰：俞，乃言底可績。臯陶曰：予未有知，思曰贊贊襄哉。

思曰，曰字當作日。

臯陶謙言己言頗順乎理，其可致之於行乎？禹然其可以行而有功。臯陶不自安而謙言曰：予未有知，但思日贊贊以成帝之治而已。

帝曰：來，禹，汝亦昌言。禹拜曰：都，帝，予何言？予思日孜孜。臯陶曰：吁，如何？禹曰：洪水滔天，浩浩懷山襄陵，下民昏墊。予乘四載，隨山刊木，暨益奏庶鮮食。予決九川距四海，濬畎澮距川。暨稷播，奏庶艱食鮮食。懋遷有無化居。烝民乃粒，萬邦作乂。臯陶曰：俞，師汝昌言。

孜孜，勉力不怠之意。四載，水乘舟，陸乘車，泥乘輴，山乘樏也。輴或作橇，作毳，作蕝，以板爲之，其狀如箕，擿行泥上。樏或作橋，作梮，以鐵爲之，狀如錐，長半寸，施之履下，以上山不蹉跌也。隨，循。刊，除。奏，進。血食曰鮮。當

① 底，《尚書正義》作厎。

洪水時，山居者多，故先刋木通道，使有鮮食，再決川距海，以平水患，次第宜然也。九川，九州之川。距，至。濬，深也。《周禮》：一畝之閒，廣尺深尺曰畎。一同之閒，廣二尋，深二仞曰澮。畎、遂、溝、洫、澮皆田閒水道，由小以注大。獨舉畎澮，孔氏曰：舉小大而略其餘也。先言決川至海，後言濬畎至川者，川既入海，然後澮得入川也。播，布，布五穀之種也。艱，難也。五穀須人力而成，較鮮食爲艱。又水土初平，得之尤艱也。懋，勉也。遷有無，遷有于無。化居，化易其所居積之貨。烝，衆也。米食曰粒。

帝舜因皋陶言，亦令禹言。禹拜而歎皋陶之謨已至，己無可言，惟思日孜孜以圖功而已。皋陶問其孜孜者如何？禹因述其曁益、稷平水土之事，欲帝知致治之難，常存保泰之念。皋陶故然其言，以爲可師法，非禹自侈其功，而皋陶乃美之也。

禹曰：都，帝，愼乃在位。帝曰：俞。禹曰：安汝止，惟幾惟康。其弼直，惟動丕應。徯志以昭受上帝，天其申命用休。帝曰：吁，臣哉鄰哉，鄰哉臣哉。禹曰：俞。

都，禹復美皋陶上文之言，而欲帝愼行之也。先稱帝而後言，所以動其聽。舜然之，而禹乃言九德之原在安止也。汝，語詞。止，謂心所止之地，人身之太極也。靜而含其未發之中，止之本也。動而當于天理之和，止之用也。安，純一不遷意。惟幾，省其幾微之動。惟康，審乎事理之安。其弼直，又有直臣以弼之。徯，待也。動則天下感應，先我志而相待，蓋即乎天理人情之安，故人心順而可以昭受上帝，天之降休，無已時也。鄰，近也。帝因禹言而歎，臣道亦近于君道，君宜愼，臣亦宜愼，知其與君無二道，庶幾能盡其爲臣哉。蓋禹意匡君而帝意戒臣，所爲君臣交儆以致治也。禹曰俞，亦知所以愼矣。蓋安止之功即執中之道，千聖所同，舜君臣皆知，故以此相勖也。

帝曰：臣作朕股肱耳目。予欲左右有民，汝翼。予欲宣力四方，汝爲。予欲觀古人之象，日、月、星、辰、山、龍、華蟲作會，宗彝、藻、火、粉米、黼黻絺繡，以五采彰施于五色作服，汝明。予欲聞六律五聲八音，在治忽，以出納五言，汝聽。予違汝弼，汝無面從，退有後言，欽四鄰。

君爲元首，臣爲股肱。耳目，言一體相依爲用也。左右匡助之，使適于道。翼，輔其志而成之。力，功也。禮樂制度，宣示成功，爲分任其事。象，像也。黄帝肇衣裳之制，取法乾坤而象物，以作會作服，若下文所稱十二者是也。日月星辰取其照臨，山取鎮靜，龍取變化。華蟲，雉也，取其文明。會，繪也，以六者會于上衣。宗彝，宗廟彝器。虎蜼之類取其孝。藻，水草，取其潔。火取其明。粉米，白米，取其黼，若斧形，取其斷。黻爲兩弓[①]相背，取其辨。絺，紩也，以爲繡。以六者刺繡于下裳。衣之六章，其序自上而下。裳之六章，其序自下而上。采，青、黄、赤、白、黑色，施之于繪帛也，雜施五采以爲五色。明者，明其大小尊卑之等也。言六律以該六吕，律以諧聲，聲以成音，故言律，聲音之叙如此。在，察。忽，治之反也。聲音之道與政通，故可察政之治忽。五言，詩歌之協于五音者也。自上達下曰出，自下達上曰納。聽審其音而辨其得失違戾于道也。面諛背毁，帝廷諸臣所必無，而舜求言之切，惟恐在下者有難言之患，故戒之如此也。欽四鄰，敬其前後左右臣寮，以求集益也。

帝申上文臣鄰之義，而言無事不賴于臣，所以臣亦當慎忠。若己有違道，汝當盡心匡弼，不可面是背非。且于四鄰寮采尤當敬之，以求集思廣益。蓋禹告舜以慎位，而舜勖禹以弼直，所以爲君臣交相責難，共成郅治也。

庶頑讒説，若不在時，侯以明之。撻以記之，書用識哉，欲並生哉。工以納言，時而颺之。格則承[②]之庸之，否則威之。

此又申上文欽四鄰之意，蓋所謂欽者，非扶同附和之謂，亦别其善惡，取以自益。故四鄰之中，若有庶頑讒説，不在弼直之列者，則布侯設鵠，即射以觀其德明，其果爲頑讒與否？如其然也，則以朴刑撻之，使記而有所懲戒。書其過于册，使愧而别圖湔雪。用此三者之教，蓋欲其改過遷善，並生于天地閒哉。故既有以懲儆，尤欲有以啓發，命掌樂之工以其所納之善言，時而颺之，感發其善善惡惡之良，如是懲勸兼盡。果其格過則進之于正人之列，用之以官職之任，如竟不能格，則威之可也。

禹曰：俞哉，帝。句光天之下，至于海隅蒼生，萬邦黎獻，共惟帝臣。惟帝時舉，敷納以言，明庶以功，車服以庸，誰敢不讓，敢不敬應？帝不時，敷同日奏，罔功。

俞哉，然而不盡然之詞也。隅，角也。蒼生，蒼蒼然生草木處。黎獻，黎民之賢者。時，是也。敷納，下敷陳而上採納也。明庶，就衆人而明試之。敷同，孫氏覺曰：猶普同也。

禹因帝威之之言，故俞之而不盡然。其言先稱帝而後告之，言光天之下，至于海隅蒼生，萬邦黎獻，莫非帝臣。惟帝舉用，誠使至明至公，敷納以言，觀其所藴，明試以功，考其實德，車服以庸，表彰其美，誰敢不以忠直相勸讓者，誰敢不敬應帝之求哉。帝不若是而第加之以威，將羣臣敷同，日進于無功矣。蓋舜言威而禹即言尚威不如尚德，其責難陳善如此。

無若丹朱傲，惟慢遊是好，傲虐是作。罔晝夜頟頟，罔水行舟。朋淫于家，

---

① 弓，底本作已。

② 承，底本作誠，據《尚書正義》改。

用殄厥世，予創若時。娶于塗山，辛壬癸甲。啓呱呱而泣，予弗子，惟荒度土功。弼成五服，至于五千，州十有二師，外薄四海，咸建五長。各迪有功，苗頑弗即工。帝其念哉。帝曰：迪朕德，時乃功惟叙。皋陶方祗厥叙，方施象刑惟明。

《漢書·律歷志》：堯處子朱于丹淵爲諸侯，故稱丹朱。頟頟，不休息之狀。罔水行舟，陸地行舟。淫，溢也，過也。朋淫，比匪縱恣也。蓋堯知朱不肖，未嘗使與國事，而朱閒縱自恣，故曰朋淫于家也。殄世，絶堯世傳之天下也。夫舜之聖，其不爲丹朱所爲，明甚。而禹戒舜如斯者，蓋朱之不肖，特生于傲之一字，而推舜否則威之之意，恐責己輕而責人重，即可以長傲而怠功，故極陳之，以相儆也。創，懲也。塗山，國名，在江南鳳陽府懷遠縣東南。辛、壬、癸、甲，四日也。啓，禹之子。呱呱，泣聲荒大也。度，度量，合天下之土功而度量之，以定法。五服，甸、侯、綏、要、荒也。水土不平，五服難定。弼成，輔帝成功也。五千者，每服五百里，五服之地，東西南北相距五千里也。州十有二師，九州州各立十二諸侯以爲之師。薄，迫也。外極四海咸彷五等諸侯之制，以建五長。各迪功，皆遵帝之治化而成功。即，就。工，官也。苗不率則不就官之治。

禹舉丹朱戒舜，言己嘗以爲鑒。故娶妻四日，即奉命治水，生子亦不暇顧。惟荒度土功，輔成帝五服之制。水土既平，師長咸建，各迪有功矣。而苗頑弗即工，蓋化人之難如此，帝其念哉。帝曰使天下蹈我之德，是汝之功，能次第而成之之故。其予言威之，非敢自用威也。予以皋陶爲士，方敬承汝之功叙，方施象刑，其賞罰至明，不至任威虐民也。帝因禹言尚德，而言己任皋陶，以其至明，則所謂威之者，非不以德也。蔡氏曰：此言雖在三謨之末，而實則禹未攝位之前是也。

夔曰：

二字衍文。蓋《堯典》夔曰于十六字既錯簡于此，傳寫錯誤，又增夔曰二字于戛擊鳴球之上。然來格、德讓、鳳儀、獸舞等語出自夔口中，有美無規，既不合帝廷情事，且與上下文不屬。蓋此乃史臣記夔典樂事，以見舜治定功成。又歌賡相戒以明君臣交儆，所以能致治。而此篇雜記其言之意，亦明本無夔曰字也。

戛擊鳴球、搏拊、琴瑟，以詠。祖考來格，虞賓在位，羣后德讓。下管鼗鼓，合止柷敔。笙鏞以閒，鳥獸蹌蹌。《簫韶》九成，鳳凰來儀。

史臣既紀堯舜，又紀禹皋諸臣之謨，以明所以臻於郅治，而乃紀舜功成作樂事及君臣保泰之意，以爲後法也。輕爲戛，重爲擊。鳴球，玉磬名。重爲搏，輕爲拊。以詠，以合人歌詠之聲。格，感格。虞賓，丹朱，舜以賓禮待之也。德讓，以德相讓。下，堂下。管，樂器，如篪而有六孔。鼗鼓，如鼓而小，兩旁有耳，持其柄而搖之，則旁耳還自擊。柷敔，節樂之器，郭璞曰：柷，如漆桶，方二尺四寸，深一尺八寸，中有椎柄連底，撞之令左右擊。敔，狀如伏虎，背上有二十七鉏敔，刻以籈櫟之籈，長一尺，以木爲之。樂之始作，擊柷以合之。及其將終，則櫟敔以止之。笙以匏爲之，列管于匏中，又施簧于管端。鏞，大鐘也。以閒，相閒而作。蓋堂上之樂，以歌爲主。堂下之樂，以管爲主。始作則琴瑟以歌，次衆音合作，衆音暫止，而後笙鏞閒歌也。蹌蹌，行動之貌。簫，古文作箾，舞者所執之物。《箾韶》，舜樂之總名。成，樂曲終也。每曲一終，必變更奏，以九而畢也。雄曰鳳，雌曰凰，鳥之王也。

史臣言舜之君臣交讓交儆如此，故克臻至治，乃作樂以詠歌之。戛擊搏拊，約舉以該舜樂始終之事。下乃言其效。格祖考則通幽，羣后德讓，虞賓之傲亦化，則和氣洽矣。至下管鞉鼓，合止柷敔之時，則鳥獸蹌蹌，九成則鳳凰來儀。極言《韶》樂之盛，以見所以致此，非偶然也。

夔曰：於，予擊石拊石，百獸率舞，庶尹允諧。

右十六字本《堯典》之文，錯簡于此，當從刪逸。

帝庸作歌曰：勑天之命，惟時惟幾。乃歌曰：股肱喜哉，元首起哉，百工熙哉。皋陶拜手稽首颺言曰：念哉，率作興事，愼乃憲，欽哉。屢省乃成，欽哉。乃賡載歌曰：元首明哉，股肱良哉，庶事康哉。又歌曰：元首叢脞哉，股肱隋[1]哉，萬事墮哉。帝拜曰：俞，往，欽哉。

承上言治功盛矣，而帝更加戒謹，於作樂時，用作歌以共警戒。庸，用。歌，詩歌。勑，戒勑。幾，事之微也。惟時惟幾，無時無事而不戒勑。舜將作歌而先述其所以歌之意。股肱，臣。元首，君也。人臣喜于陳善，則人君乃興起有爲，而百官之事治也。拜手稽首者，首至手而又至地也。大言而疾曰颺。率，總率也。皋陶告帝儆念，當率羣臣以興事，臣下惟上是法，君宜愼之。雖臣下奉命作事，君必屢省而考其成，乃有功效也。賡，續。載，成也。續帝歌以成其義，言君明則臣良，而衆事皆安。不然，君煩碎則臣懈怠，而萬事廢壞。帝拜禮而然其言，又勉之以敬，蓋君臣交相責難也。

附　解

史臣既載堯舜之德政，而又記其與臣下問答之詞。尊堯舜，故禹亦與皋陶、稷、契同稱謨。而美禹、皋陶，則亦與堯舜同曰稽古。大禹、皋陶其始蓋五臣，必皆有謨，惜秦火書闕，契、稷竟無片詞。觀《益稷》篇名，本名《棄稷》，是稷有謨矣，而契、益獨無乎？此篇經漢儒採葺僅存，應宜寶貴，而前人不深考其文義，譌以傳譌，徒爭論於今古文之閒。若此篇夔曰重出，

① 隋，《尚書正義》作惰。

擊石拊石十六字錯簡，不明正之，則文義不明。又不知末二節爲記者之言，其晦經義，何限夔曰二字。的係錯簡，擊石十六字重出。蓋漢儒無識，一時未能訂正。今若再不訂之，經義何以明乎？史臣紀帝君臣之言，以見其所以致治，末乃承之以作《韶》樂，言治功成矣，舜乃作樂以詠歌之。以詠二字即承上文之詞，古人文字簡質，少虚字承接，細玩自明矣。《孟子》謂禹、皋陶見而知之。觀此篇可見前人多誤，解見知聞知愚，於《孟子恒解》已詳。至閻百詩謂稷亦可爲見知，以此篇禹不讓稷，證古文爲僞，然禹一讓皋陶，舜即不允，何必更再三讓以明謙。昔堯命舜，未嘗讓禹，何以又禪位於禹？孔子稱五臣皆聖人之材，《孟子》言禹、皋見知，不過略舉一二人，豈以此分優劣。掌火、治水、教稼、明倫，言四人而不言皋陶，謂陶爲劣，可乎？已飢已溺，獨稱禹、稷。辟於箕山，獨稱伯益。又豈因此謂餘人非聖？讀聖人書，必以聖人之至理爲權衡，尤須會通經文。若抉摘字句，横生議論，書籍所以日多，經義所以日晦也。《堯典》只言四罪，《左氏》乃有四凶，先儒以爲即四罪，未有以見其爲必然也。此篇何憂乎驩兜有苗，甚言哲惠之難，舉二者以見帝有遺憾，何必以巧令孔壬爲即共工邪？如果指四凶而禹獨諱鯀，是欲蓋而彌彰，豈情理所有。夫四罪《書》惟言三人，其罪皆非極惡，何得以四凶至惡之名被之。撫於五辰五行，分布陰陽之氣，流行於兩大而生成乎萬物。人君裁成輔相，一切政治無非撫五辰也，豈如胡旦所云出火納火、陽木陰木之一二端哉。帝命禹昌言，而禹自言孜孜之事，非自叙其績也，蓋言己孜孜不已，差有功效，實欲帝常思艱難。而其叙奏食也，必曰暨益暨稷之功，則非但謂己一人之功，故皋陶然其昌言，不然禹自功而陶善之乎？洪水之患，山居者多，禹先隨山刊木，使高陸可以種植，然後決川而播種，次序瞭然，而《孟子》所謂益掌火，稷教稼，均印合矣。臣鄰之義，舊説欠明，且不知欽四鄰句，正應臣鄰意，今正之。夫聖人之籍不幸，而僅存什一，又爲誕妄之人所亂。尼父有靈，必當太息。愚曷敢自謂無失，特細心讀書，不敢忘先人之教耳。

夏書

自晉以前皆云《虞夏書》，未有分爲二者。梅頤《書》出，始析之。而孔穎達疑孔子所析，金仁山亦謂夫子升《禹謨》于《虞書》，冠《禹貢》于《夏書》，失考甚矣。因無大害義理，姑仍之。《書》凡四篇。

禹貢

取于上曰賦，供于下曰貢。貢者，賦稅之總稱，而凡田賦包篚皆在其中矣。洪水之難，民失厥居，水土既平，九州物產乃得各遂其生。規其土宜差等，以供于上，其事蓋自堯舜主之，而禹特襄其成。名曰《禹貢》者，以水土自禹而平，民樂而獻之，即賦亦非强爲科索，其喜悅願輸亦若貢然，故以貢統賦也。至禹得天下後，定取民之制曰貢，蓋因堯舜之成法而略損益之，其法無弊，詳見冀州賦法下。《孟子》引龍子所言，乃後世彷貢法而失者，非禹之貢本如此也。而蔡氏據以爲言，失之。此篇則史臣美禹之功而詳紀其事，以爲後法。

禹敷土，隨山刋木，奠高山大川。

三句總挈禹治水之大要，明貢賦所由來也。敷，分。奠，定也。九州本制起于顓頊，洪水之患，區域不分，禹治水後，重復定之。敷土即下文九州分部，山川物土之宜，以定貢賦事。隨山，隨山而行。刋木通道，以相水勢，即下文導山事。定山川之高大者爲之表識，若兖之濟河，青之海岱之類，則源流脈絡可考，而導水之事在其中矣。

冀州：

水土之平在堯舜時，而九州疆域則禹有天下後所更定。此下敘貢賦，以禹所定九州言，而先略言其水土既平，然後定爲貢賦，以見禹功之偉也。冀州，今山西之太原、平陽、汾州、潞安、大同五府，澤、遼、沁三州。直隸之順天、永平、保定、廣平、順德、宣化六府，及眞定、河閒二府。西北境，大名府、濬縣。西境，盛京之錦州府，河南之懷慶、衛輝、彰德三府。其北直抵塞外陰山下，西起東受降城之北，東訖于大遼水。禹治水自下流，不始于冀州，此因尊京師而首記之也。堯治平陽，舜治蒲坂，禹治安邑，相去各二百餘里，皆冀州地。

既載壺口，治梁及岐。既修太原，至于岳陽。覃懷底績，至于衡漳。

載，事也。壺口，山名，今山西平陽府吉州西南，河水注其中，若壺然。焦竑曰：河自塞外入中國，壺口當出之孔道。梁，吕梁山，在今山西永寧州東北。岐，狐岐山，在今山西孝義縣西。修，因鯀之功而修之也。太原，今太原縣。岳，太岳，霍太山也，在今山西霍州東。山南曰陽。覃懷，地名，今河南懷慶府。衡，古横字。衡漳，水名，一出上黨沾縣大黽谷，名爲清漳。一出上黨長子縣鹿谷山，名爲濁漳。二漳異源而下流相合，以今考之則皆入海矣。

史臣言冀州爲帝都，今以禹治水之功言，既有事于壺口，殺河之勢矣。而若梁若岐，嚮皆困于水者，今悉治之。其他若太岳之原，平衍尤多，鯀嘗施功于此而未成。禹因其迹而修治之，至于太岳之陽，悉成樂土。下至覃懷，可耕之地多矣。禹有以平水患，而平壤皆出，已底成功。至于衡漳之水，無不各有所歸，則帝都之地治焉。

厥土惟白壤，厥賦惟上上，錯，厥田惟中中。恒衛既從，大陸既作。島夷皮服，夾右碣石入于河。

柔土曰壤。種植必先辨土之宜，白以辨其色，壤以辨其性也。曾氏曰：冀州之土豈皆白壤，云然者，土會之法，從其多者論也。賦，田所出穀米、兵車之類。錯，雜也。賦第一等，而錯出第二等，田於九州之中爲第五等，賦高于田四等者，地闊而人工修也。林氏曰：冀州先賦後田者，王畿之地，天子所自治，併場圃園田漆林之類而征之，蓋兼土賦而言，非盡出於田也，故以賦屬于厥土之下。餘州皆田之賦也，故先田而後賦。朱子曰：賦有九等，乃計九州歲入多寡相較以爲之等，非科定取民也。取民則用什一賦，入既有常數，而又有閒出他等之時者。歲有豐凶，不能皆如其常，故有錯法以通之，然則雖夏法亦未嘗不通是也。冀獨不言貢篚者，天子畿内，其物皆屬于王，無所事于貢篚也。恒水，一名長溪，源出恒山，自眞定府阜平縣龍泉關北，迤邐流經大派山，又東南至保定府祁州界，合滋河，入于唐水。唐水，即滱水也。衛水，今名雷溝河，出眞定府靈壽縣良同村南，流至縣東南，入滹沱河。從，從其道也。高平曰陸。大陸云者，四無山阜，曠然平地。作，耕作。島夷，北海之夷。碣石之説不一，今皆無考。《地理今釋》以爲山東濟南府之海豐縣之馬谷山，然此言冀州所屬，不若從孔安國海畔山之説爲是。冀州東、西、南三面距河，貢所直達，惟北方之貢，諸水阻絶，高遠不與河通，必由北海入河南，向西轉，而碣石適當其右，轉屈之閒如挾在右掖，相似故曰夾右碣石也。

承上言冀州水土既平，乃定其田賦。恒衛之水各從其道，而高平之地皆可耕作，不特内地民賦上供，即遠島之夷亦以其皮服，夾右碣石，由河以貢帝都，蓋極言之也。

濟、河惟兖州。

濟，古作泲。兖州，今直隸大名府、景州、滄州、山東東昌府，及德州、武定州、濱州、濟寧州、曹州諸處，皆是濟、河之閒，是兖州也。

九河既道，雷夏既澤，灉、沮會同。桑土既蠶，是降丘宅土。

九河，《爾雅》：曰徒駭，曰太史，曰馬頰，曰覆鬴，曰胡蘇，曰簡，曰絜，曰鉤盤，曰鬲津。道、導同。禹特導此九河，以分河之勢也。今其故道久湮，先儒據後世以指之，皆非，闕之可也。雷夏，澤名，在今山東濮州雷澤縣。李之藻曰：澤底有巉石深壑，冬至前，水吸而入，如巨雷鳴，故曰雷澤。孔穎達曰：洪水之時，高原亦水，澤不爲澤。既澤者，高地水盡，復爲澤也。灉、沮二水，《元和志》云：源俱出雷澤縣西北平地。雷夏澤在北郭外，灉、沮二水會同此澤。鄭康成曰：雍水、沮水相觸而合入此澤中是也。桑土，宜桑之土。蠶，可以蠶也。地高曰丘。降丘宅土，從丘而降宅于平土也。

兖州寡山而多水，河自大陸而來，兖爲下流之衝，其害愈大。禹既疏爲九河，以分其勢，而河不爲患，若雷夏澤所以當此州之餘水，亦既澤矣。而灉、沮二水皆會同以歸此澤。凡可以桑之土，皆得其利而興蠶。民于是降丘而宅土，蓋極卑之地皆無水患矣。

厥土黑墳，厥草惟繇，厥木惟條。厥田惟中下，厥賦貞，作十有三載乃同。厥貢漆絲，厥篚織文。浮于濟、漯，達于河。

墳，土脈高起貌。孔氏曰：繇，茂之貌。條，長之體。林氏曰：地勢西北多山，東南多水，多山則草木爲宜，不待書也。兖、徐、揚三州居東南下流，卑溼①沮洳，洪水爲患，草木不得其生，至是或繇或條，或夭或喬，或漸包，故于三州特言之。田于九州爲第六等。貞，正也。取民之法，以薄賦爲正，兖地瘠薄，其賦以薄爲正。且州當河下流，受水患最深，必耕作十有三載，乃同列于征輸之數，所以優之也。漆以制器用，織文以備章服，篚以竹爲之，長三尺，廣一尺，深六寸，足高三寸，有蓋。織文，織而爲文，錦綺之屬。浮，氾也。漯水本出高唐，至千乘入海。自禹導河至大伾，始分河之一支東北流，首經東武陽，至高唐合漯水。自合漯水，則高唐以南，武陽以北之河皆被以漯名矣。帝都冀州，三面距河，達河則達帝都矣。後放此。

海岱惟青州：

岱，泰山，在今山東濟南府泰安州。青州之地，今山東登、萊二府。青州府，益都、臨淄、昌樂、安邱、壽光、臨朐六縣，及諸城、高苑、博興、樂安四縣。南境，濟南府、肥城、長清、歷城、章邱、鄒平、長山、新城、淄川，及泰安州萊蕪縣。北境，兖州府東阿、平陰二縣。北境，其東北跨海，爲盛京之奉天府等處。

嵎夷既略，濰、淄其道。

嵎夷，今山東登州府地，即《堯典》所謂宅嵎夷者也。略，經略，爲之封畛也。濰水，出今山東青州府莒州箕屋山，至萊州府昌邑縣入海。淄水，出今青州府益都縣岳陽山，即原山也，其山接濟南府章邱、淄川、萊蕪三縣。淄水出于山之東谷，至青

① 溼，底本作溼。

州府壽光縣入海。其道，順其道也。

青州近海，不當衆流之衝，而嵎夷之地，可耕者多。禹既略定疆址，若濰水、淄水皆安其故道，則水土之平可知矣。

厥土白墳，海濱廣斥。厥田惟上下，厥賦中上。厥貢鹽絺，海物惟錯，岱畎絲枲，鉛松怪石。萊夷作牧。厥篚檿絲，浮于汶，達于濟。

濱，涯也。平衍曰廣。許慎曰：東方謂之斥，西方謂之鹵，鹹地可煮爲鹽者也。田于九州爲第三等，賦第四等。絺，細葛。错，雜也。海物非一也。岱畎，岱山之谷。枲，麻也。怪石，怪異之石，可以飾器用而不可闕者，非以爲玩好也。萊夷，今萊黄縣及登州府地。作，耕作。牧，芻牧，夷人内服而作牧也。檿，山桑也，其絲堅韌，中琴瑟之絃。胡氏渭曰：汶有五，北汶、嬴汶、柴汶、牟汶，其一則經流也。嬴汶在萊蕪縣南三十里，源出新泰縣宫山之陰，流合牟汶。牟汶在萊蕪縣南門外，西流至泰安州東入汶。北汶即泮水，源出泰山分水嶺，亦謂之塹汶。柴汶在泰安州東三十五里，俗名司馬河。《地理今釋》云：汶水舊由安民亭合濟水，東北入海。自明永樂九年于東平州東六十里築戴村壩，盡遏汶水，出南旺，南北分流，南流達于濟寧州，會沂、泗諸水，入淮者，十之四。北流達于臨清州，會漳、衛諸水，入海者，十之六矣。曰達濟而不曰于河者，達濟則河自可達，不待復書也。

承上言禹乃定青州，一州之土大都白墳，其海濱則廣斥，可以煮鹽。田上下，賦中上，其貢則鹽絺爲常。至海物，不拘一途，若岱畎絲枲，鉛松怪石，凡可以備器用者皆取焉。萊夷内服，作牧于國，以足馬政。厥篚則檿絲爲常，皆浮于汶，以達于濟，而入河以貢帝都焉。

海岱及淮惟徐州。

徐州，今江南徐州，及鳳陽府懷遠、五河、虹、靈壁四縣，泗、宿二州，淮安府桃源、清河、安東、宿遷、睢寧、贛榆六縣，邳、海二州，山東之兖州府滋陽、曲阜、寧陽、泗水、金鄉、魚臺、嘉祥、鉅野、汶上、郯城、鄒、滕、嶧、費十四縣，及平陰縣南境，濟寧、東平、沂三州，濟南府新泰縣及萊蕪縣，泰安州南境，青州府莒州蒙陰、沂水、日照三縣，及諸城縣南境也。蔡氏曰：徐州之域，東至海，南至淮，北至岱，而西不言濟者，岱之陽，濟東爲徐。岱之北，濟東爲青。言濟不足以辨，故略之也。林氏曰：凡州境必有四至，七州皆止言二至，蓋以鄰州互見。此州獨見其三邊者，止言海岱則嫌于青，止言淮海則近于揚，故曰海岱及淮而徐州之境始别也。

淮、沂其乂，蒙、羽其藝，大野既豬，東原底平。

淮、沂，二水名。淮水出胎簪山，實豫境，其氾濫爲患，尤在于徐，故于徐言之。沂水出今山東青州府沂水縣西北一百七十里雕崖山，接蒙陰縣界，南流至江南淮安府宿遷縣北，匯爲駱馬湖，又南入運河。乂，無氾濫之患也。蒙、羽，二山名。蒙山在今山東青州府蒙陰縣南八里，西南接兖州府費縣界，延袤百餘里。羽山在今江南淮安府海州贛榆縣。茅瑞徵曰：沂州東南芙蓉山下有湖，溉田千頃，古稱瑯邪之稻，承縣界有陂十三所，蓋蒙、羽原爲沃壤也。大野，澤名，一名鉅野，在今山東兖州府鉅野縣，自漢以來，衝決填淤，已非禹迹之舊。逮元至正四年，河決入此地，及河南徙，澤遂涸爲平陸矣。豬，水蓄而復流之意。東原，地名，在今山東兖州府東平州。底平，水患去而底於平也。

徐州之水莫大於淮，浸莫大於沂。自禹施功，淮、沂其乂。而蒙、羽二山爲淮水所包者，皆可種藝矣。至于大野之澤，乃濟水横絶之處，今亦豬而蓄水。東原之地向困于水者，皆底于平焉。

厥土赤埴墳，草木漸包。厥田惟上中，厥賦中中。厥貢惟土五色，羽畎夏翟，嶧陽孤桐，泗濱浮磬，淮夷蠙珠暨魚，厥篚玄纖縞。浮于淮、泗，達于河。

土黏曰埴，埴，膩也。漸，進長也。包，叢生。田于九州爲第二等，賦第五等，州土雖赤，閒有五色者，貢以爲建社封國之用。羽畎，羽山之谷。夏翟，雉名，爲車服器用之飾。嶧山，一名葛嶧，在今江南淮安府邳州。山南曰陽。孤桐，特生之桐，其材中琴瑟。泗水出今山東兖州府泗水縣五十里陪尾山，源有四，因以爲名。濱，水涯。浮磬，石可爲磬者。磬聲清越，取輕浮者良。淮夷，今江南淮安、揚州二府近海之夷。蠙，蚌之别名。暨，及也。珠爲服飾，魚供祭祀。四地所產，非他處所有，故詳著其地焉。玄，赤黑色。纖縞，皆繒也。貢道自淮入泗，自泗入泲入漯以達河。

承上言徐地既平，乃定其田賦，而五色之土，及夏翟、孤桐、浮磬、蠙珠暨魚，胥以其地產爲貴。至于玄色之幣，可以爲衮與端，纖縞之繒，可以爲去凶即吉之服，皆盛于篚而浮淮、泗以達河。

淮海惟揚州。

揚州，今江南之江寧、揚州、廬州、安慶、池州、太平、寧國、徽州、鎮江、常州、蘇州、松江十二府，滁、和、廣德三州，鳳陽府鳳陽、臨淮、定遠、霍邱、盱眙、天長六縣，壽州淮安府山陽、鹽城二縣，河南之汝寧府光山、固始二縣，光州，湖廣之黄州府羅田、蘄水、廣濟、黄梅四縣，蘄州，廣東之潮州府，及浙江、江西、福建皆是也。揚州之域，北至淮，東南盡于海，故以淮海表一州之鎮。

彭蠡既豬，陽鳥攸居。三江既入，震澤底定。

彭蠡，澤名，禹時别爲一地，已無可考，今則爲江西之鄱陽湖也。上承漳貢諸水，與江水相吞吐，周迴四百五十里。陽鳥，即雁也，南北與日進退，故曰隨陽鳥。金仁山曰：禹豬彭蠡，廢其旁爲蘆葦，以備浸淫，故陽鳥居之，如後人築河隄，去河各二十五里，以防氾濫，其後民頗居作其閒是也。三江，鄭康成曰：北江、南江、中江也。袁氏仁曰：岷江在梁，漢江在荆，而其入海皆在揚，故于揚言之。震澤，即太湖也，一曰具區。介于江南浙江之閒。具區之水多震蕩，故曰震澤。底定，不震蕩也。震澤受揚州東偏諸水，洪水氾濫，益以三江溢流，愈震蕩矣。禹治水，使三江入海，而震澤容受諸水而有餘，故底定。東坡沿鄭説，蔡氏力排之，而謂三江在震澤之下流，然經文明言三江既入震澤乃底定，敘三江于震澤之上，文義顯然。且諸家言婁江、松江、東江者，在後世確有可指，而《禹貢》本文無之。鄭康成所言，據前後經文，自不可易。惟其解既入與底定不明，故來諸家之疑耳。程大昌亦云：揚州近海，水自爲源，而直達于海者甚多。諸家隨其所見，指執三水以爲三江，至于經文，中江、北江皆棄之不録。愚謂即如諸家所言，婁江、松江、東江亦不一説，不如仍從鄭康成之協也。或疑南江究屬添設，然經既有北江、中江，則南江不言而已，具詳見導嶓冢註。

篠簜既敷，厥草惟夭，厥木惟喬。厥土惟塗泥，厥田惟下下，厥賦下上上錯。厥貢惟金三品，瑤、琨、篠、簜、齒、革、羽、毛、惟木，島夷卉服。厥篚織貝，厥包橘柚，錫貢。沿于江海，達于淮、泗。

篠，竹箭。簜，大竹。兖徐止言草木，此獨言篠簜者，東南之竹箭尤多也。敷，布也。喬，上竦而高也。塗泥，卑溼也。田于九州爲第九等，賦第七等，雜出第六等也。田下下，土性惡也。地利廣而人工修，故賦較優。三品，金、銀、銅也。瑤、琨，石美似玉者，可以爲禮器。篠，材中于矢之笴。簜，材中于樂之管，亦可爲符節。象齒犀兕之革，鳥羽獸毛。木，楩梓豫章之屬。卉，草也，葛越、木緜之屬。織貝，織爲貝文。包，裹也。小曰橘，大曰柚。性不耐寒，故包而致之。錫貢，待錫命而後貢，不常貢也。順流而下曰沿，沿江入海，而入淮泗。于是與徐州同貢，以達于河。

荆及衡陽惟荆州。

荆，山名，在今湖廣襄陽府南漳縣，非雍州荆山。衡陽，南岳衡山之南也，在今湖廣衡州府南境，山多而惟衡山爲大，言衡陽者，見其地不止此山，而且包乎山之南也。荆州，今湖廣之武昌、漢陽、安陸、荆州、岳州、長沙、衡州、常德、辰州、寶慶、永州十一府，郴、靖二州，施州衛及襄陽府南漳縣，德安府安陸、雲夢、孝感、應城、應山五縣，隨州南境黄州府黄岡、麻城、黄陂、黄安，四川之夔州建始縣，廣西之桂林、全州及興安縣越城嶺北境也。

江、漢朝宗于海，九江孔殷，沱、潛既道，雲土夢作乂。

江水發源于梁之岷山，漢水發源于梁之嶓冢，荆當二水下流之衝，而據其入海之上游，故于此言朝宗，見其上無所壅，下有所洩。朝宗，諸侯見天子之名也。九江之説不一，蔡氏以爲即今之洞庭，因沅、漸、元、辰、敘、酉、澧、資、湘九水所合，故名九江。然洞庭爲一巨浸，經不應略之，而第言九江，當是禹時别有九江，亦不盡如後世所云。且玩經文承上江漢朝宗而言，謂江漢有朝宗之勢，其流方駛而九江足以分其勢，故不爲害。殷，衆也。諸侯殷見殷頫，借以言水，與上朝宗一例相屬也。沱水，《爾雅》曰：水自江出爲沱，自漢出爲潛。凡水之出于江漢者，皆有此名，故枝江縣有沱水，今不可考矣。潛水，胡渭曰：水伏流也。荆州之潛雖不如龍門石穴之奇，亦必漢水伏流從地涌出，故曰潛。今漢水之分流者名蘆洑，宜取伏流之意，以爲古潛水，庶幾得之。後世通渠，以利舟楫，禹迹遂不可知耳。又梁州亦有潛水。雲、夢，二澤名。楚之藪澤不一，其所連亙，後人皆以雲夢稱之，故司馬相如云：雲夢方八九百里也。土，水歸壑而土見。作乂，可耕治也。

言荆州之水，江漢爲大，發源于梁，至此滔滔有朝宗于海之勢，流駛而廣，宜其易爲患矣。然其支流甚多，禹因勢而利導之，若别出之九江皆甚衆而足以疏江漢之勢。沱潛之水亦既順道，即至廣大如雲夢。雲之水既豬而土見，夢則可以作乂，于是荆之水土平矣。

厥土惟塗泥，厥田惟下中，厥賦上下。厥貢羽、毛、齒、革惟金三品，杶、榦、栝、柏，礪、砥、砮、丹，惟箘[①]簵楛。三邦底貢厥名，包匭菁茅，厥篚玄纁璣組，九江納錫大龜。浮于江、沱、潛、漢，逾于洛，至于南河。

土與揚州同。田于九州爲第八等，而賦則居三等者，地廣而人工修也。杶似樗。漆或作椿，其榦可爲琴。栝、檜同，柏葉松身。礪、砥，皆磨石，粗曰礪，細曰砥。砮，石可爲鏃者。丹，丹砂。箘[②]、簵，皆堅竹之名，皮特黑色，可以爲矢。楛，木名，亦可爲矢。三邦，附近國名。名，材。三邦蓋荆蠻之國，其羈縻非内屬比，而亦底貢其地之名材也，舊説黏上箘簵楛言，非。匭，匣也。菁茅，有刺而三脊，所以供祭祀縮酒之用。蔡氏曰：既包而又匣之，所以示敬也。玄，色在緅緇之閒。三染謂之纁。唐孔氏曰：州染色善，故令貢之是也。璣，珠不圓者。組，綬類。璣組，以璣穿結爲組也。《史記·龜策傳》曰：龜千歲滿尺有二寸。大龜以爲守龜，不常得，得之則錫命而納之，重之也。鄭氏曉曰：荆州至冀州，中隔豫州，貢道近于漢者，則徑浮于漢，不必沿江而入漢也。近于潛者，則徑浮于潛而入漢，不必自江而入漢也。逾，越也。江、漢與洛不通，故舍舟而陸以達洛，自洛而至南河也。

荆、河惟豫州。

豫州，今河南之河南、開封、歸德、南陽、汝寧五府，汝州直隸之大名府東明、長垣二縣，山東之曹州府定陶、武城、曹、單四縣，江南之鳳陽府潁、亳二州潁上、太和、蒙城三縣，湖廣之襄陽府襄陽、光化、宜城、棗陽、穀城五縣，均州鄖陽府

① 箘，底本作菌，據《尚書正義》改。
② 箘，底本作菌，據《尚書正義》改。

鄖、保康二縣，及鄖西縣東境，德安府隨州北境也。荆，南條荆山。河，黄河。禹以荆、河表一州之鎮也。

伊、洛、瀍、澗既入于河，滎波既豬，導菏澤，被孟豬。

伊水，出今河南府盧氏縣熊耳山，至偃師縣南入洛。洛水，出今陝西西安府雒南縣冢嶺山，至河南府鞏縣東北入河。瀍水，出今河南府洛陽縣西北穀城山，至縣東入洛。澗水，出今河南府澠池縣東北白石山，至洛陽縣西南入洛。蔡氏曰：伊、瀍、澗皆入洛，而洛入河。此言四水若各入于河者，猶漢入江，江入海，而荆州言江漢朝宗。蓋四水相敵，故統志其入河也。滎波即滎澤，在今河南開封府滎陽縣南三里古城村。濟水自今孟縣入河，潛行絶河，而南溢爲巨浸。波，古作播。酈道元曰：禹塞淫水于滎陽是也。至波水，《山海經》以爲出于婁涿山之陰。《周禮·職方》：豫州之波出魯山縣，非即滎波，而洛南之波水則與滎澤相距五六百里，中隔大山，且無豬澤之所，不應總撮言之也。菏澤，古濟水所匯，當在今山東曹州東南及定陶縣界。被，及也。孟豬，《爾雅》作孟諸，《周禮》作望諸，《史記》作明都，今河南歸德府商丘、虞城二縣界，方初蘊曰：孟豬在菏澤東北。孟豬之藪可田，淺時多，故導菏之溢被彼之地是也。

言豫州伊、洛、瀍、澗四水相敵，禹既導之，使入于河矣。而濟水所溢之滎波尤易爲害，又爲澤以豬之。至若菏澤之水有餘則導之，被于孟豬，蓋不惟靖水之患，且將溥水之利焉。

厥土惟壤，下土墳壚。厥田惟中上，厥賦錯上中。厥貢漆、枲、絺、紵，厥篚纖、纊，錫貢磬錯。浮于洛，達于河。

蔡氏曰：土不言色者，其色雜也。壚，黑剛土也。王氏炎曰：壤則沃，墳壚則瘠田。于九州居第四等，賦第二等，雜出第一等。紵，亦麻也，宿根在地，至春自生，可織爲布。纊，細緜也。磬錯，治磬之石。豫最近帝都，東境徑自入河，西境則浮于洛而後至河也。

華陽、黑水惟梁州。

梁州之境，今四川全境，及陝西漢中府興安州，西安府商州雒南、山陽、鎮安、商南四縣，鞏昌府兩當、文、成三縣，徽、階二州，湖廣之鄖陽府房、竹山、竹溪三縣，及鄖西縣西境。華陽，華山之陽。《周禮·職方》：華山在豫州界内。梁州東據華山之南，不得其山，故言陽也。或云以華陽洞得名，非。黑水，今雲南之金沙江，其源發于西番諾莫渾五巴什山分支之東曰阿克達毋必拉，南流至塔城關入雲南麗江府境，亦曰麗水。東南流至姚安府大姚縣之左卻鄉北，打沖河自鹽井衛來會之。又東入四川境逕會川衛南，又東至東川府，西折而東北流，經烏蒙府西北馬湖府南，又東經叙州府南入岷江。

岷、嶓既藝，沱、潛既道，蔡、蒙旅平，和夷底績。

岷山跨古雍梁二州，自陝西鞏昌府岷州衛以西，大山重谷，谽谺起伏，西南走蠻箐中，直抵四川成都府之西境。凡茂州之雪嶺，灌縣之青城，皆其支脈。而導江之處則在今松潘衛北西番界之浪架嶺。《漢書·地理志》所云岷山在湔氐道西徼者也。詳見下導水。嶓冢山有二，一在陝西漢中府寧羌州北九十里，東漢水所出，即導漾之嶓冢。一在鞏昌府秦州西南六十里，西漢水所出。二山南北相去三四百里，而支脈隱然聯屬，《郡縣志》所謂隴東之山皆嶓冢是也。藝，可種藝也。沱江，水之别出者，自四川灌縣别出，經彭縣、新繁、金堂而下，入于江。舊説謂在郫縣者，非。潛水不一，皆自山穴而出。李冰在天彭闕下與水神約，立誓水碑。其源自大魚洞、小魚洞穴山而出，即潛水也。昔人以宕渠東岡山下及龍洞口之水當之，亦是，然其實不止此。大抵江、漢之水多沱、多潛，梁州之水，江、漢爲大，然其流派甚多，凡至平衍處，停蓄爲沱。自山穴出者多潛。言沱、潛既道，以明江、漢之支流，足以分江、漢之勢。沱、潛既道而諸水皆治，江、漢可知，梁州無水患矣。蔡、蒙，二山名，其地説者不一，宋葉少藴謂蔡山，今雅州府東五里之周公山。蒙山，蔡氏謂在今名山縣界。愚按：梁州山川甚衆，又多夷，經以岷、嶓、沱、潛、蔡、蒙、和夷括之。其岷之列鵝村羊膊嶺，一曰鐵豹山，則分水之上源也。水二派，其一自西南入尖囊大渡河，其一正南入羊膊。蔡、蒙二山，即西南行者也。自邛州迤邐至打箭爐，通西域皆山，而附內者山微小，愈進則山愈峻。前人謂蒙山可考而蔡山無考，愚嘗考之，蓋跨邛州、蘆山、雅安者，蒙山也。自大渡水以外皆蔡山也。經以二山該西南諸山。旅，行旅，言蔡、蒙諸山之險奥者皆可通行旅而平夷也，故下緊接和夷底績。和水，即今蘆山之始陽江，有二源，一自馬鞍山，一自宕底關，至禁門關合流，過硐門至兩江口爲多功河，即青衣江也。蘆山縣南青衣、沫①水會流處，和水自此合之。和夷，和水附近之夷人也。此言梁州水土平治之大概，岷、嶓，州左畔山之大者。蔡、蒙，州右畔山之大者。錯舉以該一州之水。州水以江爲大，源皆出本州，故特言之。江者，共也，衆水所共，沱、潛足以括衆水矣。

厥土青黎，厥田惟下上，厥賦下中三錯。厥貢璆、鐵、銀、鏤、砮、磬，熊、羆、狐、狸、織皮。西傾因桓是來，浮于潛，逾于沔，入于渭，亂于河。

黎，黑也。田于九州爲第七等，賦第八等，雜出第七等九等也。王氏樵曰：無錯者，其等已定，有錯者，其等難定，時進退以通節之也。璆、球同，玉磬。鏤，以金銀刻鏤爲器者也。舊説謂剛鐵可鏤者，然鏤固不拘剛柔，蓋當時州之鏤器精良，故以爲貢也。蔡氏曰：言鐵而先于銀者，鐵之利多于銀是也。磬，石磬。織皮，蘇氏曰：以罽者曰織，以裘者曰皮。西傾山，一名嵹臺山，在今陝西鞏昌府洮州衛西番界，延

① 沫，底本作沬。

袤千里，外跨諸羌。桓水，一名白水，出今陝西岷州衛東南分水嶺，至四川保寧府昭化縣東入西漢水。沔水，一名沮水，出今陝西漢中府略陽縣東南，至沔縣西南入漢水，名曰沮口。絶流而渡曰亂。鄭氏曉曰：桓水入潛，潛出于沔，沔接于褒貢道，因桓浮潛，由潛達沔，由沔達褒，褒不與斜通，故舍舟而陸。若夫斜入渭，渭入河，故貢道由斜川而達渭，由渭而亂于河。

禹既定梁州之田賦及貢，其貢道去帝都阻遠，由西傾之山因桓水而來，浮舟于潛，潛不與沔通，乃舍舟登陸，以逾于沔，沔與渭又不通，至渭而後可以横絶渡河，達于帝都也。

黑水、西河惟雍州。

雍去聲。

雍州，今陝甘之臨洮、平凉、慶陽、延安、鳳翔五府，西安府長安、咸寧、咸陽、興平、臨潼、高陵、鄠、藍田、涇陽、三原、盩厔、渭南、富平、醴泉、朝邑、郃陽、澄城、白水、韓城、華陰、蒲城、同官、武功、永壽、三水、淳化、長武二十七縣，同、華、耀、乾、邠五州，鞏昌府隴西、安定、會寧、通渭、寧遠、伏羌、西和、秦安、清水、漳、禮十一縣，秦州及榆林，寧夏中靖遠、岷州、洮州、甘州、莊浪諸衛所，塞外南至西傾、積石，西踰三危，北底沙漠皆是也。黑水，出陝西甘肅塞外，南流至河州入積石河，今俗名大通河，與梁州之黑水别。蔡氏曰：雍州西據黑水，東距西河。謂之西河者，主冀都而言也。

弱水既西，涇屬渭汭，漆、沮既從，灃水攸同。荆、岐既旅，終南、惇物，至于鳥鼠。原隰底績，至于豬野。三危既宅，三苗丕叙。

弱水，今陝西山丹衛城西山丹河是也。《佛國記》謂之流沙河。出衛西南窮石山正流，西至合黎山與張掖河合，又東北至甘州衛北，迤邐流至塞外，入居延澤。其餘波溢入流沙。涇水，出今甘肅平凉府平凉縣西南笄頭山，亦名崆峒山，東至西安府高陵縣西南入渭水。屬，連屬。渭水，出今陝西臨洮府渭源縣西鳥鼠山，東至西安府華陰東北入河。汭水，出今平凉府華亭縣，有二源，北源出湫頭山之朝那湫，南源出齊山，至縣東與北河合，又東至涇州西北入涇水。王氏樵曰：雍水渭爲大，涇最居北境，自北而南注，以渭爲歸，而汭東入焉。是涇上屬于汭，下屬于渭也。經不以渭立文而曰涇屬渭汭，以涇水在中，先會汭水，後入渭水，順其勢而言，故謂屬渭汭者涇，而其實納涇者渭也。漆水，源出陝西西安府同官縣北高山，流經縣城東，合同官水，西南至耀州，與沮水合。沮水，出陝西延安府中部縣西南，流經宜君、同官二縣境，至耀州城南，會漆水，東南入富平縣界，名石川河。又南流至臨潼縣北交口鎮，入渭水。從，從于渭也。灃水，出今陝西西安府鄠縣東南終南山，自紫閣而下，至咸陽縣東南入渭水。同，同歸于渭也。荆山，在今陝西西安府富平縣西南十里。岐山，今鳳翔府岐山縣。旅，可通行旅。終南山，在今陝西西安府長安縣南，東至藍田，西至鄠縣，緜亙八百餘里。惇物，胡渭以爲太乙之北峰，在鄠縣東四十里。鳥鼠山，在今陜西臨洮府渭源縣西二十里。豬野，在今陜西鎮蕃衛東北八十里，即《漢書·地理志》所云休屠澤也。三危山，在今沙州燉煌縣東南，山有三峰，故曰三危。三苗丕叙，舜所竄之三苗皆從化也。

雍之水以渭爲大，而其西有弱水，當洪水横流，亦東浸而被于河。河不安而涇亦受其患，禹導之，使西既復其故道矣。若涇則屬于渭汭，共慶安流。漆、沮二水亦從于渭，灃水亦同歸渭，則雍水無不治矣。乃開闢山道，若荆、岐二山既可以通行旅，終南、惇物至于鳥鼠皆然。山地無不可乂，而凡原隰之地皆底成功，至于豬野之遠，若三危險阻，皆可宅居。舜所竄之三苗，莫不從化，則内地可知矣。

厥土惟黄壤，厥田惟上上，厥賦中下。厥貢惟球、琳、瑯玕。浮于積石，至于龍門、西河，會于渭汭。織皮崐崘、析支、渠搜，西戎即叙。

黄者，土之正色，故雍田于九州爲第一等，而賦第六等者，地狹而人功少也。球、琳，美玉。瑯玕，珠樹，《淮南子》云：在山爲瑯玕，在水爲珊瑚。積石山，在今河州北一百二十里。龍門山，在今陜西西安府韓城縣東北五十里，大河之西，東與壺口隔水相望。西河，冀之西河。鄭氏曉曰：以東北境言之。河見于積石，經流于龍門而爲西河，故貢賦之來，由積石浮河北行，東轉南向而至于龍門，由龍門而達于西河，則繞出雍州之東境而至于冀州之西境，即西河也。至西河則達帝都矣。以其西南境言之，渭水入于河。漆、沮東注于渭，涇水北注于渭，灃水南注于渭，故貢道或由灃、涇，或由漆、沮，皆會于渭水之北焉，至渭則達河矣。崐崘，西戎國，蓋附近崐崘山者。析支，今西番，在陜西歸洮府河州西。渠搜，亦西域國。三者皆本山名，而因以爲國號也。蔡氏曰：三國皆貢皮衣，故以織皮冠之，皆西方戎落，故以西戎總之。

禹既定田賦，其貢道則浮于積石，至于龍門西河，會于渭汭，而西戎之地產皮最富，若崐崘、析支、渠搜皆貢織皮，則西戎無不即叙，而雍境擴①矣。以上言貢賦，約舉平水土事，非言水道也。

導岍及岐，至于荆山，逾于河。壺口、雷首，至于太岳。底柱、析城，至于王屋。太行、恒山，至于碣石，入于海。西傾、朱圉、鳥鼠，至于太華。熊耳、外方、桐柏，至于陪尾。

此下誌隨山也。岍山，在今陜西鳳翔府隴州南八十里。荆、岐二山見雍州。逾，禹逾之也。壺口、太岳、碣石見冀州。雷首山，在今山西蒲州。此山凡有八名，歷山、首陽山、蒲山、襄山、甘棗山、中條山、渠豬山、獨頭山也。底柱山，在今河南府陜州東四十里大河中。析城山，在今山西澤州陽城縣西南七十里。王屋山，在今河

① 擴，疑當作括。

南懷慶府濟源縣西北九十里，接山西平陽府垣曲縣及澤州陽城縣界，山有三重，其狀如屋。太行山，延袤千餘里，起于河南懷慶府濟源縣，迆而東北，跨山西、河南、直隸界。蔡氏曰：西傾、朱圉、鳥鼠、太華，雍州也。熊耳、外方、桐柏、陪尾，豫州也。西傾見梁州。朱圉山，在今陝西鞏昌府伏羌縣西南三十里。鳥鼠山見雍州。太華山，在今華州華陰縣南二十里。熊耳山，在今河南府盧氏縣西南七十里，接陝西西安府商州界。外方山，今中嶽嵩山，在河南府登封縣北十里，西接洛陽，北接鞏縣，東接開封密縣界，緜亙一百五十里。桐柏山，在今河南南陽府桐柏縣東一里，東接湖廣德安府隨州，西接襄陽府襄陽縣界。陪尾山，在今山東兗州府泗水縣東五十里。世以德安府安陸縣北之横尾山爲陪尾者，非。

王氏樵曰：此上記禹導北條，大河北境南境之山是也。洪水爲災，由水爲山阻，故濬川必先隨山。山水皆源西北，故導山自雍州始。導汧及岐，至于荆山，則不但河之經雍者無滯，而渭水之入河，涇、灃、漆、沮、汧、汭之入渭者，皆有次第矣。雍功既畢，則自龍門渡河，以至冀州，先治壺口，以殺河勢。又南而雷首，以至太岳，汾水之所經。又自南而東，底柱、析城，至于王屋，濟水之所出。又自東而北，太行、恒山，至于碣石，無不導治，使附山之水皆入海，則不但河濟順流，而汾、洚、漳、沁、恒、衛等水皆有歸向矣，其導大河北境諸山之序如此。其導大河南境諸山之序，則從雍之西傾，東歷鳥鼠，又轉而之南，以至太華，其閒凡渭、桓等水出入于諸山者治矣。雍功既畢，由是東至豫州，自熊耳而[①]東歷外方、桐柏，又轉而之南，以至陪尾，則其閒伊、洛、淮等水出入于諸山者，無不治矣。

導嶓冢至于荆山。内方至于大别。岷山之陽，至于衡山，過九江，至于敷淺原。

嶓冢見梁州，山形如冢，故曰嶓冢。荆山，南條。荆山在今湖廣襄陽府南漳縣西少北八十里。内方山，在今湖廣安陸府鍾祥縣西，周迴百餘里，接荆門州界。大别山，一名魯山，在今湖廣漢陽府漢陽縣東北半里，漢水西岸。岷山見梁州。衡山，今衡州府衡山縣。九江見荆州。過，經過也。敷淺原，今廬阜也，在今江西九江府德化縣南，山北隸南康府星子縣，不言廬山而言敷淺原者，禹時附近廬阜之原被洪水淹没尤甚也。

王氏樵曰：此記禹導南條，江漢北境南境之山是也。梁州之嶓冢，漢水所出。荆州之荆山、内方，漢水所經。禹導嶓冢，以導其源，至于荆山，由内方至于大别，以引其流，則漢之源流治矣。其導南條北境諸山之序如此。其導南條南境諸山，則岷山爲江水所出，導之衡山、九江，及敷淺原皆江水所經。禹從岷山至于衡山，以通其上流，渡過九江，至于敷淺原，以通其下流，自此順而至海，江之源流亦治矣。

---

① 而，原本下重一而字，疑爲衍文，因删。

導弱水，至于合黎，餘波入于流沙。導黑水，至于三危，入于南海。

以下九條紀導水之事。弱水見雍州。合黎山，一名要塗山，在今陝西甘州衛西北四十里，緜延而西接高臺、鎮彝二所界。流沙，在今陝西嘉峪關外索科鄂謨，古稱居延澤以北，東至賀蘭山，西至廢沙州界，幾南北千餘里，東西數百里，其沙隨風流行，隨處有之。程大昌曰：堯時弱水必嘗壅溢東行，禹導之，使其經流入合黎，支流入流沙。黑水，即今雲南之瀾滄江，其流發于西番諾莫渾五巴什山分支之西，曰阿克必拉。南流至你那山，入雲南界。東歧一支爲漾備江，即程大昌所謂葉榆河。東南分注大理府之西洱海，經流入順寧府境，其正支南行，絶雲龍江而東南至雲州北之分水嶺，仍與漾備江合。又南流至阿瓦國，入南海。三危山，今雲南大理府雲龍州西有三崇山，一名三危。瀾滄江經其麓，有黑水洞，或謂即古三危。林之奇曰：三危距南海甚遠，禹導黑水至此，即得其故道，遂從此以達南海。其閒數千里，不加人功修治，故經載至于三危，即曰入于南海是也。凡水皆能載，而弱水獨弱，且西流。凡水皆清，而黑水獨黑，且獨南流，不與諸水相參，故記禹導水而先記之也。

導河積石，至于龍門，南至于華陰；東至于底柱；又東至于孟津；東過洛汭，至于大伾；北過洚水，至于大陸；又北，播爲九河，同爲逆河，入于海。

積石、龍門見雍州。華陰，華山之北也。底柱見導山。河源出今西番巴顔喀拉山東，名阿爾坦河，東北流三百餘里，合鄂敦塔拉諸泉源，大小千百泓，錯列如流星。《元史》所謂火敦腦兒，即星宿海也。星宿海西南有河名阿勒坦郭勒，蒙古語阿勒坦即黄金，郭勒即河也。其水色黄，迴繞三百餘里，穿入星宿海。又其西有巨石，高數丈，名阿勒坦噶連素齊老，蒙古語噶連素，北極星也。齊老，石也。壁上爲天池，流泉百道，皆作金色，入阿勒坦郭勒，乃黄河之上源。自星宿海匯爲查靈、鄂靈二海子，各周三百餘里，東西相距五十餘里，《元史》所謂匯二巨澤，名阿剌腦兒也。折而北，經蒙古托羅海山之南，轉東南流千餘里，南北受數十小水，經烏藍莽乃山，下有多母打禿昆多倫河、多拉昆多倫河自東南來入之，《元史》所謂納鄰哈剌、乞兒馬出二水也。自此折而西北流三百餘里，前後小水奔注，不可勝計。繞阿木你馬勒産母孫山之東，即《元史》所謂崐崘山也。流百五十里，有齊普河、呼呼烏蘇河自西來入之。又迤邐東北流三百餘里，會跆克圖衮俄羅濟諸水，歷歸德堡，經積石山，至陝西臨洮府河州入中國界，過蘭州，又折而東北經寧夏流出塞外，河以内爲河套地。又東南至延安府府谷縣入塞，河以東爲山西界。南流至潼關，又折而東，由河南、山東界至江南淮安府安東縣入海。禹導河止。自積石導之，孟津，地名，一名富平津，一名河陽渡，在河南懷慶府孟津縣南十八里，河之南，洛之北，其兩閒爲汭。洛汭，在洛水之内也。蔡氏曰：洛之入河，實在東南，河則自西而東過之，故曰東過洛汭。大伾山，亦名黎山，在今直隸大名府濬縣東南二里，周五里。洚水，出今陝西潞安府屯留縣西南八十里盤秀嶺，至潞安府潞城縣入濁漳水，而濁漳水由是一名洚水矣。大陸見冀州。九河見兖州。河自大伾而下，不特平地易潰，且南歷雍州，而澧、涇、漆、沮皆入渭，渭水東注之。自此東歷豫州，而伊、洛、瀍、澗皆入洛，洛水又北注之。以一河全受重委爲患可知。故禹播爲九河，以分其勢。逆河，近海之處，以海水逆潮而得名也。河爲四瀆宗，其源出西北尤長，故敘中國之水先之。

河源出于塞外，而洪水時，其正道多壅。禹自積石導之，曲折三千里，疏其險阻，以至于龍門，自龍門而下，山開岸闊，豁然奔放，南流至于華山之陰，所謂雍河也。河之南流者，順其道矣。自南折而東流，復在險處，至于底柱山，又東至于孟津，又東過洛水交流之處，至于大伾山，所謂豫河也。河之東流者，順其道矣。又自東折而北流過洚水，至于大陸，而北至兖州界，地廣土疏，河尤易決，禹乃播之爲九河，以分其勢。又將入海，乃同合而爲逆河以歸海，所謂兖河者也，而河水自是治矣。

嶓冢導漾，東流爲漢，又東爲滄浪之水，過三澨，至于大别；南入于江。東匯澤爲彭蠡；東爲北江，入于海。岷山導江，東别爲沱；又東至于澧，過九江，至于東陵，東迆北會于匯；東爲中江，入于海。

漾，水名。嶓冢有二漢水，源亦有二，此東源也。漾水出今陝西漢中府寧羌州北嶓冢山，東至漢中府南鄭縣南爲漢水，亦名東漢水。東流至白河縣入湖廣界。又東流經鄖縣至均州，又東南流歷光化、穀城二縣，至襄陽縣東津灣，折而南流，經鍾祥縣，至潛江縣大漢口復東流，經漢川縣至漢陽縣漢口，合岷江。其西源出隴西嶓冢山會泉，逕葭萌入漢，始源曰沔，故曰漢沔。滄浪水，在今湖廣襄陽府均州北四十里。曰爲漢爲滄浪者，言即漾所爲，非有他水也。澨，埤增水邊，土人所止也。三澨，胡渭云當在淯水入漢處，一在襄城北，即大堤。一在樊城南，一在三洲口東，皆襄陽地，在古邔縣之北也。大别見導山。入江處在今漢陽縣。匯，迴也。彭蠡見揚州。東匯爲彭蠡者，禹時彭蠡别爲一地，在江北，故漢水東來會之。後世塞爲平地，遂不可考，而儒者以番陽實之，反疑經文，不知番陽非古彭蠡也。漢既入江矣，而又東匯澤爲彭蠡。東爲北江者，崔東壁謂猶濟之溢爲滎是也。蓋當時漢水泛濫勢大，其經流既南入于江矣，而支流又東匯爲彭蠡，又流爲北江，始入于海也。入海在江南通州。岷山見梁州。江水與黄河皆源于崑崙，河源在崑崙之陰，江源在崑崙之陽，而特爲偏西二百餘里。今按圖記，金沙江源于西番之母魯烏蘇及阿克達母必拉，行六千九百餘里，至四川敘州府與岷江合。又有鴉礲江，即打沖河，亦源于西番北境，與青海南境接壤，與河源南北相距僅二度，亦在崑崙之陽，源泉百十道，與星宿海相同，行三千四百里，合金沙江。二水源皆較岷江爲長，而金沙江尤遠，故昔人有以金沙江爲江源者，而此記岷山導江，不及二水者，蓋誌其入中國施功之處，如導河之自積石。且岷山縣亙數千餘里，不止今灌縣青城諸峰，固已該金沙、鴉礲而有之。經文簡要，固不容纖求耳。岷江，在今四川灌口，其水左自白沙，右自漩口，至灌縣城西合爲一水。秦李冰作都江堰，鑿離堆，分爲二水，左附城者爲內江，右遠城者爲外江。禹導江時，江猶未分，導江但去其壅滯。岷山至蜀，分左右翼，左連闗、隴，右連邛、雅，皆岷山也。山皆有水，水在山迅駛，至平陸乃有深潭，沱即潭也，眾水所共曰江。江在州境多沱，經故以江、沱括一州之水。澧，山澤之名。鄭康成曰：長沙郡有澧陵縣，蓋以陵名縣也。東陵即巴陵，今湖廣岳州府，江至東陵始與漢合，記其東行斜迆而北者，著其與漢既合之形勢也。九江見荆州。匯者，彭蠡澤也，不言會于彭蠡者，蒙上東匯澤爲彭蠡之文，且見其與漢水共注此澤也。夏彝仲曰：匯者，迴也，乃下流泛濫，使水勢不洩，于是迴旋渟蓄，豬而爲澤之謂。春夏江、漢水漲，彭蠡水遏不流，而匯爲澤，非謂江、漢之水入澤內而爲匯也。匯言其外，蠡言其內也。若截入爲澤，則但曰到曰入可也，何必變文言匯哉？漢水不言會者，爲江水所隔，與彭蠡不相接也。江水不言彭蠡者，與漢互見也。逮江、漢既消，則彭蠡之水溢出，大江循南岸而行，與二水頡頏趨海。第江水最在上流，其次則漢水自北岸而入，又其次則彭蠡之水自南岸而入，三水並持東下，則江爲中江，漢爲北江，而彭蠡之水入江並流爲南江。曰南曰東，與今水道屈折迆邐，勢正相符，經文何嘗誤哉？其言亦甚有見也。

此記禹導南條之漢江也。漢有二源，西源爲沔，東出爲漾，南流合沔，不言沔者，舉一漾而漢源已見也。導漾自嶓冢東爲漢，又東爲滄浪，隨地而得名，仍一水也。過三澨，至于大别，南入于江矣。而其餘流東溢，匯爲彭蠡，東爲北江，入于海。江水出岷山，梁州之地最高處，出峡稍緩，故疏其上源而别为沱。又東至于澧，過洞庭之九江，至于東陵，又從東迆邐而折于北，與漢會于匯澤，又東流而爲中江，以入于海，蓋江、漢之源流大略也。

導沇水，東流爲濟，入于河，溢爲滎；東出于陶丘北，又東至于菏；又東北會于汶；又北東入于海。導淮自桐柏，東會于泗、沂，東入于海。

沇水，即濟水，發源之名濟水，出今河南懷慶府濟源縣王屋山，既見即伏，至濟源縣西北五里，重源顯發，有東西二池，合流至溫縣東南入河。自此伏流河中，溢出而爲滎。又與河並行，東出于陶丘北。陶丘，在今山東兗州府定陶縣西南七里。菏，即菏澤，見豫州。汶，北汶也，見青州，蓋濟水發源于冀，經流于豫，分流于徐，入海。于青三伏而四見，一見于王屋而遂伏。再見而爲濟，再伏而入河。三見而爲滎，三伏而穴地。四見而出陶丘之北，則不復伏矣。淮水，據今出河南南陽府桐柏縣桐柏山胎簪山者，即桐柏之支峰也。東流至光州東北，會汝水。又東由固始縣入江南潁州界，又東流至潁上縣東南，淠水入之。又東北至懷遠縣，合渦河。又東經長淮衛至五河縣，合澮河。又東徑泗州城南、盱眙城北，漫衍入洪澤湖。東北出淮安府清河縣之清口，與黄河會。東則刷黄河以入海。南則入運河以濟漕，歷揚州府寶應縣、高郵州，抵江都縣，入揚子江。昔人謂禹時江、淮本不相通，自春秋時，吴伐齊于廣陵城，開邗溝以通淮。至晉永和中，江都水斷，乃于歐陽埭引江至廣陵城，而北出白馬湖，合中瀆入淮，謂之山陽瀆。隋時又開廣之，以通戰艦。明初陳瑄循故瀆，開新運河以通漕，即今之運道也。禹時則沂先入泗，泗次入淮，故曰東會于泗、沂，東入于海也。漢時河決，頓丘遂漸南徒。煬帝引河入汴，引汴入淮，淮河始通。至于全淮注河，而害甚矣。若禹時灉、沮、泗、沂諸水，未嘗不脈絡相通，然河、淮未嘗合流也。

以上江、淮、河、濟爲四瀆。瀆者，以其力能獨入海也。

導渭自鳥鼠同穴，東會于灃，又東會于涇；又東過漆、沮，入于河。導洛自熊耳，東北會于澗、瀍；又東會于伊，又東北入于河。

鳥鼠同穴，山名，其山鳥鼠同穴得名，鳥爲鵌，鼠爲鼵。郭璞曰：鼵如人家鼠而短尾，鵌似鵽而小，黄黑色。穴入地三四尺，鼠在內，鳥在外是也。在今首陽山西南。酈道元云：渭水出南谷山，在鳥鼠山西北，禹只自鳥鼠導之。陳氏櫟曰：灃、涇、漆、沮皆入渭，渭入河，東會于灃，即灃水攸同也。東會于涇，即涇屬渭汭也。東過漆、沮，即漆、沮既從也。灃、涇大，與渭並，故曰會。漆、沮小，故曰過。前分言于雍，此自源徂流言之是也。熊耳山有三，此則河南盧氏縣西南五十里是也，兩峰相並如熊耳。洛水出冢嶺山，禹特自熊耳導之耳。

九州攸同，四隩既宅，九山刊旅，九川滌源，九澤既陂，四海會同。

此總結上文平治九州水土之事。四隩，四海水涯之地。宅，居也。九山、九川、九澤，九州之山、川、澤也。刊旅，刊除榛薉，可通行旅，蓋不特梁之蔡、蒙旅平，雍之荆、岐既旅也。疏滌泉源，無有壅遏，則不特青之濰、淄其道，兖之雷夏既澤而已。四海會同，百川皆以四海爲歸，如諸侯之會同也。

六府孔修，庶土交正，底慎財賦，咸則三壤成賦中邦。

此總結上文九州土田貢賦之事。孔，大也。水、火、金、木、土、穀皆大。修，治。庶土，凡山、澤、丘、陵、墳、衍、原、隰之土。交正，以其肥瘠高下相參，而正其所出之財貨。底慎，致慎而不過取。三壤，上、中、下三等土壤。中邦，中國，以三壤爲準則，酌其中以成賦中國，而四夷則不以田賦概之也。

錫土姓，祗台德先，不距朕行。

此三句記禹封建，並其錫命諸侯之詞。土水平，貢賦定，必任人以治之，由是分茅胙土，或錫之采地，或錫之封地。別族命氏，或因功，或因德，或因地，或因生而受姓。錫，命。如契封于商，賜姓子。稷家于邰，賜姓姬。蓋姓者，從其祖考之所自出，百世不變者也。氏者，自其子孫之所分，數世一變者也。祗，敬。台，我。距，違也。此二句，禹錫命諸侯，戒以自敬其德，爲民倡，然后不違己之所行也。

五百里甸服。百里賦納總，二百里納秸[1]，三百里納秸服，四百里粟，五百里米。五百里侯服。百里采，二百里男邦，三百里諸侯。五百里綏服。三百里揆文教，二百里奮武衛。五百里要服。三百里夷，二百里蔡。五百里荒服。三百里蠻，二百里流。

此下記禹定五服之制也。五百里者，四面皆五百里，下放此。甸服，畿内之地。甸，田。服，事也。以其爲天子治田賦，故曰甸服。禾之莖穗全曰總，半藁曰秷，半藁去皮曰秸。服三百里，去王城近，使服輸將之事也。粟，穀。去殼曰米。蓋量其地之遠近，爲納賦之輕重精麤。侯、綏、要、荒皆言服者，皆服其事于天子也。甸服外又各皆五百里，以其皆侯國之事，謂之侯服。外四面又各五百里，迫近甸服，爲卿大夫采邑地。又其次四百里，爲子男小國封地。此外尚各有爲百里者三，定爲公、侯、伯，大國所封地。次國小國居内，所以安内附也。大國居外，所以禦外侮也。侯服外四面又各五百里，以其漸遠王畿，義取撫安，謂之綏服。此其地去王城千里，去荒服千里，介乎内外之閒，不可不嚴華夏之辨，故于内三百里則奮揚卒伍軍師之法，以衛天子，内非無武，外非無文，特以其重者言之耳。綏服之外四面又各五百里，以其去王畿已遠，法制簡略，稍要約而已，謂之要服。内三百里以處夷人，各隨其俗而治之，外二百里以處放置之罪人。蔡，放也。蓋要服雖無中國之禮法，而猶受中國之約束者。要服之外四面又各五百里，去王畿益遠，荒野之地，治之以不治而已，謂之荒服。内三百里頑蠻居之，蓋甚于夷者。外二百里罪重者流之于此，蓋較蔡又加等矣。流、蔡在夷蠻之外，蓋聖人之防小人更甚于防夷、蠻也。蔡仲默曰：先儒皆疑禹服之狹，不知禹聲教所及，則地盡四海，而其疆里則止以五服爲制。至荒服之外，又别爲區畫，如所謂咸建五長是已。若周、漢則盡其地之所制而疆畫之也。金仁山曰：五服亦大約限制，以爲朝貢之節，詳略之宜耳。每服之中又自分爲二三節，此周制九服之所由起。其説均是也。

東漸于海，西被于流沙，朔、南暨聲教，訖于四海。禹錫玄圭，告厥成功。

漸，漬也，如水漸漬而及。被，覆也，如衣覆被。暨，及也。漸深于被，被深于暨。聲，風聲。教，教化。人所聞爲聲，所效爲教。錫，賜也，謂賜四方之命。圭，夏尚黑，故玄。功，敷土之功。告，告廟。

承上言禹既定五服之制，五服雖止于五千里，而其德化所及，實爲廣博，蓋極東西朔南之地，而禹皆錫以玄圭。于是告敷土之成功于廟，而禹之明德遠矣。

附解

堯、舜、禹相承，其道同則其治同，而禹之烈尤在平水土，定九州，故

① 秷，《尚書正義》作銍。

此篇詳叙禹績。開端即揭明敷土隨刋，奠定山川，下文分析言之。九州言貢賦，非言治水之事。導岍以下，乃言治水事。叙土壤貢賦而先言水土之平，曰既載、曰底績，及其乂、其藝、底定、旅平、既宅、丕叙等語，皆已然之詞，前人不達其意，牽連上下文意，以求治水次第，是以轇轕横生，今正明之，然止是就正文自然語義見之，非他求異説也，識者鑒之。九州土壤之所以分賦貢之所由定，非叙治水經緯也。導岍及岐四條，始言導山之事。曰至曰過，禹至之，禹過之也。導弱水九條，叙導水之事。曰至曰過，水至之，水過之也。九州攸同一節，總結上導山導水。六府孔修一節，總結上賦貢事。錫土姓一節，起下文制五服事。東漸于海節，總贊禹功，收應首節以終焉。冀州爲帝都，規方千里，以爲甸服，取其田土可以畫井者耳。其實冀州之域所及甚遠，故島夷皮服亦入貢焉。前人泥千里王畿，謂島夷爲兖州之夷，非大陸近河，言其可以耕作，則冀土皆治。可知前人必以大陸爲澤名非。崔氏述曰：河之所受數十百川，然所紀者獨洛與洚，而濟、沁、淇、漳、滹沱、桑乾不與焉，則洚水非小水明矣。今西山洺、滏、沙、洨諸水皆入于泊漳之故道，亦穿泊，自泊以外更無餘水，可指爲洚者，蓋洚水非枯，洚乃泊水也。《孟子》曰：洚水者，洪水也。洚之得名，蓋取其無津涯之義。今泊水浩渺，環數百里，正與洚之名義相符。而高平曰陸，亦未聞有以之名澤者，則泊水乃洚水，非大陸也。大陸與泊近，故後人因以其名名之，猶今人呼爲寧晉泊，非謂泊之遂爲寧晉也。蓋河自大伾而北距西山僅百里，漸北漸斜而東距山漸遠，而又有南北二泊，直其地皆不可謂之大陸。過泊而北，然後平原迆邐，亙數百里，然則大陸當在二泊以北，兩淀以南，以其西由東河南泊北淀，而中地廣且平，故曰大陸，不得如顔師古、蔡仲默之説是也。九河當從《爾雅》曰徒駭、曰太史、曰馬頰、曰覆鬴、曰胡蘇、曰簡、曰潔、曰鉤盤、曰鬲津，蔡傳據曾旼之説，合簡、潔爲一河，以其一爲河之經流，然此經明言播爲九河，同爲逆河，何得以經流相配爲九哉？其故道，漢王横言天常運[1]雨，東北風，海水溢，西南出，侵數百里，九河之地已爲海水所漸。酈道元亦謂九河碣石苞淪于海。後世儒者必鑿求之，徒增詞費耳。碣石亦然。灉、沮二水在雷澤縣西北平地，而蔡傳引許愼謂河灉水在宋，又曰汳水受陳留浚儀陰溝，至蒙爲灉水，東入于泗。然此水之出乎豫，入乎徐者，與兖州無涉。作十有三載乃同，蔡傳謂賦法同于他州。然九州賦因田

① 運，疑當作連。

異，各不同也，安有于兗而獨同于他州乎？沂水不一，曾點浴沂之沂出尼丘山西北，徑魯之雲門，又一出太公武陽之冠石山東，西入泗，而沂水之大者則出泰山也。彭蠡，説者以爲鄱陽湖。崔氏述曰：禹時彭蠡，自别爲一地，當在江北，爲漢水之所匯，而今亡矣。惟其在江北，故導漢曰東匯，不曰南匯。導江曰北會于匯，不曰南會于匯，惟其在江北也，故不待横截而南，而已匯爲彭蠡，不待横截而北，而已流爲北江。《漢書·地理志》豫章郡彭澤縣下註云：《禹貢》彭蠡澤在西。番陽在彭澤南，而云在西，則彭蠡自爲一地，非番陽明矣。又云水入湖漢者八，入大江者一，不以彭番稱番陽，而稱爲湖漢，則番陽自名湖漢，非即彭蠡，又明矣。且不云有彭蠡澤，而云彭蠡澤在西，似彭蠡原不在縣境中者。且云《禹貢》彭蠡澤，似彭蠡已塞，其地尚約略可指，如人之呼滎澤者然。蓋江雖東流，然常斜迆而北，故江南亦稱江東，江北亦稱江南。彭澤臨江而縣，則視上游江之北岸爲西，故以爲在西耳。然則班氏但因縣之得名由于彭蠡，故注其地所在，非謂彭蠡必在彭澤縣境也。因彭澤無彭蠡，遂南移之番陽，失之遠矣。朱子乃云《漢志》不知湖漢之即爲彭蠡，而兩言之。豈知彭蠡自在江北，湖漢原非彭蠡，不但《禹貢》不誤，即《漢志》亦不誤，乃後人以爲番陽者誤。其言是也。水道遷徙，古今迥殊，往往有其地遠隔千里百里，而其名仍舊者。以後世疑古迹，誠不可也。三江之説不一，《地理今釋》從鄭康成之説，甚允，從之。九江孔殷，先儒謂即洞庭，然殷字無著，且果爲洞庭，則一巨浸不應不直指其名，而第以九江所入，遂名爲九江。然則凡受諸水之水，皆即以諸水名之，其可通乎？九江即洞庭，其説始于蔣穎叔之奇，而宋儒從之。蔡仲默以爲九江，沅、漸、元、辰、敘、酉、澧、資、湘。陳氏士元謂沅即元，不宜分爲二水，而漸、元源短，亦不得名爲江。《禹貢》所稱，蓋指瀟、湘、蒸、澧、沅、瀆、溆、辰、酉也。《山海經》云：洞庭之山在九江中。而張茂先《博物志》以君山爲洞庭山。酈善長《水經注》云：九江在長沙下雋西北。今岳州巴陵即漢之下雋地，洞庭在其西北，則九江爲洞庭，明甚。愚按：經文言朝宗、孔殷、既道，皆已然之辭，謂水土平而後貢賦興，非叙治水經緯也。前人不明其意，必求與下導山導水之文相比，故多牽强。陳氏必即後世水道以證禹時，已爲膠固，且其引《山海經》亦誤，經云：洞庭之山，其上多黄金云云。又云：帝之二女居之，是常遊于江淵，澧沅之風交瀟湘之淵，是在九江之閒，出入必以飄風暴雨。是其所言，謂帝之二女在九江之閒耳，而豈謂洞庭乎？戰國吴起云：三苗之地，左洞庭。《莊子》：黄帝張樂于洞庭。洞庭之名久矣，使九江即洞庭，《書》何不指言洞庭既豬，如彭蠡之文，而乃云九江孔殷。孔殷之云，正以其爲九而殷之也。蒙上言江漢既朝宗于海矣，而九江孔殷以分。凡在荆之水勢，至與漢同源異派之沱潛，則又既道，即至大之澤如雲，皆多成土，如夢皆可作乂，而荆之水無不平矣。下乃言任土作貢賦事，是經文固括全州而言，未嘗及洞庭者。洞庭在禹時，自是以山名，未嘗以澤名。其時之大者，雲也，夢也，故經言雲、夢而不及洞庭。今則洞庭大而雲夢微矣。古今水道不同，安得必求牽合，故以九江爲潯陽之九江者固非，而以洞庭爲九江者亦非也。要當以經文正之爲允。蔡傳所云九江內元水，乃无水之誤，无水在今辰州府，下流入洞庭。則陳氏謂沅即元者亦非。毛大可曰：經文言東至于澧，過九江，至于東陵。澧既爲九江之上流，與九江異名別出，而復雜澧水于九江之中，仍是八水，非九水。今之岳州即古巴陵，大江在其北，洞庭在其南，假使洞庭爲九江，巴陵爲東陵，則相距數步已耳。經文何云過九江，至東陵。自沱以下約數千里，而至于澧，何九江至東陵纔數步邪？孔安國云：江至荆而分爲九。桑氏《水經》曰：九江在長沙下雋西北地。夫岳州在秦漢本長沙郡地，而岳之巴陵、武昌之崇陽，通城皆下雋地也。九江在其西北，則江水分派正當在荆州之東，岳州之北，以迆至于黄、蘄之閒。張僧監作《潯陽記》，列九江之名曰申、曰烏蚌、曰烏白、曰嘉靡、曰畎、曰源、曰廩、曰提、曰菌，而樂史《寰宇記》、李宗諤《九江圖》亦同云分流于江鄂之境。張僓《九江圖》名稍不同，亦曰九江參差，隨勢而分，其閒有洲，或長或短，百里至五十里，始別于鄂陵，終合于江口。則言大江之自爲九派而分之合之，其言亦爲有見。愚按：九江決非後世所稱，禹時別有九江，自荆州而分。巴陵指爲東陵可，九江指爲洞庭則決不可耳。九江原在荆州，秦時以之名郡，在西陵、蘄春之閒，至荆州境。至漢高革九江郡，而孝武復移之壽春，若所謂潯水城者，然後有潯陽九江之説，則揚州境矣。沱、潛爲江漢支流，沱、潛既道，言江漢支派皆治也。江、沱在吾境，而書傳紛紛不一，生長其地者亦不能辨，由泥書者未察其地，履地者又不通于書也。愚嘗詳考而察驗之，岷山綿亙數千里，至蜀分爲兩翼，皆有水從山出，山水迅駛，至平陸則多潭，潭即沱也。史臣簡要言之，以岷山導江，東別爲沱二句，該郤全川之水，蓋由西北分左右而言，右以蔡、蒙該諸山而不言其水，左以沱、潛該諸水而不言其山。沱也潛也，則水自山出，至平衍而爲沱。水自穴出，無源可溯而爲潛。江爲四瀆之首，漢亦入焉。州多山，山山有水，匯而爲江，經以江、漢、沱、潛括之。而於紀貢賦又錯舉山水，誠非無見。後人不得全蜀之勢，紛紛據后世之水，穿鑿支離言之，經文遂晦。以是而推，凡九州山水非親履其地，深曉經文，不能得其眞也。沱與潛不同，沱分派别流者，潛伏流重出者，梁州之水多沱、潛，先儒以一二處實之，非也。閻百詩謂雲、夢在周時可名藪澤，禹時不然，故曰土、曰作乂。計禹至周公作禮時，一千一百六十九年，陵谷變遷，不可以今疑古是也。滎波，馬、鄭、王本波並作播，伏生今文亦然。孔安國謂一水，非二水。以爲二水，自顔師古始。林之奇引《周·職方》：豫州，其川滎、雒，其浸波、溠。《地理今釋》辨之甚詳，今從之。蔡山，古云無考，愚嘗親至邛崍，考而正之，履其地者應以爲然也。旅爲客義，始于《易經》，至祭名之旅，旁字從示，因後人傳寫譌誤，如《論語》旅於泰山。此經旅平、既旅、刊旅皆解作祴祭。夫祭告山川，固禮之常，然《禹貢》所紀名山大川甚多，而獨蔡、蒙、荆、岐言之，于義爲歉，不知其字誤也，今正之。蜀地，今爲樂國，和夷絶少，青黎之土亦稀，故知古今異勢，不可但拘傳註以言。此篇黑水有三，雍州之黑水，其源在黄河之北。梁州及導水之黑水，其源皆在黄河之南，已詳見各條。其他黑水尚多，非止于此也。林之奇曰：衆水皆東而弱水獨西，黑水獨南，其性與勢之自然也，必欲東之則逆其自然。其説良是。鳥鼠同穴，因物產而名之，可省同穴謂之鳥鼠，不可省鳥鼠謂之同穴山也。前人多誤，且其地眞有鳥鼠同穴，而蔡傳以爲怪誕，誤矣。王氏樵曰：江爲南河，河爲北河，南北兩河，上應雲漢，蓋天文地理之分判者。于二之中又分爲二，北條有大河之北境，有大河之南境。南條有江漢之北境，有江漢之南境。導山四節分析言之，黄河發源于阿勒坦郭勒，禹時自積石導之耳。阿勒坦郭勒譯言黄金河，蓋天地之脊流溢于外者，故水皆作黄金色，迨會諸水以後則金色爲泥沙所掩，但名黄水河而已。黄河之源在塞外，自元以前皆無能知，元主中華，始傳有星宿海，而亦未詳。我朝乾隆間始查明之。《左傳·文公十六年》：楚軍次于勾澨。《宣公四年》：令尹子越師于漳澨。《定公四年》：司馬戌敗吳師于雍水澨。《昭公二十三年》：司馬薳越縊于蓬澨。蓋楚人言水邊埤土之常稱。三澨非水名，當有三處，而今不可考矣。導水凡九章，弱水、黑水在九州之上游，且二水獨不歸東南，故先之。中原之水患河爲大，故次之。其次莫大于江、漢，淮、濟與江、河爲四瀆，故又次之。雍水多歸于渭，豫水半歸于洛，而皆附河以入海，故以渭、洛終之。先漢于江，先濟于淮，先弱水于黑水，先北而後南也。先渭于洛，先上而後下也。又導山、導水本兩事，禹自言隨山，曁益同功。決川，曁稷同功。蓋先隨山，令民得鮮食，可以居止，再導水以平土，使可耕稼。讀者不得其解，且牽合後世山川之形以釋經文，不知山至堅久，猶有崩墜，水道則遷變不常矣。此篇所言在當時爲實録，在今日多影響，亦何足怪。崔述謂上古之時，本無水道，是大不然。上古聖人經世理物，豈容略于水土，但土廓人稀，略加修治，未盡開鑿，而水道漸就瘀塞，至堯時，遂妄行。禹乃盡爲疏鑿，以垂萬世之利耳。祗台德先，不距朕行。前人謂禹自言，然文氣橫梗不通，不知其承上錫土姓言，即錫命諸矦之詞耳。禹錫玄圭，或以爲堯錫禹，或以爲禹錫舜。謂爲堯錫者，既於文義不合。謂爲禹錫，蓋如師錫帝之錫，然以下奉上爲錫，此言錫圭，非謂與言圭命于上，故曰錫。此篇史臣作於禹有天下後，總記禹治水敷土，定疆域貢賦之制，名曰《禹貢》，非如他篇可參以堯舜之事並諸臣之言。觀舜之十二州，此篇改爲九州，可知矣。錫玄圭承上東西朔南言，謂凡聲教所及之處，皆錫以圭爲鎮。玄者，夏所尚之色也。告成功只結言禹治定功成，以與起敷土三句相應成章。前人何拘滯不達邪？明者其細審之。

甘誓

甘，地名，有扈氏國之南郊，在今陝西西安府鄠縣。馬融曰：會同曰誥，軍旅曰誓。有扈，先儒據《國語》觀射父之言，則夏同姓之國。據《左傳》趙孟之言，則亦三苗、徐、奄之類。按誓詞斥言有扈氏，則非夏同姓，當從蔡傳三苗、徐、奄之類爲是也。今文、古文皆有。

大戰于甘，乃召六卿。

云大戰以著有扈氏抗拒之罪。姚承菴曰：六卿，六軍之將，非王朝六卿是也。

王曰：嗟，六事之人，予誓告汝：有扈氏威侮五行，怠棄三正，天用勦絕其命，今予惟恭行天之罰。

王，夏禹之子啓也。六事，六卿所部之人，軍吏下及士卒也。威，暴殄。侮，輕忽。五行，兼質與事而言，威侮則暴殄五材，不修五事。三正，三綱正道，五倫之修，必由三綱先正，怠棄則倫紀紊矣。二句該許多暴政在内。天罰，悖天道者，天所誅。恭行，承天意而非有私怨也。

左不攻于左，汝不恭命。右不攻于右，汝不恭命。御非其馬之正，汝不恭命。用命[1]，賞于祖。不[2]用命，戮于社，予則孥戮汝。

左，車左。右，車右。攻，治也。蔡氏曰：古者車戰之法，甲士三人，一居左，主射。一居右，主擊刺。御者居中，以主馬之馳驅是也。命承上天罰而言，人君奉天討罪，則君之命即天命也。其馬之正，御者馳驅進退皆有法度，非其正則軍紀亂矣。賞祖、戮社，唐孔氏曰：禮左宗廟，右社稷，是祖陽而社陰，就祖賞，就社戮，親祖嚴社之義是也。宗廟社稷皆奉天所置，故稱以肅其恭命之至。戮有誅、辱二義，孥，《漢書》作奴，孥戮或辱以爲奴，或戮以示衆也。

附解

《説苑·理政篇》《莊子·人閒世》皆作禹與有扈氏戰。《墨子·明鬼》云：《夏書》禹誓曰：大戰于甘。《吕氏春秋·召類篇》云：禹攻曹、魏、有扈，以行其教。《先己篇》又云：夏后相與有扈氏戰于甘澤而不勝。《楚詞·天問》云：該秉季德，厥父是臧。胡終斃于有扈，牧夫牛羊。又云：有扈牧豎，云何而逢。擊牀先出，其命何從？諸書之説不同，然必以經文斷之，他説不足信也。《史記》亦依經作啓與有扈氏戰。《孟子》曰：啓賢，能敬承繼禹之道。其不尚兵威可知矣，而此篇英烈之意宛然，何邪？古時天子統一海內，非如後世定於一尊，不過羈縻之，其各君國子民不盡秉一王之號令。有扈氏蓋桀驁無道，爲禍於民者，啓不得已而伐之，深惡其人，嚴飭軍士，兵法貴嚴，故夫子錄之，以爲後世馭兵之法。唐孔氏乃謂堯舜受禪，啓獨繼父，以此不服，其謬妄實甚。彼蓋據《淮南子》也，《淮南子·齊俗訓》云：有扈氏爲義而亡，知義而不宜也。高誘註：有扈，夏啓之庶兄，以堯舜與賢，禹獨與子，故伐啓。然《淮南子》所云庶兄，經典未載。爲與子而畔，亦反臣耳，又何得爲義？妄言之，而妄信之，可乎？經文明言其罪在威侮五行，怠棄三正，何嘗有因其叛己而伐之之説？五行，原于天命，布于庶物，在人則爲五常、五事，威侮之則暴殄天物，廢棄百度，皆在其中。三正，先儒以爲子、丑、寅三正。怠棄者，不用朔。然子、丑、寅三正雖自古遞用，而夏則建寅，何以謂其不奉正朔而兼舉之。且不奉正朔則第叛己而已，而經言恭行天罰，則可見其素有悖天虐民之實，而己恭行天討，非有私怨矣。道莫大于五倫，然三綱不立，則上無以教，下無以法。怠棄三正則倫道乖舛，合上二者爲無道之大者，故天用勦絕其命。文義本甚明白，無庸曲説。六

[1] 用下原無命字，據《尚書正義》補。
[2] 不，《尚書正義》作弗。

卿，前人援《周禮》而以解夏制，亦非。賞祖、戮社，唐孔氏引《曾子問》：天子巡狩，以遷廟主。行謂征，伐亦然。而蔡傳從之，然云遷廟主則非現在之主，夫子只言巡狩，未及征伐，何以添設？《左氏傳》曰：君以軍行，祓社釁鼓，祝奉以從。蓋既告于社，别爲主而奉之以行。社本無主，祭則設尸以祭，則賞祖戮社，行師之道，本自古已然也。孥戮，《王莽傳》作奴，當從之。蓋罪人不孥，凡聖王皆然，不必啓也。

五子之歌

此篇今文無，古文有。按《史記》亦言太康之弟作《五子之歌》，則其來舊矣。第歌體不類夏時，前人多疑之，而至辯者莫如閻百詩、胡朏明，謂歌必協韻，若《賡歌》三章，章三句，句各韻。《夏諺》六句，句各韻，即《左傳·哀六年》所引曰：惟彼陶唐，帥彼天常云云，亦句各協韻。而此篇歌詞，首二句連韻，餘則二句一韻。第一章韻句尤疏，疑爲僞作。然古韻與今韻不同，毛西河謂五子述祖訓以爲歌，原可無韻，况其韻鏗然，首章用古押法，餘聲類法也。其言甚爲有見。愚按：曼聲長嘯曰歌，明良喜起《擊壤之歌》，語亦何嘗古奥。况五子所述者祖訓，訓有成言，不盡皆叶韻，而曼聲歌之，以致其怨嗟之情，冀幸君之一悟，未可以後世韻語例之也。且其義正大，忠厚温柔之意宛然，故當存焉。

太康尸位，以逸豫滅厥德，黎民咸貳。乃盤游無度，畋于有洛之表，十旬弗反。有窮后羿因民弗忍，距于河。厥弟五人御其母以從，徯于洛之汭。五子咸怨，述大禹之戒以作歌。

太康，啓之子。尸，如祭祀之尸，居其位而無所爲也。豫，樂也。滅德則所以豫者，非其道矣。夏都冀州，在大河之北，洛在河之南。十旬，百日也。窮，國名，今山東濟南府有鬲縣故城是。羿，古之善射者，有窮國君，善射，故以羿名之。民弗忍，不堪命也。御，侍也。徯，待也。怨，憂愁抑鬱也。

此節叙作歌之由來也，太康尸位，平日以逸豫滅德，民既咸貳矣，猶不知悟，乃更盤游無度，遠畋于有洛之表，百日而不反。有窮后羿素有篡竊之志，因民不堪命，遂距太康于河。太康之弟五人，原御其母以從太康，太康失國，五子從母待于洛水之北，咸憂怨而述禹戒以作歌，不言弟而言子，以其述祖訓，故繫父以言之。

其一曰：皇祖有訓：民可近，不可下。民惟邦本，本固邦寧。予視天下，愚夫愚婦一能勝予。一人三失，怨豈在明？不見是圖。予臨兆民，懍乎若朽索之馭六馬。爲人上者，柰何不敬？

其一其二之序，當以長幼之序言。皇，大也。近，親之。下，卑之也。予，禹自謂。愚夫愚婦皆具天理，君失其理，則一愚夫婦能勝之，甚言不可自恃也。三失，言所失眾也。明，彰著也。六馬，天子之車也。愚夫婦皆可勝予，一人之所失甚多，匹夫之觀察最悉。其離怨起于幽微，而畔亂形于天下，故必于其不見者圖之。人君臨民，蓋懔乎若朽索之馭六馬，易敗而難持也，柰何不敬哉？此與下二章皆祖訓之言。

其二曰：訓有之：內作色荒，外作禽荒，甘酒嗜音，峻宇彫牆。有一于此，未或不亡。

孔安國曰：迷亂曰荒。色，女色。禽，禽獸。甘嗜，無厭足。峻，高大。彫，飾畫也。六者皆過度之事。

其三曰：惟彼陶唐，有此冀方。今失厥道，亂其紀綱。乃底滅亡。

陶，陶丘，在今山東兗州府定陶縣。堯嘗居之，後居于唐，故曰陶唐氏。堯、舜、禹皆都冀州，言冀方者，舉中以包外也。大爲綱，小爲紀，堯、舜、禹相承一道，《書》所稱罔遊于逸，罔淫于樂，克勤于邦，克儉于家者，太康皆失之矣。

其四曰：明明我祖，萬邦之君。有典有則，貽厥子孫。關石和鈞，王府則有。荒墜厥緒，覆宗絕祀。

明明，明之至。祖，禹也。經常不易曰典，中正之式曰則。自脩身以迄治平之事皆是。關石和鈞，即器以喻理也。關，通。和，平。言彼此通行而無異，人情兩合而無乖也。百有二十斤爲石，三十斤爲鈞。言禹以典則貽子孫，一切禮樂法度皆準其平，以歸于至善，譬諸關石和鈞。王府則有禮樂典章，載在祖訓，後人荒廢而墜其緒，所以亡也。

其五曰：嗚呼曷歸？予懷之悲。萬姓仇予，予將疇依？鬱陶乎予心，顏厚有忸怩。弗慎厥德，雖悔可追？

曷，何也。曷歸，無地可歸。疇依，無人可依也。民仇太康，而五子引以自言忠厚也。鬱陶，憂鬱重疊之意。顏厚，愧于色。忸怩，愧于心也。弗慎厥德，是所以憂愧之故，誠憂愧而悔之，則尚可追也。蓋有窮距逆，因民弗忍，非天下盡離叛，故五子冀其愧悔慎德，以挽亂亡，此歌之所以作，而前人謂等于小弁之怨，不可已者也。厥後一成一旅而中興，固禹之遺澤未泯，豈非慎德可追之效歟？

附解

《離騷》曰：啓九辯與九歌兮，夏康娛以自縱。不顧難以圖後兮，五子用失乎家衖。蓋《古文尚書》百篇，屈子猶及見之，故其言如此。而此篇後人多疑之，惠氏《古文尚書考》據王符《潛夫論·五德志》所言，及《墨子·非樂篇》所載逸《書》，叙五觀之事，謂五觀即五子。又引《周書·嘗麥篇》云：其在夏之五子，忘伯禹之命，假國無正，用胥興作亂，遂凶厥國。及《汲郡古文》云：帝啓十一年，放王季子五觀于西河。十五年，五觀以西河畔。謂五觀即五子，與《左傳》夏有觀扈，《楚語》啓有五觀相合。疑此篇所言悉爲烏有，不知《汲郡書》荒誕不足信，而五觀即五子，鑿空牽合，尤非核實之道。篇中叙君民一體，述祖訓，致忠愛，藹吉之情，切要之語，即非《夏書》之舊，亦不可没。况援引雜書，求疵於聲韻字句之末，致疑古文，豈非妄乎？《左傳·襄四年》魏絳引《夏訓》有之曰：有窮后羿。所謂訓即此歌所謂皇祖有訓也。《成十六年》單襄公引《書》曰：民可近也，而不可下也。《哀公六年》孔子引維彼陶唐六句，《國語》知伯國引《夏書》有一人三失三句，越王語范蠡有出則禽荒二語，單襄公引《夏書》有關石和鈞二句，此等書皆在先秦以前，而郝敬、歸有光等必斥爲僞，殊不可解。或謂孔子引《書》有帥彼天常句，而此無之，然古人引《書》多增損其文，徐仲山疑爲古文脱簡，亦不必如此拘鑿。閻百詩又謂鬱陶作喜字解，不作憂思解，據《爾雅》斥此篇之僞，然一字每有數義者，即《爾雅》豈足盡之乎？况陶詠陶然則喜意，鬱陶憂思意，象曰：鬱陶思君。言未見而憂，故既見而喜，何嘗專作喜字解乎？又以禹娶塗山之年推測，謂太康不應有母，其深文曲説，必附和吴棫草廬等攻斥古文，可謂徒勞而無當矣。

胤征

胤，國名。《孟子》曰：征者，上伐下也。胤矦奉太康之命，以伐羲和。而以《胤征》名篇者，著胤矦之勳也。按羿因民之怨，距太康于河，未遽篡夏。民怨太康，因而廢之，立其弟仲康。胤矦忠于夏者，仲康命伐羲和。而史叙其事與誓，是羿所以不能終篡之故。夫子存之，亦以備考，惜《夏書》多失，不能詳其事矣。今文無，古文有。

惟仲康肇位四海，胤矦命掌六師。羲和廢厥職，酒荒于厥邑，胤后承王命徂征。

仲康，太康之弟。胤矦，胤國之矦。命掌六師，謂早受命爲大司馬也，胤矦素忠于夏而掌兵權。肇，始也。羲氏、和氏蓋本兄弟，以名爲氏異稱，故堯封國猶同曰羲和，至夏尚存也。廢厥職，所該者廣，酒荒特其一事。

告于衆曰：嗟，予有衆。聖有謨訓，明徵定保。先王克謹天戒，臣人克有常憲，百官修輔，厥后惟明明。

明徵定保，明考謨訓，實驗之事而後可以安定國家，下文詳之。克謹天戒，憲天出治，無事不法天，臣下亦守常法，百官修而輔之，上下皆以寅亮天工爲事，君德所以明而又明也。

每歲孟春，遒人以木鐸徇于路，官師相規，工執藝事以諫，其或不恭，邦有常刑。

承上言克謹天戒之事是謨訓之一也。遒人，宣令之官。木鐸，金口木舌，施政教時振以警眾者。徇，行示也。官，在官者。師，比閭族黨之有德者。工，百工。藝，事。以諫，即其所執之藝以諫。不恭，不規諫者。言先王克謹天戒，故廣開言路，使上下各修其職。

惟時羲和顛覆厥德，沈亂于酒，畔官離次，俶擾天紀，遐棄厥司。乃季秋月朔，辰弗集于房。瞽奏鼓，嗇夫馳，庶人走。羲和尸厥官，罔聞知，昏迷于天象，以干先王之誅。

顛，顛倒。覆，敗也。沈亂，沈湎昏亂。官以職言，次以位言。畔，反其正道，當有之官而不備其職，離失其次序上下之位而互相侵越。俶，始。擾，亂也。羲和之先在堯時，歷象日月星辰，今羲和顛覆厥德不一事，而其世守之業亦不修明。擾亂天紀，非謂其罪止于此也，前人説俱不得其理。日月所會之謂辰。房，房星也。季秋月朔，日月會于大火之次，弗集于房，言其推算日月合朔弦望之失，即此一端證之，非謂日食也。下文瞽奏鼓三句另提，言謹天戒之事，言凡有天變即嗇夫、小臣、庶人。庶人在官皆馳走以救護，不可不敬畏如此。而羲和尸官，罔聞此，又一事也。其昏迷天象，尚不止此，故干先王之誅也。

《政典》曰：先時者殺無赦，不及時者殺無赦。今予以爾有眾，奉將天罰。爾眾士同力王室，尚弼予欽承天子威命。火炎崐岡，玉石俱焚。天吏逸德，烈于猛火。殲厥渠魁，脅從罔治，舊染汙俗，咸與維[1]新。

此下申明紀律以誓師也。先時後時，不遵軍法者也。將，行也，言已奉天罰，眾士皆當同力王室，弼已以敬承天子威命，蓋是時羿懷篡奪之志，曉眾士以同力王室，隱示以匡王恭主之義，不特爲征羲和言也。火炎四句極言兵伐之慘，故今伐羲和，但當戮其渠魁，不治脅從，期于舊染汙俗，咸與維新。蓋既示以君命之嚴，又曉以寬仁之意，讀此可見胤侯之賢矣。崐，山名，產玉。岡，山脊。玉石，喻人之美惡。逸德，過于德，謂尚猛而不尚寬也。殲，誅也。渠魁，大帥。脅從，被脅而從于惡，非本欲爲惡者。染俗，亦謂本非不善而爲所汙染者也。

嗚呼，威克厥愛，允濟。愛克厥威，允罔功。其爾眾士，懋戒哉。

威，嚴明。愛，姑息，歎息而言行師之道，要在以威勝愛，始能有功。今日奉詞

① 維，《尚書正義》作惟。

伐罪，勢不得不出于此。衆士當勉而戒之，既欲其止亂，又戒其過殺，故不容不懋戒也。

附　解

此篇伏生今文所無，閻百詩等遂概疑其僞，而且以歷法推測，謂日食當在仲康十一年閏四月朔，譏季秋月朔之誤。然經文未嘗言日食，第云辰弗集于房，以著其推步失實耳。肇位四海與此句不相連屬，亦非謂仲康即位之初，即有日食事，瞽奏鼓三句。又言謹于天戒，即瞽夫小臣尚能知之，而羲和弗知，其平日昏迷天象可見，非謂其當辰弗集房，不行此禮也。使羲和但不救護日食，即指爲大罪誅之，試思情理何通?《堯典》紀堯治功，詳叙羲和之事而結以永釐百工，庶績咸熙，蓋當時憲天出治，一切功業文章，自此而脩，故夫子獨以則天歸之，至後則踵而行之，人亦習爲常事矣。古無時憲書頒行天下，朝廷法令亦無律例成書。周公雖定官制禮法，而月吉告朔視朔，象魏懸書，鄉大夫以時讀法，尚無一定簡易之制。在虞夏時，朝廷法令，民間興作，一切事宜全賴在上者考驗天象，隨時示民。上之人謹天戒，下之人有常憲，百官政事脩之輔之，人事與天道相準，君臣以亮工爲賢，此羲和之職所以至重，而俶擾天紀，所以往而征之也。若如後世時憲書掌於有司，推步俱有成法，亦何至如此篇所言，其關繫至大，其罪至不可赦邪? 閻百詩等未通古今時勢，又不細繹其詞，徒抉摘字句，攻擊古文，可謂能論世者乎? 又羿方虎視仲康，何以能命胤矦? 既命胤矦，又何以不能去羿? 此義不明，亦多疑竇，蓋胤矦忠于夏，又掌六師，羿一時必不能去之。云肇位四海，命胤矦掌六師，言其時胤矦猶掌六師，以明仲康猶得安其位之故。羲和罪狀暴著，胤矦奉命討之，遂以收天子之權。史臣故録此，以著胤矦之賢，是仲康所以不至于失國也。厥後再傳，或胤矦已老且死，而後羿得遂其篡奪之謀。此篇之義不明，致生無數疑難，不知其讀書不熟也。辰有數義，此當作日月所會解。房亦有二義，此當作房星解。五子之歌言羿因民弗忍距于河，是民不服太康而未忘夏。羿本君有窮，知民心未畔，故亦不敢遂行篡逆。立仲康者，蓋衆民與朝賢如胤矦輩，非羿也。厥後仲康没而相立，羿臣澆殺羿，並殺相篡夏。少康母逃出，得虞氏而中興。太康、仲康、少康似同派而實非兄弟，以禹之明德而再傳即遭權奸。若非二篇古文尚存，即左氏所紀亦無從考證，吾不知攻古文者是何心術也?

書經恒解卷三晚年定本

商書

商，商丘也，契後相土徙居之地。契爲堯司徒，有功封于殷，《詩》曰宅殷土芒芒是也。至相土居商而始大①，湯徙居亳而有天下，國號殷，從契之始封也。亦號商，從相土始盛言之也。或又以殷商並稱，《史記》不察，誤記。後人仍之，非也。《書》凡三十四篇，今存十七篇。

帝告

釐沃

《書序》曰：自契至于成湯八遷，湯始居亳，從先王居。作《帝告》《釐沃》。

湯征

《書序》曰：湯征諸侯，葛伯不祀，湯始征之，作《湯征》。

汝方

汝鳩

《書序》曰：伊尹去亳適夏，既醜有夏，復歸于亳。入自北門，乃遇汝鳩、汝

① 始下一字，底本漫漶不清。《盤庚上》作者註語：至相土居商而大。因補大字。

方。作《汝鳩》《汝方》。《書序》多不可信，而此五篇其説近是，第已無考矣。

湯誓

湯，號也，名履，姓子氏。夏桀無道，諸侯蓋皆已叛之。湯自契以來傳世十三，而八遷其國，蓋歷夏之衰，羿、浞篡廢，天下無主，遂爾播遷流離。夏于湯非能保護封建之者，則湯于夏亦非若後世北面爲臣者也。但聖人至公無我，以夏爲天下共主，故薦伊尹于桀，冀俾維新，桀既不從而生民塗炭已甚。湯始伐之，然猶慮其民，未知救民之意，故誓之焉。今文、古文皆有。

王曰：格爾衆庶，悉聽朕言。非台小子敢行稱亂。有夏多罪，天命殛之。

王曰者，史臣追述之稱。格，至。台，我。稱，舉也。稱亂，謂伐天下之共主。天子奉天以安民，得罪于民則得罪于天，故天殛之。命之云者，當時天下畔桀，民怨其亡，以民心之去，卜天心之殛。稱曰有夏，可知桀非湯之君也。

今爾有衆，汝曰：我后不恤我衆，舍我穡事，而割正夏？予惟聞汝衆言，夏氏有罪。予畏上帝，不敢不正。

穡事，農家收穫之事。割，裁也。亳民安于湯政，不知夏桀虐民之苦，或疑湯師非時，而湯以此解之。當時天下畔，桀多擾害民生之事，若湯不伐桀，民罹凶殘，即非天意，故曰畏上帝也。

今汝其曰：夏罪其如台？夏王率遏衆力，率割夏邑，有衆率怠弗協，曰：時曰曷喪，予及汝皆亡。夏德若茲，今朕必往。

其曰，揣民之意以言。台，民自謂。率，猶一切也。遏衆力，阻民力使不得生養之計。割夏邑，任意殘戕于民。怠弗協，無生人之樂而離畔也。曰，桀民言也。日，喻桀也。

揣民之意，必以爲夏罪無與于我，而不知夏王一切窮民之力，使其不得謀生養，殘暴夏邑，使其不能保身命，有衆皆怠心而離怨矣。桀嘗以日自比，民即目而指之曰：是日何時而喪，予願及汝偕亡，蓋痛疾之至矣。夏之昏德若茲，朕安得棄而不救？

爾尚輔予一人，致天之罰，予其大賚汝。爾無不信，朕不食言。爾不從誓言，予則孥戮汝，罔有攸赦。

賚，與。大賚，厚賞也。食言，言出而反吞之。孥戮，見《甘誓》，蓋誓師之常規，以肅紀律也。桀之暴虐必有助惡之人，如紂飛廉、惡來之輩。湯之民習于王政，不得已而用之，征伐恐其懈也，故嚴以約之，非夏民尚有不服而待力屈之也，蓋聖人敬事之心如此。《孟子》曰：東面而征西夷怨，南面而征北狄怨。乃湯繫民望之實事。

附解

自來疑湯、武之以臣伐君者多矣，非孔子之言則湯武幾不免于篡逆。孔子未嘗言湯武以臣伐君也。《易》曰：湯武革命，順乎天而應乎人。《論語》叙堯、舜、禹、湯、武同一執中。而後人因齊宣王之言，不考當日情事，遂生疑竇，非也。齊宣之言是戰國時策士横議之談，齊宣習聞之而以爲疑。孟子欲警齊王以仁暴大義，斷之而未暇詳申其説，今證明之。商自契始封，至湯凡十四世，計湯孫相土正當太康之時。羿、浞迭起，國無共主，相土修德自强，東方諸侯咸歸之，故《詩》曰：相土烈烈，海外有截。蓋西北爲羿、奡所據，相土號令東訖于海。商，商丘，舊云今陝西之商州，非。其十三世中八遷，其國播越流離，夏君未嘗恤之，亦如周之不窋失官，竄于戎狄。公劉、大王遷豳遷岐，皆非當時天子使之徙國立社，是故非素臣屬於夏者也。特聖人之心以天下共主，不忘翼戴，故湯三薦伊尹于桀，與文王服事盡忠同，桀不聽從，恣其殘暴，至民怨之而欲與俱亡。當時必有乘亂擾民，益致困苦者，故湯十一征而汲汲伐夏。文王時，紂惡未至貫盈，故文服事。湯時，則桀已虐矣，故湯征伐。聖人豈有毫髮私意于其閒哉？《史記》載自孔甲以來，諸侯多畔，可見夏世諸侯侵陵背畔，夏王不能自保，安能號令天下？而商之先仁弱，反覆播遷，非如躬承寵命，祚土分茅，爲夏内臣可知。《詩》曰：韋顧既伐，昆吾夏桀。則是湯先伐韋顧，次伐昆吾，伐夏其最後也。《孟子》曰：就湯而説之以伐夏救民。孔子曰：文王三分天下有其二，以服事殷。周之德，其可謂至德。言夏、殷、商、周若敵國然，正以商、周之先皆竄徙流離，僻居一隅。湯則由亳七十里而興，周則爲戎蠻之長，紂命王季爲西伯，亦祇以羈縻西戎，如今長官司。至湯尤未嘗受桀命，而亦未嘗畔桀。其伐韋顧、昆吾，與文王伐崇、伐密，皆討不道，以匡王室。湯、文之忠，一也。至桀、紂天怒人怨，而後伐之，其仁又一也。後儒不知古人情事，孔孟並未言湯、武弑君，而多爲異説，以誣聖人，並誣孔孟，可乎？且唐虞夏商之世，天下諸侯若後世部落酋長，非如後世天下一尊。如舜本虞國，至瞽瞍而微，舜以德化民，民樂歸之，故所居一年成邑，二年成聚，三年成都。若如後世在下鰥夫，到處結黨聚眾以狂，夫誅之矣。商、周本唐、虞封國，後世微弱，又值王政凌夷，展轉遷徙，自竄于戎、狄之閒，能修德行仁，天下歸之，遂以伐暴救民，故與堯、舜禪讓異事而同仁。不然身受夏、商權禄以有其眾，桀紂即無道亦不應稱兵伐之。《孟子》不云乎，行一不義，殺一不辜，而得天下不爲。身爲人臣，值君無道，諫之可也。諫而不從，死之可也。義可不死，去之可也。如使商、周素爲桀、紂之臣，國皆其國，民皆其民，寧棄國而不有，豈假弔伐以興師哉？後世若漢高、明太祖皆由布衣而起，素未受秦、元爵祿，又值秦、元昏暴，故其取天下特正，惜其爲功名計，而非爲蒼生計，是以不得比迹于湯、武。若唐高祖爲隋大臣，已不可與漢、明同論。然煬帝弒父自立，犯天下之大逆，高祖若能明正其罪，别立賢君，自辭榮祿則可。乃公然自立，安得不與篡逆同科。使湯、武非義而孔子稱之，何以爲孔子？此名教之大防，安可弗辨？或曰：湯自言慙德，夫子亦謂武未盡善，何邪？曰湯之自慙，以桀雖無道，已不能匡救之，而致用師以取。又受天下翼戴，覺於心歉，故形于樂。夫子止就樂言，以明聖人之心，非論揖讓征誅之優劣，何得誤認？愚于《論語》謂武章已詳，兹不贅。

夏社

疑至

臣扈

典寶

右四篇書逸，詳見《書序》卷中，兹不贅。

仲虺之誥

仲虺，奚仲之後，湯左相，或曰即萊朱也。《史記》：湯既伐夏，天下諸侯推戴爲天子，不得已而從之以安民，然其心歉然，若有慙德。仲虺乃作此以告天下，故曰誥也。今文無，古文有。

成湯放桀于南巢，惟有慙德。曰：予恐來世以台爲口實。

商人以湯安民有成功，號之曰成，而史臣追書之。南巢，今江南廬州府巢縣東北有居巢故城。唐孔氏曰：桀奔南巢，湯縱而不迫，故稱放是也。湯之伐桀，雖應天順人，而承堯、舜、禹禪讓之後，于心有歉。史臣窺其意而書之，以惟有慙德不如此而自以爲安，則非聖人矣。崔氏述乃謂湯無慙德，此書僞云，何耶？口實，藉口指實。

仲虺乃作誥，曰：嗚呼，惟天生民有欲，無主乃亂，惟天生聰明時乂。有夏昏德，民墜塗炭，天乃錫王勇智，表正萬邦，纘禹舊服。兹率厥典，奉若天命。

誥，告于眾。仲虺非謂湯不必慙，恐天下以爲果有慙，而又慮後世竊湯之似以稱亂也，故作此誥。乃之云者，明此誥之不容已也。將言而先歎息，仲虺亦同湯不得已之心也。欲，氣質之欲。塗，泥。炭，火也。勇，果于爲。智，燭于理。表，立木爲標準。表正，以湯爲表而正天下，禹之道皆堯舜之道，即天道也。天錫智勇，以正萬邦而存大道，豈私于湯哉。兹，此也。典，天討惡之常理，言天慮民之亂而立君。夏拂天意以虐民，故天錫王勇智以爲法于天下，而繼禹之舊，今兹所行，乃率天之常經，而奉順天命非有一毫私意于其閒也。

夏王有罪，矯誣上天，以布命于下。帝用不臧，式商受命，用爽厥師。簡賢附勢，實[①]繁有徒。肇我邦于有夏，若苗之有莠，若粟之有秕。小大戰戰，罔不懼于非辜。矧予之德，言足聽聞。

矯，詐。誣，罔。臧[②]，善。式，用。爽，明也。簡，畧。繁，多。肇，始也。戰戰，恐懼貌。予，仲虺代湯自謂。言，進諫之言。

申上文有夏昏德之實，言夏王有逆天之罪，自知民心不服矣，乃詐稱天命，以布命于下，若所謂吾有天下如天之有日類。帝見其無悔罪之意，而反矯誣以爲虐，用以商受命而昭明眾庶焉。當桀之世，簡賢附勢，助桀爲虐者甚多，雖天肇造我邦，而自夏視之，則若苗有莠，若粟有秕，必思翦除，蓋其甘于爲惡，且忌人之爲善。于時天下臣庶無小無大皆戰戰，恐懼于非辜之刑，蓋善人惕息矣。況我商薄德，即有忠言，豈足爲桀聽聞乎？蓋湯曾薦伊尹于桀，冀以感悟挽救，至于再四而桀不用，且囚辱湯，是湯之道已盡，而言之不足爲所聽聞明矣。舊解欠通。

惟王不邇聲色，不殖貨利。德懋懋官，功懋懋賞。用人惟己，改過不吝。克寬克仁，彰信兆民。乃葛伯仇餉，初征自葛，東征西夷怨，南征北狄怨，曰：奚獨後予？攸徂之民，室家相慶，曰：徯予后，后來其蘇。民之戴商，厥惟舊哉。

邇，近。殖，繁聚。懋，茂也。惟己，人善如己善。寬謂能容，仁謂慈愛。信，誠也。葛，國名，今河南歸德府寧陵縣西有葛鄉，是伯爵也。仇餉事見《孟子》。初征，當時諸侯因桀不綱，虐民者眾，湯征之而自葛始。攸，所。徂，往。徯，待。后，謂湯。蘇，再生也。

申上文表正之實，言湯不紛心于聲色貨利，惟以修德行政爲務，凡懋于德者即懋之以官，懋于功者即懋之以賞，用人之善一如己善，或有過失，改而不吝，克寬克仁，以彰誠信于民，是誠有可表正萬邦之德者矣。乃有葛伯仇餉黍之童子，湯初往征之。當時湯未嘗有服人之念也，而東征西夷怨，南征北狄怨，曰奚獨後予？惟恐其不

---

① 實，《尚書正義》作寔。
② 臧，底本作藏。

至。凡所往之處，其民室家相慶，曰徯我后，后來其蘇，則可見民之戴商已非一日矣。

佑賢輔德[1]，顯忠遂良，兼弱攻昧，取亂侮亡，推亡固存，邦乃其昌。

六句，古人之言而仲虺述之也。佑，助也。顯，彰其名。遂，行其志。兼，并其國。攻，伐其人。弱則不能有爲而下將自亂。昧者迷于正道而民不聊生。兼之攻之皆所以安民，非侵奪也。亂亡皆謂其自致亂亡之事者，取侮易慢之意。推亡固存，亡兼弱昧亂亡者言，存兼賢德忠良言，推之固之，順天理而行耳，非吞并之説。

又引古言以實之，賢德忠良，在所當恤。弱昧亂亡，在所當除。推亡固存。以善惡爲賞罰，順天之理，斯能承天之心，而邦可昌也。

德日新，萬邦惟懷。志自滿，九族乃離。王懋昭大德，建中于民，以義制事，以禮制心，垂裕後昆。予聞曰：能自得師者王，謂人莫己若者亡。好問則裕，自用則小。

首四句承上起下之詞。建中，立中道于天下，所謂皇建其有極也。合宜曰義，節文曰禮。事易紛，以義制之則得乎中。心易雜，以禮制之則歸于正。後昆，後世子孫。能自得師，見賢思齊，見不賢内省。謂人莫己若，驕侈極矣。

承上而言人君德日新而不已，則萬邦惟懷。志自滿而不進，則九族乃離。王懋昭大德，建中于民，以義制事，以禮制心，凡所作爲皆可垂裕後昆。予聞曰：能自得師者王，謂人莫己若者亡。好問則受益而裕，自用則淺狹而小。王之德至矣，而猶日新而不已，其有天下不亦宜乎？

嗚呼，慎厥終，惟其始。殖有禮，覆昏暴。欽崇天道，永保天命。

歎息而告天下臣民，使共勉于至治也。有禮，謂湯。昏暴，謂桀。言慎終之道，惟在于始，王若有絲毫利天下之心，則豈特慙德而已乎？今者夏桀奔亡，天下自然歸湯，皆天之意。以湯有禮，故殖之。桀昏暴，故覆之也。天下人誠知天非有私于湯，湯本無心于天下，而敬崇天道，體天之心爲心，以湯之德爲德，則可以永保天命于無窮矣。蓋天下臣民皆感湯之化，而未必體湯之德也。仲虺以欽崇天道，永保天命，勖臣民即謂以之勖湯可也。

附　解

此篇因今文所無，多疑其僞，而崔氏述至謂其掇拾經傳之文，而參以己意，淺弱排比，與誥體不相似，亦未知其文義而妄相訾病者也。夫曰誥則是誥臣民之詞，非誥湯之詞，先儒誤解，致來崔氏之議。今詳就本文詁之，而

① 德，底本作能，此據《尚書正義》改。

讀者可以識其意矣。湯之慙德乃史臣揣而書之，然其欲然抱歉，自是理所必有。兵，凶器，聖王不得已而用之，雖以仁伐暴，意主救民，豈容侈然自足？則自引爲慙，必不可少者也。仲虺非諂臣媚子，豈曲爲解説，謂其可以不必慙哉。天下臣民苦桀之暴，推戴乎湯，而或猶有不知湯之實者，故仲虺作此以誥之。其言夏之拂天曰昏德，湯之承天曰大德，明乎德者天所與，湯有是德，乃宜有是位。而引兼弱攻昧數言，則所以明湯所征伐皆無德而自取滅亡者也。德日新節，所以明日新其德，不自滿足之學也。慎終惟始，又勉天下諸侯各自濯厲，欽崇天道，反復明天人之一理，而征伐之事非可已而必爲，既使天下知湯之心，而又使湯聞之，亦以順天安民爲慰。此記者所以先叙惟有慙德數句，而後記誥文。自解者不得本文之義，而妄者又以爲僞，於是湯之慙德若遂果慙，而仲虺曲爲解慙，亦類於諂臣媚子矣，可無慨哉。

湯誥

蔡氏曰：湯放桀，歸亳，諸侯來朝，湯作誥以與天下更始是也。今文無，古文有。《史記》載《湯誥》與此不類，閻百詩以彼爲是，此爲非。然詳其文義，不如此書之長，蓋史遷述經傳往往以己意增損文義，故多與本文不類，未可執以相訾也。

王歸自克夏，至于亳，誕告萬方。

漢孔氏曰：誕，大也。亳，地名，今河南偃師縣，謂之西亳。其河南歸德府商丘縣東南古穀熟縣亦湯所都，謂之南亳。湯未伐桀，居南亳，後遷西亳。

王曰：嗟，爾萬方有衆，明聽予一人誥。惟皇上帝降衷于下民。若有恒性，克綏厥猷惟后。

皇，大。衷，中也。上天至中無二之理曰中，不曰中而曰衷者，天以至中之理降于民，爲民心情之宰，故曰衷。民順承天理以有恒性，體天理以爲民則著爲禮樂刑政，惟君能然。克，能也。綏，安也。

夏王滅德作威，以敷虐于爾萬方百姓。爾萬方百姓罹其凶害，弗忍荼毒，並告無辜于上下神祇。天道福善禍淫，降災于夏，以彰厥罪。

罹，被。荼毒，荼菜味苦，故假以言人毒苦。毒，螫蟲蛇虺之毒。弗忍，猶不堪也。天之仁愛者斯民也，民怨而訴于天，天故降災于夏以警之，而桀不悟天道一善而已，善與天合，淫則悖天，天降之災，故天下怨畔，而當時災異更多可知。

肆台小子將天命明威，不敢赦。敢用玄牡，敢昭告于上天神后，請罪有夏，聿求元聖，與之戮力，以與爾有衆請命。

肆，故也。蔡氏卞曰：告萬方則稱予一人，對上帝而言則稱台小子。不敢赦者，知天愛民，必不使一人凌暴天下也。玄牡，夏尚黑，湯固未嘗遽欲革夏也。請罪有夏，謙言問夏以荼毒萬方之由，蓋湯初意惟欲桀改行自新而已。元，大也。元聖，伊尹也。戮力，謂撫安百姓之事。請命，請上帝之命，不敢以天意在己，而以天下人怨桀之意告于天。卜天從違，其必龜筮協從，上帝默爲許之而後伐夏也。

上天孚佑下民，罪人黜伏。天命弗僭，賁若草木，兆民允殖。俾予一人輯寧爾邦家，茲朕未知獲戾于上下，慄慄危懼，若將隕于深淵。

孚，誠信。黜伏，謂桀自奔南巢也。僭，差。賁，文貌。允，信。殖，遂其生也。輯，和。戾，罪。隕，墜也。

承上言天誠佑下民，夏桀自爲逃竄。上天福善禍淫之命，果無差錯，而民之維新者，賁然若草木之榮滋，兆民信能自殖矣。天以予一人請命之故，俾遂爲爾民主輯寧爾邦家，然朕自返本無善狀，茲雖受天之命，未知獲戾于上下者安在？常慄慄危懼若將隕于深淵，蓋湯不以天下爲榮，而以上不合天心，下未答民願爲懼，此可見聖人之實也。

凡我造邦，無從匪彝，無即慆淫，各守爾典，以承天休。爾有善，朕弗敢蔽。罪當朕躬，弗敢自赦，惟簡在上帝之心。其爾萬方有罪，在予一人；予一人有罪，無以爾萬方。

造邦，新革夏政而爲治也。彝，法。即，就。慆，慢。典，常。簡，閱也。

此下乃誥戒諸侯，使無爲非法之事，無耽淫樂之情，各守典常，以承天休，有善不敢不彰，有罪不敢自恕，惟體天心，以爲簡閱，其萬方有罪則責在己身，己身有罪無與于人。蓋聖人不敢以己德爲足，而兢兢返求期于無罪，以承天意如此也。

嗚呼，尚克時忱，乃亦有終。

歎息而言，以堅其信。尚，庶幾。時忱，時存忱悃，以答天心。陳氏櫟曰：曰尚曰乃，亦皆不敢必之詞，蓋兢兢不敢忽之意，不特謂自當如此，亦欲萬方諸侯皆勉于此也。

附　解

堯、舜、禹相戒允執厥中，而《孟子》曰湯執中，其聖功至德即此篇可見。閻百詩等乃以爲僞作，豈非不明其詞義而妄相訾嗷乎？夫中者，天地之奥，而人受此以生。未生以前，渾然粹然之理在此。既生以後，七情分而物欲甚，受中之本然失其舊矣。故聖人教人致中以全天性，雖中之理散著於萬事萬理，而中之原則在人身，致其中而靜存天理，動協乎宜，内外交修，莫非所以養其天命之本體，故曰中也者，天下之大本也。先儒不知中之實際，但以見於事爲之，無過不及者爲中，而中之本體未全，即防閑省察能精義入神者鮮矣。湯言降衷于民，若有恒性，性即天理，而中即性之府也。渾然在中者，無可名象而穆穆也，淵淵浩浩也，如天之無聲無臭而一元，理氣彌綸布濩於六合内外，此聖人之中所以與天地一，萬變不窮者也。執中祇是固守勿失，非堅執用力之謂。先儒誤解，便覺聖人於危微之介，刻刻防閑，終身幾無暇晷，而聖人何以爲從容中道耶？此篇湯言下民皆有恒性而溯其源，因所得者深，故言之有本，不曰降中而曰降衷，衷者，人心之主，以此理爲心中之心，若《孟子》所謂仁人心也之意，言下民皆有天理，必君爲之養教，使皆全此受中之正，而桀不能然，是以己不得不體天心爲下民主，其言請命于天必有至誠，卜筮默通帝謂之事，非如後人希求非分，妄託於天命也。聖人之心如青天白日，無一毫蒙翳。學者未有聖人之學則不得聖人之心，不知其心，又安知其言？夫天之所愛者民也，民之所以異於禽獸者，天理也。人君代天出治，任意妄爲，使人皆喪其所以爲人之理，天必慟之，聖心同天，又安得而不悲憫之？此湯之伐夏，所以云不敢赦也。此等處不明則毫釐有千里之謬，愼之，愼之。至其引咎自責，願天下無從匪彝，無即慆淫，覆載同仁之量宛見，柰何弗察而妄議哉？請罪有夏，與爾有衆，請命其義不同，而前人囫圇不清，則聖人之心遂隱。夫五就湯，五就桀，《孟子》已嘗言之，非妄語也。湯初進尹于桀，固冀其可以悔悟而改。尹以湯之心爲心，故屢就桀而不辭，既而痛下民之無辜，故創征誅而不諱。七十里之亳可以保民，則本吾道以安之而已，乃東西南北皆徯后來，林茂淵深，魚鳥爭赴，湯豈意及此哉？向使夏桀聞風而悚懼，中道而改絃，湯雖爲臣妾可矣。無如縱欲難迴，天下皆叛，湯雖至仁，烏能禁止？觀篇中罪己之意，事天愛民之誠，非聖人必不能爲此言，而後人疑其僞，亦可謂不辨蒼黄者矣。

咎單作《明居》篇亡

伊訓

訓，尊者告誡卑者之名。伊尹，臣也，何得云訓？蓋尹位居師保，又述祖烈，太甲後命使臣錄之，而命名曰訓，以誌尹功也。今文無，古文有。

惟元祀十有二月乙丑，伊尹祠于先王，奉嗣王祗見厥祖。侯甸羣后咸在，百官總己以聽冢宰。伊尹乃明言烈祖之成德，以訓于王。

夏曰歲，取歲星行一次意。商曰祀，取祭四時一終意。周曰年，取禾一熟。或曰三正，又名三統，又名三微。蔡仲默曰：元祀，太甲即位之元年。十二月者，商以建丑爲正。乙丑，日也。不繫以朔者，非朔日也。商、周以子、丑月朝賀頒政，如今年節然，其授時紀事仍從夏令。伊，姓。尹，名。《孫子》云：名摯。不足信也。祠，告祭。先王，湯也。伊尹祠者，太甲居仲壬之喪，尹以冢宰代祭也。以即位告于先王，因朝見羣臣，而百官之事則命尹攝之。古諒闇之禮皆如此。冢，長也。冢宰，百官之長。烈，功。湯有定天下之功，爲商太祖，故以烈祖稱之。成德，即下文肇修人紀等事。蔡仲默曰：仲壬，太甲叔父，太甲嗣叔父而王，爲之服三年之喪。爲之後者，爲之子也。不言太甲祠而言伊尹祠，喪三年不祭也。先王祇言厥祖，雖徧見先王而尤致意于湯，亦猶周公金縢之册，雖徧告三王而獨眷眷于文王也。湯既已祔于廟，則是此書初不廢外丙、仲壬之事，但此書本爲伊尹稱湯以訓太甲，故不及外丙、仲壬之事是也。

曰：嗚呼，古有夏先后，方懋厥德，罔有天災。山川鬼神，亦莫不寧，暨鳥獸魚鼈咸若。于其子孫弗率，皇天降災，假手于我有命，造攻自鳴條，朕哉自亳。

周以殷爲監，商以夏爲監，蓋以見聞最切也。先后①，禹、啓、少康之類。天子，天地人神萬物之主，故懋厥德而莫不寧與咸若。鳴條岡在今山西平陽府安邑縣北三十里，接夏縣界。造攻，桀造可攻之釁，猶言始禍也。哉，《孟子》引作載，始也。桀無道，天下畔之，多乘亂擾民。伊尹相湯，湯修德于亳都，定亂自亳先，自正己而後正人也。朕，尹自謂。

惟我商王，布昭聖武，代虐以寬，兆民允懷。

布昭，敷著也。聖武，聖德之至，民悦而畏之。桀虐民而湯之寬仁布于天下，故兆民信而懷之，奉爲天子也。

今王嗣厥德，罔不在初。立愛惟親，立敬惟長，始于家邦，終于四海。

不曰嗣位而曰嗣德者，位由德致，嗣先王之位當嗣其德也。初，初政。立愛，立敬盡愛，敬於己而立民之表也。孝弟者，仁義之天，良民所共見。親親則仁之本。敬長，義之本也。由家而邦而天下一，仁義貫之而已。伊尹特以此發太甲之良而勖其立極，可謂要言不煩矣。

嗚呼，先王肇修人紀，從諫弗咈，先民時若。居上克明，爲下克忠。與人不求備，檢身若不及，以至于有萬邦，兹維艱哉。

嗚呼，歎息而言其難以動太甲之聽也。人紀，三綱五常。咈，逆。先民，前世。

① 后，底本作後，據經文改。

聖賢明晰善惡之狀，忠盡匡弼之誠，不求備，與人恕也。若不及，克己嚴也。

承上言愛敬之道基于親長，而即可以齊家治國平天下，故我先王本仁本義，肇修人紀，惟恐一念之不純，勇于從諫，謹于法古。爲上則有洞察之明，爲下則有服事之忠，與人以恕，律己維嚴，是以人心悦而天意從，以至于有萬邦也，豈易易哉。

敷求哲人，俾輔于爾後嗣，

敷，廣也。湯廣求賢哲以襄至治，非爲己子孫計也。伊尹爲太甲言，欲其嗣德，故言俾輔爾後嗣，欲其任用老成，無改舊章耳。而閻百詩據此以爲僞作，誣矣。

制官刑，儆于有位。曰：敢有恒舞于宫、酣歌于室，時謂巫風。敢有殉于貨色、恒于遊畋，時謂淫風。敢有侮聖言、逆忠直、遠耆德、比頑童，時謂亂風，惟兹三風十愆，卿士有一于身，家必喪；邦君有一于身，國必亡。臣下不匡，其刑墨，具訓于蒙士。

官刑，在官者之法。歌舞非絕不可也，恒則無度，酣則無禮。巫風，若巫覡然。殉，貪求無厭，若以身殉也。淫風，肆欲過度。比，昵也。亂風，悖好惡之正理，上之所爲，民視效也，故以風言。三風其綱，十愆其目。墨，鑿其額，涅以墨。唐孔氏曰：五刑之輕者。蒙士，童蒙之士。

言湯既修德任賢以垂則，又制爲在官者之刑，以儆有位，且使蒙士誦習，以端始基。其言卿士邦君有一必至喪亡，則天子可知矣。臣下不匡，其刑墨，則己之不得不盡其規諫，亦可知具訓于蒙士，則太甲之當慎始，又何待言。

嗚呼，嗣王祗厥身，念哉。聖謨洋洋，嘉言孔彰。惟上帝不常，作善，降之百祥。作不善，降之百殃。爾惟德罔小，萬邦惟慶；爾惟不德罔大，墜厥宗。

祗，敬也。敬厥身，則凡嗣德之事莫不由焉，而三風十愆自能免矣。聖謨，湯之訓。嘉言，臣民之善言也。不常，祥殃無定，惟以善不善爲權衡而已，罔小罔大，敬肆之分起于一念，而遂及于天下萬物，故集慶與墜宗異也。

附　解

伊尹受湯顧命，當丙、壬短祚，太甲幼沖，此篇之訓自不容已。而前人以今文所無，多疑其僞。一曰十二月乙丑不合改月之説也，一曰不紀外丙、仲壬，《孟子》且可疑也。至俾輔後嗣，謂湯自私其後，非聖人至公之心。仲尼議鑄刑書，湯不應已制官刑。紛紛曲説，閻百詩爲甚。十二月乙丑及丙、壬之事，蔡仲默之辨已詳。俾輔後嗣，愚于正解已悉。制官刑不過以此戒臣工，非列爲刑書如後世律例也。羲皇卦噬嗑，堯舜放四凶，謂臣下不當肅以官刑，可乎？百詩又謂伊尹對太甲稱字而不名，非人臣禮，以斷此書及下篇之僞，然伊尹名摯，孔孟不言，出于《孫子》，蓋不足信。至《吕氏春秋》但有向摯，而無伊摯。孔氏誤引，以伊陟、伊奮例之，尹當即名無疑也。湯崩，太丁未立而卒，外丙立二年卒，仲壬立四年而卒，太丁子太甲即位，《孟子》之言甚明。程伊川泥邵康節《皇極經世》，謂外丙方二歲，仲壬方四歲。朱子已不信之，勿論可也。

肆命篇亡

徂后篇亡

太甲上

史臣録伊尹告戒節次及太甲往復之辭，三篇本相屬成文，因簡册不能容，故析而爲三，無他意也。今文無，古文有。

惟嗣王不惠于阿衡，伊尹作書曰：先王顧諟天之明命，以承上下神祇、社稷宗廟罔不祇肅。天監厥德，用集大命，撫綏萬方。惟尹躬克左右厥辟，宅師，肆嗣王丕承基緒。

惠，順也。阿衡，湯所以號伊尹也，衡取權衡義。阿保，尊之之辭。顧，常目在之也。諟，古是字。明命者，上天之理而賦于人至明者也。人之理即天之理，故顧諟以凝天命。上下神祇皆奉天理而分司造化者。宅師，體湯撫綏之意而安民衆也。尹非自叙其功，蓋欲嗣王聽己之言，因謂己亦遵湯之德而左右之也。

惟尹躬先見于西邑夏，自周有終，相亦惟終；其後嗣王罔克有終，相亦罔終。嗣王戒哉，祇爾厥辟，辟不辟，忝厥祖。

先見，猶言曩見也。西邑夏，夏都安邑，在亳之西，因湯之立國，原非夏内臣，故尹目之曰西邑夏也。周當作君，金仁山曰：古文君寫爲商，與周字相似，故誤是也。言夏先王能慎德而有終，其輔相者亦能有終，其後嗣王不克有終，相亦罔終，蓋深明君臣一體之義，見己之不容，已于告誡也。祇厥辟，敬所以爲君之道。

王惟庸罔念聞，

此句史臣之言。庸，常也。太甲以尹言爲泛常不念，而若罔聞也。

伊尹乃言曰：先王昧爽丕顯，坐以待旦。旁求俊彦，啓迪後人，無越厥命以自覆。

昧爽，黎明也。丕，大。顯，明也。言湯于昧爽之時，澡雪其清明之德，坐以待旦而行之。吕東萊謂存心養性，湛然清静，不啻日之東升。而金仁山以爲即顧諟之功是也。旁求，廣求。彥，美士也。言湯孜孜爲善如此，而又廣求俊乂以開導子孫，使無顚越天命，以取危亡。蓋是時湯所遺留之賢臣尚在，而太甲不信任，故尹屢言之，從古人君敗德，未有不因狎昵小人而致者也。

愼乃儉德，惟懷永圖。若虞機張，往省括于度，則釋。欽厥止，率乃祖攸行，惟朕以懌，萬世有辭。

儉德，敬愼自束也。太甲蓋奢縱不檢，圖目前之晏安，故尹指其病而藥之。虞，虞人。機，弩牙。括，矢末。度，射之凖則。省，察。釋，發矢也。欽厥止，常存敬靜也。懌，悦慰。萬世有辭，言己有辭以告，湯死且不朽也。

太甲顚覆湯之典型，蓋由奢肆，故告以愼乃儉德，存長久之慮，若虞人之射弩，機既張必往察其括之合度與否，然後發之，則發無不中。成湯留遺之法可謂詳矣，惟治心無功，是以縱欲無度，宜敬其所止，使此心常得虛明，而凡修己治人，皆率乃祖之攸行，則我心快慰，而有辭以答湯之付託，萬世不朽矣。蓋尹受顧命之重，義不容辭，故其言之誠切如此。

王未克變。

此亦史臣之言，曰未克變，蓋亦動于伊尹之言，特習染而未盡革所爲耳。

伊尹曰：兹乃不義，習與性成，予弗狎于弗順。營于桐宮，密邇先王其訓，無俾世迷。

狎，習也。桐宮，地名，有離宮，蓋去湯墓不遠，故曰密邇先王。其訓，置賢士以訓之也。言太甲所爲不義，習于惡而若性成，己弗能忍而安之，聽其所爲，乃營于桐宮，使太甲居之，密邇先王，感動發奮，並以先王之道朝夕訓之，毋使終身迷惑而不悟也。

王徂桐宮，居憂，克終允德。

徂，往也。居憂，居仲壬之喪，近湯墓而發其怨艾。允，信，謂誠信之德也。此史臣之言。

附　解

阿衡舊説以爲商官名，而崔東壁等遂謂阿衡非伊尹，不知尹相湯，湯倚而任之，號曰阿衡，取其凡事奉爲權衡，阿保則尊之之辭。《無逸》于湯言伊尹，于太甲言保衡，以其爲太甲師保也。崔氏乃謂一人而二名，以此篇爲僞作，何邪？伊尹受湯顧命，位居師保，不容不諄切告誡。太甲亦非至愚，特以年少放浪，不以尹言爲然耳。太甲居仲壬之喪，尹當百官總己以聽之，時因營桐宮，使居憂，置賢士左右之，朝夕訓導，故太甲感悟修德，非但令密邇湯墓，自思己過而已，故曰密邇先王。其訓後人稱爲放者，以其安置之不在國中，而《孟子》亦沿舊説曰放。以其事實具在，不必兢兢於字義辨也。秦火之後，舊籍不存，乃生異説。若使當時伊尹事未有實據，《孟子》必詳辨之，觀割烹飯牛等事，可見桐宫非即湯墓，蓋去湯墓不遠耳。湯墓自漢劉向已云無考，而後人附會之，蓋不足信。閻百詩因此謂此書剽竊陳言，謂以居桐宫爲諒陰三年，顯悖《孟子》，皆妄説也。又《竹書紀年》云：仲壬崩，伊尹放太甲于桐，乃自立也。伊尹即位于太甲七年，太甲潛出自桐殺伊尹，乃立其子伊陟、伊奮，命復其父之田宅而中分之。其怪謬不經已甚，而或乃猶有據以疑此書者，考據而不明理，亦何貴哉。陳氏櫟曰：千古性學開端于若有恒性一言，其次則有習與性成之言，孟子性善之論本恒性而言，孔子性近習遠之論，自習與性成而發其言，亦有所見。然聖人止是得此天理以全爲人之道，故成己成人，無施不可，其言理或沿前人，或由創論，要莫非身心所得可以爲訓，亦不必如此鑿鑿向文字求之矣。予弗狎于不順，蔡傳于文義不順，當從朱子。

太甲中

惟三祀十有二月朔，伊尹以冕服奉嗣王歸于亳。

太甲居憂于桐宫，蓋不久即改行爲善。終喪而伊尹奉迎以歸，冕，兖冕。喪既除，以吉服迎歸，必于朔者，除喪而朝羣臣，當于正朔行之也。

作書曰：民非后，罔克胥匡以生；后非民，罔以辟四方。皇天眷佑有商，俾嗣王克終厥德，實萬世無疆之休。

胥，相。匡，正也。言君民相須，非德無以爲四方，則天眷有商，使嗣王克終厥德，實萬世無疆之休也。林氏曰：克終厥德，伊尹力也，而歸于天者，君子能致人于悔過遷善之地，而不能必其有悔過遷善之心。伊尹嘗五就桀矣，而彼終不改，則太甲之改過，不誠賢乎？故尹稱天以頌之。

王拜手稽首，曰：予小子不明于德，自底不類。欲敗度，縱敗禮，以速戾于厥躬。天作孽，猶可違；自作孽，不可逭。既往背師保之訓，弗克于厥初；尚賴匡救之德，圖惟厥終。

拜手，首至手。稽首，首至地也。太甲致敬師保，特爲此重禮。不類，猶不肖。度以處事，嗜欲無節則敗度。禮以防身，縱肆不檢則敗禮。速，召之急。戾，罪。孽，災。逭，逃也。既往，已往。太甲悔過，而望伊尹匡救，以圖厥終，其意誠切如此，非萬世之則歟？

伊尹拜手稽首，曰：修厥身，允德協于下，惟明后。

允，誠信也。伊尹拜稽以禮太甲，而言圖終之道無他，惟修身而常保誠信之德，以協于臣民，則明君也。蓋太甲率德改行，已知修身之道者，故尹以允德勖之，而詞不費。

先王子惠困窮，民服厥命，罔有不悅。並其有邦，厥鄰乃曰：徯我后，后來無罰。

能修身則出治之本立矣。又舉成湯仁民之事，以勉其協于下。困窮之人若子惠而愛之，則仁之至矣。故民服其命，無不懽悅，並其鄰邦之民皆望湯以爲君，后來無罰即所謂后來其蘇也。

王懋乃德，視乃烈祖，無時豫怠。奉先思孝，接下思恭。視遠惟明，聽德惟聰。朕承王之休無斁。

言王懋德，當法烈祖而無一時之豫怠。思孝、思恭皆以德爲本，而嚴畏于祖先臣民也。聰明者，視聽之則然，必察理遠到始爲明，聽德精詳始爲聰，蓋非修德懋德，亦無以端視聽之源也。無斁，猶無窮。

附　解

太甲居桐，處仁遷義，以聽伊尹之訓己，蓋其天資高明，其始特少年狎慢，及尹訓導有方，翻然改悟，如日月之食而更也。改過之速，非待三年始然，但聽于冢宰三年，乃禮之正，故終喪，尹乃以冕服奉歸。月朔即政，君喜于臣之匡救，臣幸其君之克終，不義性成，轉爲明良佳會。惟尹之聖，能格君心之非。惟太甲之賢，能遷善改過。其事其文，均無可疑者，而閻百詩等必謂爲僞作，何哉？且其謂太甲不當稽首于伊尹。《記》曰：君之所不臣于其臣者二，當其爲師則弗臣也。《孟子》曰：天子不召師。聖帝明王莫不尊師重道，所以能輔成其聖德，尹爲元臣，受顧命，位師保，太甲何不可以稽首哉？玩經文，太甲喜于聞過，惟恐尹之不言而拜稽以求言，尹喜于克終，不敢自居其功，而拜稽以遜謝，義無可疑者，柰何以末俗鄙見妄肆訾議也。

太甲下

伊尹申誥于王曰：嗚呼，惟天無親，克敬惟親。民罔常懷，懷于有仁。鬼神無常享，享于克誠。天位艱哉。

太甲親政之後，伊尹陳諫，史臣以其爲一時之言，故與上篇類記而曰申誥也。諫戒之詞，美之云誥，與《湯誥》《洛誥》之體異。天者，理之原。民者，天所恤。鬼神秉天理以佑民，敬則戒慎必至，仁則體恤必周，誠則寅畏必切，各以其所重言之，實一理也。言天與民神皆無私愛私與，惟視敬仁，誠以爲歸，天位誠不易也。艱哉，咏歎以致責難之意。

德惟治，否德亂。與治同道，罔不興。與亂同事，罔不亡。終始慎厥與，惟明明后。

蔡氏曰：德者，合敬仁誠之稱是也。德與不德，治亂所關，凡古人治亂興亡，莫不由此，後之襲其治亂者同，則其興亡亦同。治主于理，故言道。亂見于行，故但言事也。慎厥與，由一念以及于萬事，皆與治同道也。明明后，至明之君也。蔡氏曰：始而與治，固可以興。終而與亂，則亡亦至。慎其所與，終始如一，惟明明之君爲然是也。

先王惟時懋敬厥德，克配上帝。今王嗣有令緒，尚監兹哉。

慎德與，非德不能，故以先王之懋德申言之。懋敬厥德，以其全體大用而言，上文敬天、仁民、誠神皆在其中。懋敬，勉于敬而不息，終始惟一之義，亦即在內欲王以爲法也。

若升高，必自下。若陟遐，必自邇。無輕民事，惟難。無安厥位，惟危。慎終于始。有言逆于汝心，必求諸道。有言遜于汝志，必求諸非道。

湯之懋敬厥德，全體大用悉具，太甲初遷善，尚未能然，故復勖其謹小慎微，克己從諫，蓋懋敬厥德，固有本原，而正恐忽于淺近，即易敗德。民事惟難，君位惟危，思其難，儆其危。慎終于始，始謂即政臨民之初也，言逆心者難受，遜志者易從，而必以道爲斷，則治心之功嚴矣。

嗚呼，弗慮胡獲？弗爲胡成？一人元良，萬邦以貞。

胡，何。元，大。良，善。貞，正也。慮善以動而後無失，自强不息而後功成。一人者，萬邦之表，純乎善則萬邦正矣。

君罔以辯言亂舊政，臣罔以寵利居成功。邦其永孚于休。

辯言，巧言違道。舊政，湯之政也。寵利，恩寵榮之。太甲蓋有明敏之才者，故其改過甚勇，而其始恃才巧辯，不惠阿衡，亦由乎此。今既處仁遷義矣，尹猶恐其舊習或存，故戒以辯言亂政，而又言爲臣之道，毋以寵利自居成功，則隱示以王既克終己之道盡而心慰，將退休矣。永孚于休，君臣交孚以保休矣。

附　解

《孟子》稱湯得堯舜之傳，而以伊尹、萊朱爲見而知之。萊朱即仲虺，古人無異詞。虺之稱湯也，曰：懋昭大德，建中于民，以義制事，以禮制心。尹之稱湯也，曰：懋敬厥德，檢身若不及，顧諟天之明命。是二臣有道之實証也。而梅鷟、閻百詩等必以《仲虺之誥》及《太甲》三篇爲僞作，抑思其詞義之粹非淺學所能辨乎？按《史記》：太甲居桐宫三年，悔過，自責，反善，于是伊尹迺迎太甲而授之政。太甲修德，諸侯咸歸殷，百姓以寧。伊尹嘉之，迺作《太甲訓》三篇，褒帝云云。以太甲親政爲在六年後，非授政之云，亦失伊尹本事，且非臣子所安也。此三篇史臣叙太甲居桐遷善本末，以交美其君臣，何得尹自作訓以褒帝？蓋史遷疏淺，于聖賢事蹟往往不察其實，而以己意增省文義，致啓疑竇。乃閻百詩等反據之以疑此書，不知其詞之悖也。今試取此三篇而詳味之，其情事與《孟子》既合，而文復粹美，學者不以義理爲衡，而索瘢妄議，奚其可乎？

咸有一德

伊尹致仕而陳君臣宜一德之義，史錄其詞，取篇中咸有一德字以名篇，以通篇詞義主于勉君臣一德，非頌伊尹，亦非伊特作此篇，自詡其一德也。今文無，古文有。

伊尹既復政厥辟，將告歸，乃陳戒于德。

太甲親政，伊尹將告老而歸私邑，乃陳德以申戒之，如下文所云。此史臣本序不曰陳一德，而曰陳戒于德，蓋尹恐太甲不常厥德，而戒之其曰一德，即常久而不二耳。按伊尹相湯，比至沃丁時卒，尹壽百有餘歲，此告歸時年應已在耄耋。

曰：嗚呼，天難諶，命靡常。常厥德，保厥位。厥德匪常，九有以亡。

諶，信也。九有，九州。言天道難恃以爲信，其命靡常，歸于有德則保其位，否則必亡。甚言天之至常者惟德，而人當體之也。

夏王弗克庸德，慢神虐民。皇天弗保，監于萬方，啓迪有命，眷求一德，俾作神主。惟尹躬暨湯咸有一德，克享天心，受天明[①]命，以有九有之師，爰革夏正。

引桀與湯之已事以證之。庸，常。監，視。啓迪，開導。一德，常其德而不貳不息之名。神主，君爲民神之主，言神主則民主可知。自言及湯咸有一德，非夸也。蓋明誠一之德爲治民之本，使太甲自修，並以此取人也。享，漢孔氏曰：當也。九有，九州。師，衆。正，正朔也。

非天私我有商，惟天佑于一德。非商求于下民，惟民歸于一德。

申明一德，貫乎天人，以起下文。天之理至誠無二，人得之以爲德，亦能純一無

① 明，底本作民，此據《尚書正義》改。

二，則天心可通而民同歸之。

德惟一，動罔不吉。德二三，動罔不凶。惟吉凶不僭，在人。惟天降災祥，在德。

此乃申明一德之義，德惟一則天理純矣。由是而動于百爲，皆天之理，故吉。二三則雜于欲矣，悖乎天理，故凶。僭，差也。吉凶之理無有差忒，在人之自爲。天降災祥無常，視其德爲賞罰。伊尹深明天人一氣之理，以起下文也。

今嗣王新服厥命，惟新厥德。終始惟一，時乃日新。

言王新踐阼而有惟新之德，固足美矣。然必終始惟一，無或稍息，是乃日新于無窮。湯之《盤銘》曰：苟日新，日日新，又日新。尹以日新之德望太甲，其斯爲法祖，致治之本歟？

任官惟賢才，左右惟其人。臣爲上爲德，爲下爲民。其難其慎，惟和惟一。

爲上爲下之爲去聲。

官，通大小庶官而言。賢，有德者。才，有能者。左右，親近之臣也。爲上爲德，忠于上惟在成君之德。爲下爲民，親于下惟以愛民爲心。其難其慎，謹于方用之始。惟和惟一，敬于既用之後。承上言能日新其德，尤必謹于用人。凡任官惟以賢材爲主，而左右近習之臣亦必得人。所以然者何也？人臣忠于爲上者，必時時以輔成君德。爲心切于爲下者，必事事以愛民爲念。苟不慎于用人，君德何以賴哉？故必其難其慎，審之于用之之始。惟和惟一，交孚于既用之後，則君臣一德而致治不難。此又申明君臣當一德之義。

德無常師，主善爲師。善無常主，協于克一。俾萬姓咸曰：大哉，王言。又曰：一哉，王心。克綏先王之禄，永底烝民之生。

德者何，天理而已。天理無不善，故當以取善爲師。凡一言一行之善者，皆可師也。善亦何可勝紀，惟有其至一者，以權衡之而善，乃兼收取天下之善以爲己善，而協于克一。虞舜執兩用中，不過如此。尹以此勖君，其義深矣。凡有所言皆即乎天理，人心之安，使萬姓咸大其言，且即其言可以見其心，斯能安，受先王之天禄而永定民之生。

嗚呼，七世之廟，可以觀德。萬夫之長，可以觀政。后非民罔使，民非后罔事。無自廣以狹人，匹夫匹婦不獲自盡，民主罔與成厥功。

廟制自適士一廟至天子七廟而止，德厚則其廟制較隆。七世之廟則德至崇矣，故可以觀德。萬夫之長，其才可以整齊萬夫者。自盡，得以其情盡于上也。歎息而言七世之廟，可以觀德之崇卑。萬夫之長，可以觀政之得失。天子爲天下主，必使德可遺後而政足服民。君非民無以使，民非后亦無以事，其分雖殊，其誼則戚。爲民上者，必重視斯民，無自大而小人。苟匹夫匹婦有一人不得自盡于上，則民主罔與成厥功，此一德之所以不容緩，而取善之所以不容隘也。

附　解

此篇多疑之者，以尹自言暨湯咸有一德，嫌于夸大，不近理也。然考尹是時，年已耄耋，先朝重臣，位居師保，且太甲已敬信乎尹，將告歸而自述輔相先王致治之由，亦非爲過。史臣先提明將告歸，所以明此篇爲臨别丁寧傳心之要典也。抑所謂一德者，誠一不二耳。咸有一德言湯，然己亦不敢不然，是明己效法成湯，所以克享天心，非謂己與湯聖德同也。誤解而妄訾議，可乎？是時太甲處仁遷義，服尹之訓，想其于一德功夫，久已從事，故尹反復提撕，惟此爲重，不言德何以一，以其已知不待言也。夫天下古今之理萬端，而其要則歸于一，是一者何？天之理而人之性，萬事萬物之原。古聖王經緯天地，彌綸萬有，皆本一德以施措之，而其幾則至微。誠、敬、靜三字，無閒于須臾，由下學而上達，然後可以漸詣其極。自堯舜以來，精一執中之學，湯承其緒，尹實有之。太甲之始不惠于阿衡，不惠此而已，繼而處仁遷義，處此遷此而已。尹于歸老之際，陳此訓言，不嫌自命，誠以太甲已知聖學，非尋常勢分者流，猶待避嫌遜辭也。萬事不外一理，天理該乎萬變，烏有終始一德而尚慮無以興道致治者乎？史臣特取咸有一德四字名篇，所以明尹之功與君臣合德之義，其詞或節尹所言以成篇，或尹本有此篇之文，如後世奏議，皆不可知。要其發明一德，足以見湯、尹承堯、舜、禹之道，陋儒何得妄議耶？蔡仲默《集傳》曰：精粹無雜者，一也。終始無閒者，一也。該括萬善者，一也。一者，通古今，達上下，萬化之原，萬事之幹，語其理則無二，語其運則無息，語其體則并包而無遺。蓋有以知一之大凡矣，而第綴其説于篇末，謂伊尹言外之旨，則殊不合本文之義，而解七世之廟四句，尤屬牽强，今特正之。

沃丁

咸乂四篇

伊陟原命

仲丁

河亶甲

祖乙

右六篇皆亡。《序》云：沃丁既葬伊尹于亳，咎單遂訓伊尹事，作《沃丁》。伊陟贊巫咸，作《咸乂》四篇。大戊贊于伊陟，作《伊陟》《原命》。仲丁遷囂，作《仲丁》。河亶甲居相，作《河亶甲》。祖乙圮于耿，作《祖乙》。然《太甲》三篇，史叙太甲事。盤庚三篇，叙盤庚遷都事。故以《太甲》《盤庚》名篇。咎單訓伊尹事，而何以《沃丁》名篇耶？《仲丁》《河亶甲》《祖乙》，則或者叙其遷居事耳？《伊陟》《原命》，孔傳以爲原臣名，《原命》《伊陟》三篇亦未有以見其實。然桑穀生于朝一事，《尚書大傳》以爲武丁、祖己之事，《韓詩外傳》以爲成湯、伊尹之事，但云穀生而不言桑。《説苑》則于大戊、武丁兩載之。惟《史記》與《序》以爲太戊事，崔述曰：成湯聖敬日躋，遂有天下，豈待爲天子後，然後懼而修德。《尚書》稱武丁亮陰，三年不言，其惟不言，言乃雍，則亦非因災而後自警者。惟太戊，《尚書》稱其嚴恭寅畏，治民祗懼，則《史記》以此事爲太戊者近是。其言實獲我心也。

盤庚上

盤庚，陽甲之弟。按契本居殷，至相土居商而大，故湯有天下，國號商，或號殷，從契之始封也。據《史記》，祖乙至陽甲凡五世，陽甲之時，殷衰，時殷居河北。河決，盤庚立欲渡河南，復居成湯之故居，殷民不願徙，盤庚乃告諭臣民。史錄其詞，分爲三篇。今文、古文皆有，此篇則其誥誡羣臣者也。

盤庚遷于殷，民不適有居，率籲衆慼出矢言。

殷，地名，在河南偃師縣。適，往。率籲，相率呼籲。衆慼，衆憂怨不願遷徙之人。矢言，誓言。按《史記》，自仲丁以來，殷政衰亂，民多不率，故盤庚即位，欲徙都自强，而世族莠民桀驁不從，率羣不逞之人爲怨言，以相煽動，誓不願遷，如下文即其矢言也。

曰：我王來，既爰宅于兹，重我民，無盡劉。不能胥匡以生，卜稽，句**其如台。**

我王，謂祖乙。劉，殺也。卜稽，考之于卜。台，民自謂也。

我先王祖乙遷都來耿，既定宅于此矣，其平日重愛我民，無使盡劉，亦惟設法防避河患，相匡救以生。今不能胥匡以生，而欲遷都，不特非人心所願也。我嘗卜以稽之其龜兆，亦曰其如我之所見，毋妄動而可。

先王有服，恪謹天命，兹猶不常寧。不常厥邑，于今五邦。今不承于古，罔知天之斷命，矧曰其克從先王之烈。若顛木之有由蘖，天其永我命于兹新邑，紹復先王之大業，底綏四方。

先王二字上當有盤庚曰字，蓋傳寫遺闕。

此節即下所云敷于民之詞。服，事也。五邦，謂五遷其邦，蓋湯始居商，繼居亳，仲丁遷囂，河亶甲遷相，祖乙遷耿也。承于古，謂法先王遷都。斷，絕也。斷命，天命已盡於舊都，故河決。顛，仆也。木再萌芽謂之由蘗，槁木之餘也。兹新邑，謂殷先王契與湯也。

言先王有事，恪謹天命，不敢自用，然猶不得安寧，不能常其都邑，自湯以來，于今已五邦矣。我今復遷，亦法先王，今不承于古，不知河患不止，是天命已絕眷顧于斯矣。不知天命尚安能紹先王之烈，以今國勢而論，若木既顛，僅有由蘗，天意欲我紹復先王之大業，重新國都，永我命于兹新邑，復先王舊居，我順天心，豈妄爲乎？

盤庚斆于民，由乃在位，以常舊服，正法度，曰：無或敢伏小人之攸箴。

伏，隱伏，謂陰黨于民。攸，所也。箴，規也。小人規己之言，如上卜稽等語。

王命眾，悉至于庭。王若曰：格汝眾，予告汝訓汝猷，句黜乃心，無傲從康。

眾，臣眾。猷，謀。康，安也。

盤庚既正法度，乃召臣眾悉至于庭而告之，言汝等謀猷宜黜汝私心，審理而行，無得傲上不恭，從汝所安也。

古我先王，亦惟圖任舊人共政。王播告之修，不匿厥旨，王用丕欽，罔有逸言，民用丕變。今汝聒聒，起信險膚，予弗知乃所訟。

舊人，世家舊臣。播，告。詔，命也。修，修明。匿，藏。指，意指。逸，過也。聒聒，多言。起信，取信。險膚，險僞膚淺。訟，訟言。

言古我先王亦惟任舊人以共政，爾時舊人能忠于爲國，王播告之修，則能承流宣化，不隱匿其指意。先王用是大生敬重，其平居議論，無有過言，民用大變薄俗。今汝聒聒妄言，使民信汝險僞膚淺之言，予不知汝所以訟言者，果何意也？蓋直斥其險詐之意而責之。

非予自荒兹德，惟汝含德，不惕予一人。予若觀火，予亦拙謀，作乃逸。

荒德，指今日責羣臣而言。含德，掩晦上意，與不匿厥指正相反。惕，畏懼。拙謀，不先嚴禁。作，成也。逸，放肆意。

承上言先王之舊人如彼，今我之舊人如此，今予面責于汝，非予自荒兹德，不事包容，惟汝曖昧含德，不畏予一人，而包藏險心，予于汝含德之意，固已洞若觀火矣。前此予以汝爲舊臣，姑息相就，不繩以法，致汝放逸不恭，是亦予之拙謀，成汝之過也，今安可復然哉？

若網在綱，有條而不紊。若農服田力穡，乃亦有秋。

紊，亂也。四句承上起下，言君令臣從，若網舉目張，乃易圖功，先勞後逸，若農服田力穡，乃可有秋，而今之督率遷徙，不容已矣。

汝克黜乃心，施實德于民，至于婚友，丕乃敢大言，汝有積德。

此破其自私之見也。婚，姻婚。友，僚友。當時聒聒者，内懷自便之私，阻擾遷都，托爲勞民之説，以市恩于民，上文所謂險膚者也。故開導之，言汝能去汝私心，爲民圖久安之計，乃爲能施實德，至于婚友，亦可久安樂土，汝乃敢大言汝有積德，謂今日阻擾遷都，爲利民計乎？蓋羣臣以苟安爲利，不知久遠之計，故破其市恩惑民之見。

乃不畏戎毒于遠邇，惰農自安，不昬作勞，不服田畝，越其罔有黍稷。

戎，大。毒，害。昬，強也。言汝乃不懼大害于遠邇，苟且懷安如惰[1]農然，不勉強作勞，不事田畝，則必無有黍稷之可望，今不遷都則河患不止，戎毒不免。

汝不和吉言于百姓，惟汝自生毒。乃敗禍姦宄，以自災于厥身。乃既先惡于民，乃奉其恫，汝悔身何及。相時憸民，猶胥顧于箴言，其發有逸口，矧予制乃短長之命。汝曷弗告朕而胥動以浮言？恐沈于眾，若火之燎于原，不可嚮邇，其猶可撲滅？則惟爾眾自作弗靖，非予有咎。

此乃斥其罪而責之。和，和同。吉言，善言。百姓，百官。敗禍，猶禍敗。姦宄，刑也。言自取敗禍以罹于姦宄之刑。先惡于民，以惡爲民先也。當時百官知大計者蓋多欲遷，而世族及莠民不願，故言其不和吉言于百姓，先惡于民也。奉，承。恫，痛。相，視。時，是。憸民，小民。逸口，猶口過。恐沈，恐嚇民使受沈溺之患也。

言今日之事，百姓固有爲久遠之吉言者，汝不和以共濟，是汝自生毒害，甘爲敗禍，以罹姦宄，自災于厥身，汝既以惡爲斯民先矣。身受首惡之誅，自受痛苦，汝悔亦何及。試觀憸利小民，無甚知識，猶相顧于箴言，恐其發口而有過言之失。况予能制汝死生之命，汝有不釋于心，汝何不明以告朕，而乃相動以浮言，且以遷都之勞恐嚇于眾，使之沈溺浮言，一動譬若火燎于原，不可嚮邇，其尚可撲滅乎？此皆汝眾自不安分，以取罪戾，非予有咎也。

遲任有言曰：人惟求舊，器非求舊，惟新。古我先王，暨乃祖乃父，胥及逸勤，予敢動用非罰？世選爾勞，予不掩爾善。兹予大享于先王，爾祖其從與享之。作福作災，予亦不敢動用非德。

此又勸慰之使自新也。遲任，古賢人，林氏以爲即周任也。胥及逸勤，相與同勞逸。非罰，不當罰而罰。世，非一世。勞，勞于王家。大享，祀成湯也。從與享，功臣配食于廟也。災，禍也。非德，不賞而罰。

遲任有言，人惟求舊，非若器之貴新爾。爲國之世臣，古我先王暨乃祖乃父，同其勞逸，予敢動用非理之罰以加汝乎？爾之先人，世有勤勞。我之先王，世簡在心。

① 惰，底本作隋，據正文改。

爾誠有善，予不敢掩，如爾先人善在當時，慶留今日。兹予大享于先王，爾祖亦以功而配享，則今日作福作災，惟爾自爲，如爾自新，予亦不敢動用非德之刑也。

予告汝于難，若射之有志。汝無侮老成人，無弱孤有幼，各長于厥居，勉出乃力，聽予一人之作猷。

難，去聲。

此告以虚己從善，襄己之謀也。難，辨詰。志，志于彀。蘇東坡曰：有、又通，猶言孤與幼也。

承上言汝今以善繼爾先人，將何如哉？今日遷都之事，言者紛紛，予[1]告汝以辨難之法，若射之有志，先定其彀，無論何人，惟其言之善則從之。有老成者，汝無以其年邁而侮之。有孤與幼者，汝無以其微賤而弱之。各謀長遠之居，勉出乃力，聽予一人之謀可也。

無有遠邇，用罪伐厥死，用德彰厥善。邦之臧，惟汝衆；邦之不臧，惟予一人有佚罰。

此告以體己罰惡賞善之意，上文所謂聽予一人作猷者也。伐，誅也。伐厥死，誅其罪之當死者。佚罰，失其罰。蓋功歸衆臣，過歸一己也。

承上言勉力聽予作猷者，何哉？爾爲吾舊人，分司賞罰之柄，無有遠邇。爾如用刑罰以罪人，必審其當死者而伐之，用禄賞以德人，必審其有善者而彰之。邦之臧，惟汝衆之功。邦之不臧，是予一人賞罰不得其平，予惟自省而已。

凡爾衆，其惟致告：自今至于後日，各恭爾事，齊乃位，度乃口，罰及爾身，弗可悔。

總結上文之意。致告，蔡傳曰：使各相告戒是也。孫氏覺曰：恭爾事則無傲上，齊乃位則無從康，度乃口則無浮言是也。時氏瀾曰：盤庚本無刑人之意，恐人見其勤懇，遂以爲不能用刑，故露其意。

附　解

《史記》謂陽甲之時，殷衰。自仲丁以來，殷九世亂，諸侯莫朝。陽甲崩，弟盤庚立，渡河南，復居成湯之故居。殷民咨胥相怨，不欲徙。盤庚乃告諭諸侯云云。其所謂諸弟子或爭相代立者，非也。殷制兄死弟及，次傳弟之子。其謂殷衰及盤庚事，則得之，蓋自祖乙後，殷寖微弱，盤庚即位，臣民猶狃于故習，不從號令，胥動浮言。盤庚不遽加以刑罰，而反復開導先正法度以整齊之，次即事理以曲譬之，然後惕以賞罰，用心可謂厚矣。當時舊

① 予，底本作于，據正文改。

家世臣尤爲頑梗，故此篇委曲嚴厲兼而有之。舊解于各節承接語意多不明，今悉正之。至先儒謂盤庚改商爲殷，《綱目前編》因之，于陽甲以前皆書曰商王，于盤庚以後皆書曰殷王，于盤庚之元祀，書曰遷都于殷，國號曰殷。不知堯封契，本居殷，故《詩》曰：宅殷土芒芒。因相土居商而始大，故湯有天下，國號商，而殷則其始封也。盤庚遷殷，乃復還舊都，故曰：紹復先王之大業。因殷在前，故《詩》《書》言殷商，不言商殷。其或稱殷，或稱商，參差不一，蓋殷與商可以連稱，亦可互稱也。商者，湯之國號，而殷者，商邑名，後世所謂建都之地，其稱爲殷商，猶其稱爲京周。崔氏述亦嘗辨之。至盤庚所以必遷殷者，自是詳審情勢，非此不可立國，而臣民襲常蹈故，徒知遷都工費不易，不知河決已甚，民受其殃，國亦不安也。聖王尚德不尚險，而刑勝所在，建都正位，以固苞桑，亦安可不講哉？惟殷衰已久，臣民故多不馴，盤庚不遽加罰而詳晰曉示，故爲聖王之度也。

盤庚中

此篇誥民之詞，蓋安土重遷，本民之常。又爲世族浮言所惑，彌肆咨怨。盤庚既整齊百官，又諭導斯民，周詳懇款，可謂仁義兼盡矣。

盤庚作，惟涉河以民遷。乃話民之弗率，誕告用亶。其有衆咸造，勿褻在王庭，盤庚乃登進厥民。

作，起也。言其不順浮言，決意爲之，自河北而涉河南，將以民遷，乃告民之不率教者，大爲告令，皆以誠信行之。民知盤庚英明，非從前陽甲舊君等比。其有衆皆至，恭聽遷都之命，勿有敢褻慢于王庭者。盤庚于是登進厥民，使就己而告之。民卑，天子就訓之，故曰登進也。

曰：明聽朕言，無荒失朕命。

明聽，聽之詳明。荒失，忽忘不遵行也。

嗚呼，古我前后，罔不惟民之承保，后胥慼鮮，以不浮于天時。

承，受也，順民意得民力之謂。胥慼，同憂。浮，過也。先時而謀其患，如勝過天時，喻今日早避河患。古我先王，無不敬民而承其意者，民亦保固其君，與君同憂，鮮有不明天時者。此起下節之言。

殷降大虐，先王不懷厥攸作，視民利用遷。汝曷弗念我古后之聞？承汝俾汝，惟喜康共，非汝有咎比于罰。

承上浮天時而言，殷先王亦嘗罹河患，知天降大虐，先王不敢懷戀舊都，而別遷其所，興作視民所利而遷，汝其亦聞之矣。今曷不念其所聞而順天時，我所行或順汝，或以意使汝，有何成心？惟喜平安與共。今日勞民遷都，乃不得已，非汝有咎比于罰汝也。古后，猶先王。承，順。俾，使也。

予若籲懷兹新邑，亦惟汝故，以丕從厥志。

若，順。籲，呼。新邑，謂殷。因天降大虐，知天不佑我舊都矣，故順天意而籲呼思此新邑。厥志，謂民心所同然也。

承上康共之意，言予今順理呼籲上天眷懷于兹新邑，亦惟汝故，大從斯民去危救安之志也。

今予將試以汝遷，安定厥邦。汝不憂朕心之攸困，乃咸大不宣乃心，欽念以忱，動予一人，爾惟自鞠自苦，若乘舟，汝弗濟，臭厥載。爾忱不屬，惟胥以沈。不其或稽，自怒曷瘳？

試，用也。蓋以天心人事審量之而後遷，己亦不敢必遷即吉也。攸困，憂心困鬱。忱、誠通。鞠，窮也。

承上言今予上承天意，將試以汝遷，安定厥邦，然憂念百端，汝不憂朕心所以困，言乃不宣布腹心，敬念天心，以誠動予，而以怨言阻擾，是汝自取罪苦，譬若乘舟不及時而濟，必臭敗所載，爾今不以忱信我，惟相與沈溺，及危殆而後怨怒，不早稽之于理，雖怨怒何可愈乎？

汝不謀長以思乃災，汝誕勸憂。今其有今罔後，汝何生在上？今予命汝一，無起穢以自臭，恐人倚乃身，迂乃心。予迓續乃命于天，予豈汝威，用奉畜汝眾。

長，長久。乃，汝也。災，害，謂河患也。誕，大也。勸憂，如以憂自勸。《孟子》所謂安其危而利其災也。有今罔後，有今日無後日，言不久也。上，君上。何生在上，民恃君以生，無知而罹災，何取乎？恃上以生也。一，一心聽上。臭，生于穢。起穢自臭，猶言爲惡自斃也。倚，偏倚不安。迂，邪曲不正。迓續，天意安民而迎之，民命將絕而繼之。畜，養也。

承上曷瘳而言，汝不謀長久之計，以思災害，反聽浮言而阻擾，是汝大勸憂矣。豈知今若不遷，有今即無後日，汝不知而自災，予知之而亦不汝救，汝何恃在上以生也。故今予命汝一乃心志，從我之爲，無起穢惡，以自臭敗。汝若起穢，恐人乘機而陷汝身以偏倚，導爾心以迂曲。予今迎天安民之意，而續乃命于天，予豈威脅汝乎？用奉養汝眾耳，爾何愚哉。

予念我先神后之勞爾先。予丕克羞爾，用懷爾然。失于政，陳于兹，高后丕乃崇降罪疾，曰：曷虐朕民？

神后，先王也，没而神之故曰神。羞，養也。懷，抱藏之意。陳，久也。高后，湯也。崇，重也。

予念我先王，勞爾先人，予念勳舊，故大養於爾，惟恐或傷于爾，如懷抱爾然。今若失于政事，不知避害安民，久于兹地，高后必大降重罪疾于我，曰：何故虐我之民也。此言己不遷都，先王必降以罪疾。

汝萬民乃不生生，暨予一人猷同心，先后丕降與汝罪疾，曰：曷不暨朕幼孫有比？故有爽德，自上其罰汝，汝罔能迪。

生生，生養不窮之意。猷，謀。幼孫，盤庚自謂。比，同心也。爽德，失德，謂不忠于上也。迪，順吉意。

汝萬民乃不樂生，與予一人同心，則先后必大降汝罪疾，曰：何不與朕幼孫同心？蓋先后冀我上下同德，以保久安，其式憑如此，故汝苟有爽德，則爾先人有靈，自上其罰汝，汝未能有迪吉者。

古我先后既勞乃祖乃父，汝共作我畜民，汝有戕則在乃心。我先后綏乃祖乃父，乃祖乃父乃斷棄汝，不救乃死。

戕，害也。綏，慰安之意。

承上言我先王既勞汝祖父，汝共爲我畜養之民矣。汝若有害理之意，雖在汝心，我先后已早知之，必先慰安爾祖父，謂子孫不肖，無與先人。汝祖父怒汝不率，乃斷棄汝，不以爲子孫，不救汝死矣。此上二節言民若不從遷，其先人亦必罪之。

兹予有亂政同位，具乃貝玉。乃祖乃父丕乃告我高后曰：作丕刑于朕孫。迪高后丕乃崇降弗祥。

亂政，亂政之人。具，蔡氏曰：多取而兼有之。陽甲時衰亂，小人在位多貪殘，盤庚以爲河患由人事起，不敢斥言陽甲，而言亂政之人也。刑，害也。迪，啓也。弗祥，謂河患。

今兹予蓋有亂政之臣，同在于位，不以恤民爲事，惟知貪財，具乃貝玉。故乃祖乃父告高后曰：作大害于我孫，啓我高后丕乃重降不祥之事與我，蓋我高后與乃祖父君臣一德，既没而其靈如生，冀我與爾上下同心，爾有不忠，固降爾罪，我有不仁，亦降我災，其凛然可畏如此也。時氏瀾曰：敬畏祖父者，人之良心也。盤庚提其祖父而言之，敬畏之心豈不油然是也。

嗚呼，今予告汝：不易，永敬大恤，無胥絶[①]遠。汝分猷念以相從，各設中于乃心。

不易，難也，言己反復而後告。大恤，大憂，謂河患永敬勿忽視。胥絶遠，民不與上同心，則絶遠而不聯屬。分猷念，分君之所謀所慮。中，中正也。

① 絶，底本作厥，此據《尚書正義》改。

歎息而言，今予告汝非易，河水爲災，乃大可憂恤之事。汝尚視爲泛常乎？其必永敬大恤，相與同心，以圖安定，無相絕遠而不聯屬。我今日所謀所念，皆爲汝計，汝其分猷念以相從，各以中正存心，勿萌偏私之意。

乃有不吉不迪，顛越不恭，暫遇姦宄，我乃劓殄滅之，無遺育，無俾易種于茲新邑。

吉，善。迪，道也。顛越，顛倒越理。遇，合也。暫與姦宄合者，亦必罪之，無使爲禍於新邑。蓋盤庚承衰敝之後，明正刑賞，故能更新也。遺，畱。易，移也。

承上言汝能設中，乃心與我分猷念以相從，乃有不善不道，顛越不恭之人，及暫遇人而姦宄者，我必嚴加誅罰，小則劓，大則殄滅，毋使移其種于茲新邑也。蓋民畏遷，以道途易生姦宄耳，故以此曉之。

往哉生生。今予將試以汝遷，永建乃家。

往，往新邑。生生，保世不窮。試，用也。前云安定厥邦，此云永建乃家，見邦家均受其利。

附　解

據《史記》：盤庚初立，殷衰已久，綱紀不立，在位貪鄙，民亦不馴，既不知修省，又苟且偷安，坐受河患，憚于遷徙。盤庚以常舊服正法度，其必明正刑賞，罪不吉不迪臣民，以肅綱紀，而又委曲開導其餘，所以有此三篇也。開端既言先王與民一體，己心亦然，斷不敢違民願以自私。然後痛言不遷之害，今之遷都，所以迎天心而續民命。末以先王與其祖父鑒觀之靈，動其良心，肫肫焉，蓋惟恐民之不釋然，其忠厚懇摯，可謂至矣。或疑盤庚言先王與羣臣祖父，若眞有物，在其上降災降罰，與之周旋從事日用之閒者，謂大概言。理之所在，質諸鬼神而無疑。殷俗尚鬼，故以其深信者導之，非眞有物，不知天地人神同此一理，故同此一氣相通。况人君代天養民，念念惟恐負民，即可以合天心，即爲臣者，生爲明良臣，死亦靈爽如在，固理之常。盤庚以先王之心爲心，民亦以其祖父之志爲志，上下一心，天人協應，冥冥之中，不若有挾持而左右之者乎？後世惟視天爲窈冥，以祖父已死爲烏有，是以任心背理，不復知仁人何以享帝，孝子何以享親。盤庚賢君，達于幽明始終，故言之愷切如此，而第以悚惕斯民，猶末也。篇中意義，舊多欠穩，今悉正之，讀者其詳味焉。

盤庚下

此篇既遷之後，通誥臣民之詞。

盤庚既遷，奠厥攸居，乃正厥位，綏爰有衆，曰：無戲怠，懋建大命。

奠，定。攸[①]居，民所居止。位，朝市廟社之屬。綏，安。爰，于也。安慰而告之。大命，天命。懋建大命，勉力振興，以承上天再造之命也。

今予其敷心腹腎腸，歷告爾百姓于朕志。罔罪爾衆，爾無共怒，協比讒言予一人。

敷心腹腎腸，極言傾誠之意。臣民初不欲遷，盤庚嘗斥責之，今既維新，故言己不罪其已往，爾無共怒，協比讒言，以罪予一人。當時盤庚罪顛越不恭者，雖警懼必猶有私相誹謗者，故又曉之如此。

古我先王將多于前功，適于山。用降我凶德嘉績于朕邦。今我民用蕩析離居，罔有定極，爾謂朕曷震動萬民以遷？肆上帝將復我高祖之德，亂越我家。朕及篤敬，恭承民命，用永地于新邑。肆予沖人，非廢厥謀，弔由靈。各非敢違卜，用宏兹賁。

先王，湯也。多，美也，勝也。前功，前人之功，湯居亳而興功，多於前人。山，亳地依山也。凶德，猶言凶災。降以河患，所以啓其遷亳，故曰德也。嘉績，美功。亂，治也。篤敬，臣工之忠勤者。民命，天安民之意如有命詔也。沖，童也。厥謀，衆人不欲遷之謀。弔，至，《詩》曰：神之弔矣。靈，靈龜。各非敢違，謂己與篤敬之臣。盤庚將遷而卜吉，以爲上帝高祖之靈示之也。賁，大也，謂遷都大業。歸遷都之意于先王上帝，言今日之事非偶然也。古我先王成湯，居亳而興，將增勝于前功，欲我適于亳，依山之地，用降我凶德，啓嘉績于朕邦，故今我民遭水之患，用蕩析離居，無有定處，爾謂朕何故震動，萬民以遷，豈知乃上帝將復我高祖之德，治及我家。朕及篤敬之臣，恭承民命，用永地于新邑，故予沖人非自用而廢爾衆人之謀，上帝高祖弔降吉兆，由龜卜之靈以示我。我與篤敬之臣各不敢違卜，用適兹都，以宏此大業耳。

嗚呼，邦伯、師長、百執事之人，尚皆隱哉，予其懋簡相爾，念敬我衆。朕不肩好貨，敢恭生生，鞠人謀人之保居，叙欽。

邦伯，諸侯。師長，州閭族黨之長。隱，幽憂也。懋簡相爾，大簡賢才以輔。念敬，念而敬之。肩，任也。恭生生，敬承上天生生之理。敢，謙詞也。鞠，養也。叙欽，叙政理而以敬行之。

---

① 攸，底本作安，據正文改。

歎息而言，予明示爾衆，爾邦伯師長百執事之人，念豈其尚存隱憂之心哉。爾毋隱憂，予其勉簡賢才以相助爾，當念敬我衆，勤于撫綏。朕不任用好貨之人，惟恭體上天生生之意，以養人爲志，謀人安居之事，凡朝政敘而勅之以敬，自勖期與爾長保其安。

今我既羞告爾于朕志若否，罔有弗欽。

羞，進也，謂進臣民而告之。若，順。否，不順也。總結上文，言今我既進爾衆，而告以朕志矣。汝于圖治之事，或順我與否，不妨亦以志告我，無有不敬從者。此又導以忠告，言己非任私見也。

無總于貨寶，生生自庸，式敷民德，永肩一心。

無、毋同。總，聚。庸，功。式，敬也。一心，誠一之心。上篇所謂設中乃心。

此又戒羣臣言毋聚貨寶，以生養百姓爲功，敬布爲民之德，永任一心而不變，則可以久安長治也。

附　解

遷都不特營治宫廟，一切費鉅，且臣民廬舍田業位置，大不易焉。盤庚奠居正位，不知費幾許，經營新造之國，修德行政，以鞠人謀人之保居爲志，其賢可想。自言敘欽，凡一切制度各就序行之，持以敬心，所謂敷心腹腎腸者也，豈但曰傾誠告誡乎？末又以若否導臣民忠諫，其虛懷何如？結以式敷民德，永肩一心，欲臣下與己同志，仁民之心曷極？前反復諄告，民既悟而遷矣，猶恐其未釋然，復推本上帝先王之意以堅厥志，並明言念敬之懷，勖臣工以憂恤民隱，無總貨寶，蓋始終皆一片仁慈誠切之念，宜民之帖然，而殷遂以中興也。蘇東坡乃謂盤庚德衰，信于民者未至，故紛紛如此。不大誣前人乎？後世厲民自用者，苟且遷都，多致喪亡，由無此一片仁心，亦無此經濟，不得藉口于盤庚，若董卓、曹操藉遷都以盜國柄，其奸逆心事，犬彘弗如，又不足道矣。前人之解多滯，今順其文義大勢而疏通之，明者當不以爲鑿也。弔由靈，從王爾緝之説。

説命上

高宗，盤庚弟小乙之子，名武丁，功高故號曰高宗。説，臣名，築于傅巖，高宗舉以爲相，因號曰傅説。史敘其遇合相告語之詞，爲書三篇，總名之曰《説命》者，以臣之得盡言于君，由君之能命其臣也。今文無，古文有，此第一篇，記得説命相之詞也。

王宅憂，亮陰三祀，既免喪，其惟弗言。羣臣咸諫于王曰：嗚呼，知之曰明哲，明哲實作則。天子惟君萬邦，百官承式，王言惟作命，不言，臣下罔攸稟令[①]。

亮陰、諒陰通，鄭氏以爲天子居喪之廬。古者君薨，百官總己聽于冢宰三年。亮陰不言，禮之常。高宗免喪而猶弗言，故羣臣以爲過而諫也。有先知之德者爲明哲，明哲宜爲法于天下，蓋高宗之賢臣下早共信之，而疑其不言，無以命令，則其感帝心而夢良弼，非同幻妄矣。

王庸作書以誥曰：以台正于四方，台恐德弗類，玆故弗言。恭默思道，夢帝賚予良弼，其代予言。乃審厥象，俾以形旁求于天下。説築傅巖之野，惟肖。

庸，用。類，似也。恭默思道，齊莊中正，以一其心，沈静淵永，以究其理，是所以誠于己而通于天之故也。賚，與。良弼，賢臣。高宗以明哲之才，不敢自恃，臨政之初，恐不肖于前人，而慎重不言，恭默以思，其爲民之心切至，故帝鑒之，而夢寐之閒，若或有見，亦理之常也。審其象以旁求，冀或遇之，豈欲必遇。而説築于傅巖，適與之肖，則天人相孚之理，不可誣矣。文王夢非熊，孔子夢周公，皆其求賢濟世之誠，積久而通，惟聖人志氣昭明，天人合一，乃可不爽，否則毫髮之私，神明垢蔽，夢遂爲幻妄邪怪之境，若叔孫豹夢豎牛，梁武帝夢天下牧守以地來獻，淫貪之報，假以爲緣，不可不慎也。傅巖，在今山西平陽府平陸縣東北二十五里，名隱賢社，沙澗水所經，俗謂之聖人窟。

爰立作相，王置諸其左右。

《史記》：高宗得説，與之語，果聖人，舉以爲相。此不言，省文也。相，輔相。左右，親之也。

命之曰：朝夕納誨，以輔台德。若金，用汝作礪；若濟巨川，用汝作舟楫；若歲大旱，用汝作霖雨。

王氏炎曰：不曰諫而曰誨者，屈己以求教也。朝夕，則無時而不然。高宗見道明而自責勇，故能如此。金以礪而成器，喻切磋琢磨以成己德。川以舟楫而涉險，喻襄贊艱難以成事功。霖雨則民沾實惠矣，此言己之倚任之者如此。

啓乃心，沃朕心。若藥弗瞑眩，厥疾弗瘳；若跣弗視地，厥足用傷。

啓，開。沃，灌漑。心則開其錮蔽，理則增其饜飫也。瞑眩，憒悶之意。良藥必憒悶而後疾可除，欲其苦心以攻己過。跣足必視地而後足無傷，欲其審慎以翼己行。此言説之輔己當如此也。

① 令，底本作命，据《尚書正義》改。

惟曁乃僚，罔不同心以匡乃辟，俾率先王，迪我高后，以康兆民。

先王，商先王之賢者。高后，湯也。又諭其率僚屬而共匡己過，率先王而安兆民，蓋以人事君乃爲大臣之道也。

嗚呼，欽予時命，其惟有終。

是命，上文所言勖以有終，己久于其德，尤望其始終輔德也。

説復于王曰：惟木從繩則正，后從諫則聖。后克聖，臣不命其承，疇敢不祇若王之休命？

木以繩直，君以諫明，誠聖明矣。則臣雖不命其承己意，誰敢不敬承王之美命者。蓋高宗命説之詞，固已能虚己求諫者，説尤望其反己自修，企于聖明，曰欽曰祇，君臣皆以一敬相勖，所以爲賢也。

附　解

高宗夢説事，世多疑之。崔氏述竟斥爲妄，不知天人一氣，特私妄爲之閒隔耳。苟德修于身，清明在躬，志氣如神，天人何嘗相遠。帝謂文王，予懷明德，周公豈妄言誣天誣父乎？高宗恭默思道，誠敬所孚，偶然感夢，乃理之常。程子言高宗只思得聖賢之人，須是聖賢之人，方始應其感。又曰：譬懸鏡于此，有物必照，亦非鏡往照物，亦非物來入鏡，大抵人心虚靈，則善不善必先知之，亦爲近之。愚謂夢豈可以爲常，而平日修德，理與天通，有時念慮憂危，天地必默啓之，史册所載，不勝計也。若不返躬修慝，而徒求諸夢朕，則愚妄之甚者。故君子以居敬窮理爲先務，不徒求諸窈冥，而德之至者，神天可格，亦不得以窈冥概之。説築傅巖，諸書之説不一，《孟子》第言舉于版築。墨翟云：衣褐帶索，傭築于傅巖。義亦相近。賈誼《賦》云：傅説胥靡，乃相武丁。《史記》亦云：説爲胥靡，築于傅巖。孔安國謂説代胥靡以供食，猶《墨子》傭之説也。而《史記》索隱云：胥，相也。靡，隨也。古者相隨，坐輕刑之名。是蓋以説眞爲胥靡矣。然《莊子》胥靡登高不懼，遺死生。則胥靡非輕刑，善乎何氏孟春曰：胥靡非經之所載也，當以《孟子》及《書》爲主，《史記》、賈誼所言，不必曲爲附會。作相置左右，蔡氏謂冢宰兼師保，然高宗呼之曰汝曰説，則非師保可知，故不從其説。

説命中

此篇記説進戒于王之詞也。

惟説命總百官，

《史記》高宗任説之專見，説所以得盡言之故也。

乃進于王曰：嗚呼，明王奉若天道，建邦設都，樹后王君公，承以大夫師長，不惟逸豫，惟以亂民。

明王，古聖王。天道，尊卑秩叙之禮。奉若，順其自然，制其當然。后王，天子。君公，諸侯。取法曰師，帥領曰長。逸豫，安樂。亂，治也。

惟天聰明，惟聖時憲，惟臣欽若，惟民從乂。

憲，法。乂，治也。天之聰明，無不聞見，以其純乎理也。惟聖人法天，而至虛至明者，與之合則臣敬順而民從治。申明上文奉若亂民之意，見君與臣民莫不由天理也。

惟口起羞，惟甲冑起戎，惟衣裳在笥，惟干戈省厥躬，王惟戒兹。允兹克明，乃罔不休。

申言人君憲天，聰明、言動、賞罰，不可不愼也。王言惟作令而起，羞亦由乎口。甲冑本以禦亂，而不愼反以起戎。衣裳，以命有德在笥者，待有功而後予。干戈，以誅有罪。省躬者，己無瑕，而後戮。王能戒此，信能聖明矣，乃無不休美者。

惟治亂在庶官，官不及私昵，惟其能；爵罔及惡德，惟其賢。

又言用人之宜愼，治亂繫于庶官。私昵，親狎。惡德，不德。官以任事，故曰能爵。以命德，故曰賢。

慮善以動，動惟厥時。有其善，喪厥善；矜其能，喪厥功，惟事事，乃其有備，有備無患。無啓寵納侮，無恥過作非。惟厥攸居，政事惟醇。

善晰于平時，而臨事又加審愼，如是以動，則當乎時中矣。然猶不敢自是自矜，以善無窮，而功必資于衆也。事事皆求有備，亦惟其義理之當然者。先事而豫，非世俗權術之説。啓寵納侮，開寵倖以召侮。恥過作非，成爲有心之惡，無是二者，然後小人遠而進德純也。攸居，謂義理之安止于心，而無毫髮之雜者。中有主而神明常清，故措施無不悉當，政事惟醇也。

黷于祭祀，時謂弗欽。禮煩則亂，事神則難。

禮煩二句，申上二句之意。祭祀本以敬神，黷則反褻矣。禮即祭祀之禮，煩數則人心不安，神志懈散，何以交神？

王曰：旨哉，説。乃言惟服。乃不良于言，予罔聞于行。

旨，美。服，行也。高宗極贊説言，以爲可行。如説不善于言，則己無自聞而行之也。

說拜稽首，曰：非知之難，行之惟艱。王忱不艱，允協于先王成德；惟說不言，有厥咎。

知行相資爲用，高宗已能知之，故說勵以行，而謂爲尤難也。王誠深信而不慮其難，說如不言則有咎，蓋自任亦綦切矣。

附　解

高宗舊學于甘盤，已知至道，故羣臣謂爲明哲，而說與言，皆精要之論。篇中慮善以動，動惟厥時，必中有主而見理明，然後慮而無失。《大學》慮而后能得，所以爲止至善之效也。然此乃傅說恐高宗忽微之意，若論聖人時中之道，則不思不勉，從容中道，又無事多慮，此際功力淺深不同，不可混視。夫子言天下何思何慮，歎人中無主而多思慮，又是一義，最當辨之。有其善，喪厥善；矜其能，喪厥功，則舜所謂不矜不伐，莫與汝爭能之意。惟厥攸居，政事惟醇，亦夫子修己以敬，安人，安百姓意。凡如此類，非聖賢不能言，而世儒必以爲僞作，可謂庸妄矣。

說命下

高宗本知道者，得說而相與研究，益進於德，反復諮諏，衍爲此三篇，史臣紀之，以著其美。

王曰：來，汝說。台小子舊學于甘盤，既乃遯于荒野，入宅于河，自河徂亳，暨厥終罔顯。爾惟訓于朕志，若作酒醴，爾惟麹糵；若作和羹，爾惟鹽梅。爾交修予，罔予棄，予惟克邁乃訓。

甘盤，賢臣名。《君奭》言在武丁時，則有若甘盤者也。《無逸》言高宗舊勞于外，爰暨小人。唐孔氏謂高宗爲王子時，其父小乙欲其知民艱苦，故使居民閒是也。高宗言己舊學于甘盤，既而甘盤遯于荒野，已入宅于河，自河徂亳，遷徙不常，以致學未卒業，及其終而竟無所明。見說喜其賢，欲其輔成己德，如麹糵之成酒，鹽梅之和羹，左右輔弼，交修勿棄，已能力行其訓也。

說曰：王，人求多聞，時惟建事。學于古訓乃有獲。事不師古，以克永世，匪說攸聞。惟學遜志，務時敏，厥修乃來。允懷于茲，道積于[①]厥躬。惟斆

① 于与下于字，底本作予，據《尚書正義》改。

學半，念終始典于學，厥德修罔覺。監于先王成憲，其永無愆。惟説式克欽承，旁招俊乂，列于庶位。

多聞乃可以廣其見，此句領起下文。學古學今，皆求多聞之道。師古固佳，而學古必遜順其志，細心入理，務及時而精進，其修乃如泉源之來。誠篤信而念此道，始積于厥躬也。况乎王有斆民之責，斆人者，必先自返其能否。故斆者，學之半，惟一念終始，常在于學，則其德之修，自有出于不及覺者。王亦何必他求，但監于先王成憲，即可以永無愆矣。若説者知識淺陋，亦何能有訓于王，惟庶幾敬承王意，旁求俊乂，列于庶位，或可以答知遇耳。蓋高宗以訓于朕志望説，説不敢當，導王學古求賢，此爲賢臣以道事君，以人事君之法。

王曰：嗚呼，説。四海之内咸仰朕德，時乃風。股肱惟人，良臣惟聖。昔先正保衡作我先王，乃曰：予弗克俾厥后惟堯舜，其心愧恥，若撻于市。一夫不獲，則曰：時予之辜。佑我烈祖，格于皇天。爾尚明保予，罔俾阿衡專美有商。惟后非賢不乂，惟賢非后不食。其爾克紹乃辟于先王，永綏民。

乃，汝也。風，風動意。高宗舉説于貧賤，故言民心望治，己恃説也。先正，先賢。保衡、阿衡皆謂伊尹。作，起也。

高宗以説自謙，故歎[1]息而言，今四海之内咸仰朕德，蓋以汝由布衣而輔弼，必有大裨于朕也。夫股肱具而後成人，良臣輔而君始聖。昔先正保衡起發先王，成就大業，乃曰予弗克使君爲堯、舜，其心愧恥，若撻于市。有一夫不獲，則曰是予之罪，其勇于自任如此，是以佐我烈祖，格于皇天。爾今尚明保于予，無使阿衡專美于前。自古君賴賢人，賢亦賴君，惟爾有賢德，能紹爾君于先王，其毋多讓，永安民生可也。

説拜稽首，曰：敢對揚天子之休命。

高宗以成湯自期，以伊尹望説，是休命也。對，答其意。揚，表其盛。

附　解

高宗天資高明，舊學甘盤，蓋已聞道。又舊勞于外，爰曁小人，有以發其思艱慮患之志，故能舉説民間，灼知其賢，專心委任。此篇自陳薄學，望其訓志，盛德謙光，尤爲可掬。説以遜志時敏，終始典學對，而但云：監于先王而已。君讓，臣安得不讓，然高宗既以伊尹望説，則己早以成湯自待矣。故高宗明述尹事，而説曰：敢對揚休命。此與唐虞君臣何以異哉？而閻百詩、王心敬、崔東壁等必疑爲僞書，不深思其義而妄相詆訾，於人心世教

① 歎，底本作艱，似誤。

何益邪？遯于荒野指甘盤爲是，甘盤遯後，高宗入宅于河，自河徂亳，蓋亦就學，第無如甘盤之賢者，故學業卒不顯，文義甚明，前人殊誤。

高宗肜日

高宗肜祭，適有雊雉之異，祖己訓王，史臣追記其事與言，摘其首四字以名篇。今文、古文皆有。

高宗肜日，越有雊雉。祖己曰：惟先格王，正厥事。

高宗，史臣追書之詞。祭之明日又祭，殷曰肜，周曰繹。雊，鳴也。祖己，臣名。格，正。事，祀事也。高宗祭于禰廟，明日又祭，適有雊雉之異，時蓋有以災祥立説者，祖己恐王惑之，不求諸己而求諸人，故言先格王心，正其行事，乃遇變修省之道也。

乃訓于王，曰：惟天監下民，典厥義。降年有永有不永，非天夭民，民中絶[1]命。民有不若德，不聽罪，天既孚命正厥德，乃曰：其如台。

止一理也。人得天理以爲人，是爲民義。民義有常，故曰典厥義。不若德，即不盡民義者。聽，服也。孚命，以義行其賞罰，是天信其命也。正厥德，罰不義以勸義。台，我也。

言天降監下民，常其民義，無有差忒，其降年于民，有永有不永者，非天夭民，民自中道殞絶其命也。蓋天以義監民，民當順天之德，或天降罰，必當修省，乃民有不順德者，不服其罪，天既信命以行賞罰，正民之德矣。乃不自恐懼，曰天變其如我何？此民之所以絶命也。

嗚呼，王司敬民，罔非天胤，典祀無豐于昵。

司，主。胤，嗣。昵，親近也。以禰視祖，較爲親昵。天胤，猶天赤子。歎息而言，王之職主于敬民，民安即合天意。祭祀以享先王，凡先王皆奉天理民，爲天之子。祖禰一體，祭有典常，毋獨豐于昵，嫌親父而輕祖也。

附　解

篇首以廟號稱武丁，金仁山、鄒季友並疑祖己之諫乃祖庚，非高宗，不知高宗史臣追書耳。史遷謂祖己當祖庚時，嘉武丁之以祥雉爲德，立其廟爲高宗，作《高宗肜日》及訓。夫廟號必定自嗣王，豈祖己所能主，且以雉爲德，于義亦無歸，遷殊妄誕矣。蔡傳不從其祭成湯之説，以肜爲祭禰廟，殊

---

① 絶，底本作厥，此據《尚書正義》改。

有所見。但玩詞義，尤有進者，雉非不祥之物，適當肜祭而來，庸臣附會獻諛，必有以爲瑞者，迂儒好言災異，又必有以爲怪者。高宗肜祭，或偶厚於所生。祖己恐王惑於災祥之言，故先言天監民惟民義，民義或順或否，乃災祥之所由生，不在其他物怪。以王平日而論，固知德者，特今日之祭，似于昵獨豐，故告王敬天敬民，勿以雉雊爲異，但典祀無豐于昵可也。文義甚明，前人不得其義，乃以爲詞旨淺直，不似爲高宗言，何鹵莽邪？罔非天胤，亦指民言。

高宗之訓亡

《序》謂祖己訓王作，《史記》亦云然，然未有以見其必然也。

西伯戡黎

西伯，文王也，姓姬氏，名昌。戡，勝也。黎，國名，今山西潞安府黎城、平順二縣地。文王晚受紂命，得專征伐，爲西伯。黎國不順，文王以紂命伐而勝之。祖伊知紂將益驕侈，奔諫于王。史記其事如左。今文、古文皆有。

西伯既戡黎，祖伊恐，奔告于王。

黎爲不道，西伯以王命征而勝之，初非有改于事殷之心也，祖伊乘此諫王，冀王或者懼而修省。史臣言伊恐，奔告者，表伊之忠，以見紂之危亡。臣下灼見，而紂不悟，著紂之失，爲後戒也。奔告，蔡傳：自其邑而奔告是也。

曰：天子，天既訖我殷命。格人元龜，罔敢知吉。非先王不相我後人，惟王淫戲用自絶。

訖，絶。格，至也。呼天子以警動之言，天既絶我殷命，有道之至人與國之大龜皆無以爲吉者，非先王不佑我後人，乃王淫戲自絶于天耳。

故天棄我，不有康食。不虞天性，不迪率典。

康食，猶康年，年豐則民安食也。虞，度。率典，率常道。承上言天訖殷命，故棄我而降以凶年，使民不得安食，民因之不揆度于天理，不道而不率常法。

今我民罔弗欲喪，曰：天曷不降威。大命不摯，今王其如台？

大命，天命。摯，至也。台，民自謂。言民怨王無道，無不欲喪者，曰天何不降威乎？大命已不至矣，今王其如我何？蓋皆將叛之而去也。

王曰：嗚呼，我生不有命在天。

王歎息，言我生不有命在天乎，民何能相毒也？

祖伊反，曰：嗚呼，乃罪多參在上，乃能責命于天。殷之即喪，指乃功，不無戮于爾邦。

反，反于其邑。多參，罪狀列著。功，自以爲功。謂有命自天之言也。

祖伊退而私言，紂罪多參列在上，天已棄之矣，尚能責命于天乎？殷之即喪，王不自恐懼，而反自以爲功，殊不知指汝所謂功者，正不能無戮辱于爾邦，蓋逆知其必亡也。蔡仲默曰：祖伊以西伯戡黎，奔告于紂，入以告后，出以語人，未嘗有一毫及周者，是知周無利天下之心，其戡黎也，義之所當伐也。使紂遷善改過，則周將終守臣節矣。祖伊，殷之賢臣，知周之興必不利于殷，又知殷之亡，初無與于周文、武，公天下之心，于是可見。郝氏敬曰：孔子删《書》，不序文王事殷之事，而但存《戡黎》《微子》二篇，以見紂之危無異朝露。文王以摧枯拉朽之勢，可取不取，故謂之至德是也。

附　解

王心敬等以西伯爲武王，謂黎逼近紂都，戡黎即滅商之漸。若文王伐密伐崇，則去紂都尚遠。豳岐俱鄰戎狄，故伐密、伐崇，俱不稟命天子，而商之上下亦不留意。其説非也。不窋失官，自竄于戎狄之閒，其後子孫爲狄所逼，屢屢遷徙。商天子不問，蓋以戎狄視之也。及太王遷岐，聖德日盛，王季繼之，戎狄畏服，商因命爲西伯，以鎮撫諸戎。文王襲父之舊，伐密、伐崇、伐黎，皆不道之國。文王伐而服之，使恭于朝，所謂率商之叛國以事紂者也。據伏生《書傳》，伐耆在伐崇、密之前。耆，即黎也。周之伐諸國，若無紂命，紂豈能容之乎？况黎去朝歌不遠，文王擅伐國于王畿之內，尚可爲止于敬乎？惟其奉命而伐，故紂不以爲嫌，而且安于文王之忠，曰：我生不有命在天也？祖伊見周德日盛，以理卜其必興，藉戡黎之會，進諫于王，冀其或悟，非謂周有淩逼之意也。何嫌而以爲非文王事乎？且即武王，亦豈異于文王之忠敬哉？牧野之師乃天下諸侯叛紂，武王不得已而綏靖之耳。此義孔孟後人罕知者，愚于《四子書註》屢言之，兹不贅。指乃功，舊訓功爲事，殊強。當時文王以紂命戡黎，功歸天子，故紂不以戡黎爲懼，而以戡黎爲喜，謂己有命在天。祖伊言指乃之所謂功，正其不自悔懼，不無戮于爾邦也。然則西伯戡黎，全是奉紂命行之，祖伊之恐正以紂方驕淫，文王又奉命伐國而勝，益以長其淫侈之心，故奔告而苦諫也。因《書序》有殷始咎周之言，《史記》亦云：西伯伐飢國，祖伊聞之而咎周。于是人遂以周勢餤淩商，祖伊故恐而奔告，然此篇無一語咎周，誤解經文，誣聖人而使亂逆藉口，可乎？惟知周乃奉紂命伐黎，故紂不罪周，而且自詡天命佑之，祖伊恐及指乃功等語，皆所以警告紂王始有著落，明者詳之。

微子

微，國名，在商圻內，今山西潞安府潞城縣東北十五里有微子鎮，蓋故城也。子，爵也。微子名啓，帝乙長子，紂之庶兄。慮殷將亡，謀于箕子、比干，史錄其問答之語，以篇首二字名篇。今文、古文皆有。

微子若曰：父師、少師，殷其弗或亂正四方？我祖底遂陳于上。我用沈酗于酒，用亂敗厥德于下。

父師，太師，箕子。少師，比干也。亂，治。底，定。遂，成。陳，列也。沈，如水之沈。凶酒曰酗。沈酗，紂自爲，而微子歸之我者，不忍斥言紂也。

呼箕子、比干而言殷其不能或治正四方矣。我祖成湯底定天下，成功昭昭于上，我乃不能率德，沈酗于酒，用敗德于下，所爲如此，其尚能或治四方乎？

殷罔不小大，好草竊姦宄，卿士師師非度。凡有辜罪，乃罔恒獲，小民方興，相爲敵讎。今殷其淪喪，若涉大水，其無津涯。殷遂喪，越至于今。

師師，互相師法。罔恒獲，無禮得罪，乃理之常。今不然，罔有常得其罪者，言殷之人民無小無大，皆好草竊姦宄，所以然者，由上無教化，卿士相師以非法之行。凡有辜罪，任意顛倒，無有常得其罪者，是以小民無忌，方興起而相敵相讎，今殷其淪喪矣。譬若涉于大水，茫無津涯，祖宗艱難之業，不意一旦遂喪，以至于今也。

曰：父師、少師，我其發出狂，吾家耄，遜于荒。今爾無指告予，顛隮，若之何其？

上文傷國亡，此言己自處之道，故以曰字著更端之詞。狂謂紂，發出狂，發其狂惑之事，謂將苦諫也。顛隮，隕墜。其，語辭。

箕子尚未即對，乃更咨之曰：父師少師，今國勢如此，義不可坐視，我其發出王狂惑之罪，以苦諫乎？吾家老成皆遠遯于荒矣。國無人焉，誰與共立，今爾尚無意指告予，以顛隮之事，若之何哉？

父師若曰：王子，天毒降災荒殷邦，方興沈酗于酒，乃罔畏畏，咈其耇長，舊有位人。

不言少師同答者，省文也。唐孔氏曰：父師呼微子爲王子，則鄭、王等以爲紂諸父，當是實也。降，下。荒，亂也。方興，未艾也。乃罔畏畏，不畏其所當畏。咈，逆。耇長，老成。舊有位，先王所用。

言天毒下災于民，以亂我殷邦，是以紂迷而不悟，方興沈酗于酒，日益昏肆，乃不畏畏，咈其老成及舊有位之人，則耄遜于荒，非賢者不輔我，實自遠之耳。

今殷民乃攘竊神祇之犧牷牲，用以容，將食無災。降監殷民，用乂讎斂，召敵讎不怠。罪合于一，多瘠罔詔。

自來而取曰攘。漢孔氏曰：色純曰犧，體完曰牷，牛羊豕曰牲。容，相容。降監，下視也。乂，治。不怠，不休息。罪合一，上下同罪。瘠，疲病。罔詔，無告也。

承上言老成凋謝，故今殷民罔知禮法，乃至攘竊神祇之犧牷牲，用以容隱，將而食之，亦無災害。下視殷民所用以治之者，皆如仇讎而聚斂之，而召敵讎者，方無有懈怠，是上之掊克，與下之攘竊，罪合于一矣。良民多瘠，何所告訴乎？

商今其有災，我興受其敗。商其淪喪，我罔爲臣僕。詔王子出迪，我舊云刻子，王子弗出，我乃顛隮。

興，起。詔，告。迪，道。刻，害也。舊云箕子嘗以微子長且賢，勸帝乙立之，紂蓋忌微子矣。

言商今其有災，我起受其禍敗，商若淪亡，我斷無爲人臣僕之理，告王子以出亡爲合道。我舊云適以害子，子今不出，勢必同歸死亡，商紀將遂顛隮矣。

自靖，人自獻于先王，我不顧行遯。

靖，馬本作清，潔也，謂自潔其志。獻，達也。

結言各自潔其志，以求無愧，自達于先王，如我則不復顧行遯，將與君同死矣。蓋箕子以微子爲紂所忌，諫必不行，故勸之以去而存宗祀，至己則義不容逃，期死于諫，然後乃佯狂爲奴者。蓋與比干俱諫，紂殺比干而囚己，既知其諫已不行，徒死無益，且未知微子安歸，故畱其身以存宗祀，猶乎其告王子出迪之意也。後人不知，乃以爲箕子爲傳道而不死，豈不謬哉。至比干不言則以心同理同，無二説也。

附　解

微、箕、比干三人，皆紂懿親，義不可坐視，亦不可徒死。微子痛商之將淪喪，與箕子、比干謀之，蓋欲以死諫也。箕子告以我舊云刻子，明紂必不聽爾言，不如出迪以存商家之一綫。至己不爲臣僕，亦不行遯，蓋欲以死爭諫。厥後諫而不聽，紂且囚之，不忍以一死塞責，故佯狂受辱，以冀倖君之一悟。及比干又諫而死，則箕子誠不必死，而畱其身以爲君萬一之求。三人之心至誠悱惻，九死而不回，從容而中道，故夫子表其爲三仁，此篇則其事也。《左傳》：楚逢伯撰《微子》，面縛輿櫬以媚楚子。史遷不察，從而傅會，前人辨之已詳。至柳子厚《箕子論》尤不合理，而人多信之，不可不辨。我其發出狂，舊解迂滯，使微子之心不明。自靖之靖，蔡傳訓安，亦無大害。第馬融本作清，謂忠潔之志，已該得蔡説矣。觀此篇言殷亂，情狀可見，天下擾擾，而無一語及周武王與文王，同一服事之忠，亦可知前人不詳味經文，至疑伐紂爲非，並夫子之言亦不信，何其疏淺也。

書經恒解卷四晚年定本

周書

太王遷岐，居周原，因號曰周。後武王伐商，遂以爲有天下之號。《書》今存者三十二篇。

泰誓上

泰、太同，古泰、大、太三字通用。《序》以爲十一年武王伐殷，一月戊午，師渡孟津，作《泰誓》三篇。然《泰誓》爲武王伐紂時作，本無確據，伏生二十八篇既有《牧誓》，孟子所稱又有《武成》，則《泰誓》似可以不作。漢武帝時僞《泰誓》出，與伏生今文合爲二十九篇行世，先儒多斥其非。至東晉復有《泰誓》三篇，諸儒以此較《國語》《禮記》、荀、孟諸書，所引皆合，故不敢疑。然今考其文義悖謬，多不類于聖人，安得不别其是非而致誤將來邪？故不揣而論辨如左。

惟十有三年，春，大會于孟津。三字當作一。

《序》謂武王十一年觀兵，十三年伐紂。蔡傳駁之是矣，而以爲《史記》亦云然則非。《史記》云武王九年觀兵，十一年伐紂耳，惟劉歆《三統歷》以爲十三年伐紂，與《序》同。于是有據九年大統未集之文，謂虞、芮質成爲文王受命之年，受命九年而崩，武王繼之，免喪伐紂在十三年。有據夷、齊扣馬而諫武王，謂父死爰及干戈，必非即位十三年始伐紂。種種妄説，皆爲雜説所亂耳。夫《無逸》稱文王受命即

《詩》其命維新之意，謂受天眷顧耳。周自后稷以後，不窋失位，竄于戎翟之閒，蓋幾不能自存。公劉遷豳，太王遷岐，皆爲狄人所迫。商之君未嘗過而問焉者，以其爲戎狄之地，荒服不屬也。至王季勢漸強盛，戎狄畏服，商乃因而使爲西伯，以馭諸戎。文王繼之，亦然。故周之于殷，非胙土分茅，北面立于廷者比也。文王盛德，以殷爲天下共主，未嘗失事大之禮。紂王亦樂其恭順，故賜之斧鉞，得專征伐。伐密、伐崇、戡黎，皆以天子命誅無道，非爲私怨也。武王即位，猶是文王服事之心。因紂虐已甚，天下畔之，諸侯不期而會者八百，蓋同于山東豪傑並起亡秦，皆將滅殷歸周矣。當時諸侯必有推戴周室奉爲盟主之事，特書籍不傳耳。武王此時若不順諸侯之請，諸侯亦必滅紂，商祀遂斬，堯舜以來相傳之治法必不能復存于世。且諸侯德必不若武王，互相爭奪，暴掠生民，其禍滋甚。故武王不得已而應之，以安諸侯，以存商祀，以復湯政，所以夫子稱爲應乎天而順乎人也。紂王聞天下畔已，倉皇無主，寶玉自焚。武庚既不可輔諸侯，又無有賢於武王者，武王因眾翼戴，繼商而反湯政，封武庚于故都，作賓王家，此其爲至公至仁之心。《史記》《逸周書》《吕氏春秋》等書採俗傳之謬説，貽諸後世，令聖人受誣千載，其罪大矣。其伐商之年，《國語》有云：歲在鶉火，月在天駟，日在析木之津，辰在斗柄，星在天黿。左氏距周初不遠，當有所據。崔氏述曰：武王十一年伐殷，歲在鶉火，則元年歲當在壽星。其謂十三年伐殷者，亦謂歲在鶉火，但武王即位先二年耳。其謂冒文王之九年者，亦謂伐殷歲在鶉火，但武王即位遲數年耳，其伐殷之年無異也。其説頗爲有見，然委曲傅會，皆爲《國語》史載古事，年月往往舛錯。即《春秋》三傳且然，況於他書。此《泰誓》三篇既係僞書，益不足信。其云十三年，蓋以《洪範》十有三祀，謂武王克殷，即訪箕子。不知箕子佯狂避紂，斷無紂滅之時即見武王之理。武王即位及伐紂年月，世遠無稽，當闕疑，豈可因此致聖人蒙誣邪。

王曰：嗟我友邦冢君，越我御事庶士，明聽誓。

曾氏曰：王曰者，史臣追稱之詞是也。

惟天地萬物父母，惟人萬物之靈。亶聰明作元后，元后作民父母。

天地生萬物，而人得其最靈。靈之貴者，以其聰明耳。耳目不蔽于私欲爲聰明，聰明具而後可以爲民父母。此言能發天人萬物一氣分形之理，人君奉天子民之義，語之粹而無可疑者也。亶，誠也，信也，愚謂尤有加厚意。

今商王受，弗敬上天，降災下民，沈湎冒色，敢行暴虐。罪人以族，官人以世。惟宮室臺榭，陂池侈服，以殘害于爾萬姓。焚炙忠良，刳剔孕婦。

沈湎，溺于酒。冒色，亂于色。敢行，無顧忌。以族，濫及無辜。以世，不辨賢否。此節言紂之罪，蓋皆實錄，其語猶無大失。

皇天震怒，命我文考，肅將天威，大勳未集。肆予小子發，以爾友邦冢君，觀政于商。

文王服事殷，未嘗萌一毫伐商之念，其伐密、伐崇、戡黎，皆伐無道以恭天子。兹乃言肅將天威，大勳未集，是誣文王矣。文不應受，武必不出此言。又曰以爾友邦冢君觀政于商，此語亦沿《史記》等書先觀兵後伐紂之誤。夫武王猶是文王服事之心也，故即位十餘年而始有牧野之師，其初曷嘗欲伐商哉？夫固冀紂之改行也。若謂觀兵欲伐紂，因時未可而退，是乃奸雄機智之所爲，豈所以論聖人哉？

惟受罔有悛心，乃夷居，弗事上帝神祇，遺厥先宗廟弗祀。犧牲粢盛，既于凶盜。乃曰：吾有民有命，罔懲其侮。

悛，改也。夷居，蹲踞也，狀其肆慢之意，非第指夷居爲罪也。既，盡也。此言紂慢神，亦是實錄，然其義已該上文弗敬上天内，似不必複説。

天佑下民，作之君，作之師。惟其克相上帝，寵綏四方。有罪無罪，予曷敢有越厥志。

此段《孟子》所引，然其曰有罪無罪，惟我在，天下曷敢有越厥志，則見其天心人望皆歸責己身，不容不爲天下靖亂意。此云有罪無罪，予曷敢有越厥志，則第言己當順天耳，義味遠遜《孟子》。

同力度德，同德度義。受有臣億萬，惟億萬心。予有臣三千，惟一心。

《左傳·昭公二十四年》萇宏曰：同德度義。《太誓》曰：紂有億兆夷人，亦有離德。予有亂臣十人，同心同德。玩文義，同德度義句乃萇宏語，下乃引《太誓》也。兹同力度德二句在此，而受有億兆夷人四句在下篇，細按之，上下文意不甚連貫。

商罪貫盈，天命誅之，予弗順天，厥罪惟鈞。

天視自我民視，天聽自我民聽，武王固自言之矣。天意在民，天棄商而予武王，于何徵之？徵之于民而已。使民尚未周知紂惡，則武王未可伐紂也。兹乃斤斤以不順天、與同罪，解免于民，無乃非當日情事乎。

予小子夙夜祇懼，受命文考，類于上帝，宜于冢土，以爾有衆，底天之罰。

聖人之祇懼天命者，惟恐己德不修，有負上天養民之意耳。至于人之有罪與否，固不遑及。紂王無道，天下人不堪其虐，羣起而畔之歸周。武王不從，則天下必亂，商祀必斬，成湯善政靡有遺留，而民益遭塗炭，故不得已而應之耳，豈必伐紂哉？此言受命文考，文服事殷，何從而命武伐紂，豈非自誣其父乎？類上帝、宜冢土，猶無大害。

天矜于民，民之所欲，天必從之。爾尚弼予一人，永清四海。時哉弗可失。

民之所欲，天必從之，《左傳》所引，加天矜于民句在上，無大害。而以民從己爲幸，亦非聖人語。時哉弗可失，則大謬矣。聖人本無利天下心，即從諸侯之請，爲之領袖以禁暴亂，已屬萬不得已。而汲汲焉恐失時哉，此由僞傳文王戒武王時至勿疑，及誤解《詩》遵養時晦所致，必非武王語也。

附解

孔子曰：舜禹之有天下也，而不與焉。《孟子》曰：舜視棄天下，如棄敝蹝也。伯夷、伊尹、柳下惠，行一不義而得天下不爲，凡聖人皆如是也。孔子稱湯武革命應乎天而順乎人，後儒乃于湯武之事多不滿意，以爲不如堯舜。弊由錯解孟子堯舜性之、湯武反之之言，不知孟子所言是其初用功時，及其成功則一矣。征誅之事難于揖讓，非聖人必不能恰好。愚于四子書已屢辨論之，而人不以爲然，則以不得孔孟立言之意，而此書三篇及《武成》又誤之也。篇中言元后作民父母，紂失君師之道，不足以寵綏四方，義極正大，可爲後世人君箴規。其必非聖人語者，則不可不察也。註已詳，不贅。

泰誓中

惟戊午，王次于河朔，羣后以師畢會。王乃徇師而誓曰：嗚呼。西土有衆，咸聽朕言。

次，止也。河朔，河北也。上篇已呼友邦冢君而告之矣，此又云羣后以師畢會，王乃徇師而誓，豈上篇誓師時羣后之師尚未至邪？且似武王倡爲伐紂號召諸侯者，然豈非大謬。言羣后則非一方之諸侯，所謂不期而會之八百國也。乃言西土有衆，又似止西方之諸侯者，文義顯然乖戾。至孟津、河北本一地，閻百詩辨之甚允，先儒言渡孟津而後河朔者非也。

我聞吉人爲善，惟日不足。凶人爲不善，亦惟日不足。今商王受，力行無度，播棄犂老，昵比罪人，淫酗肆虐。臣下化之，朋家作仇，脅權相滅。無辜籲天，穢德彰聞。

惟日不足，終日猶以爲不足。四句狀善惡兩種人，上達下達，情狀逼眞。商王力行無度，所以惡積而不可掩也。罪人不惟免誅，而且昵比之，蓋取其媚己耳。淫酗，溺酒色而縱惡。朋家作仇，家自爲朋，仇讎于君子。脅權相滅，以權相脅而互相滅也。上下人如此，民之無辜被害者何算？其籲天告冤理所必然。自我有之皆爲德故，腥穢之行亦曰穢德。此言紂惡當非過，然紂惡已播於天下，亦無俟武王悉數之。

惟天惠民，惟辟奉天。有夏桀弗克若天，流毒下國。天乃佑命成湯，降黜夏命。

此言天至愛民，君當順天。夏桀不順天而毒民，天故命成湯伐夏，固理之正。

惟受罪浮于桀，剝喪元良，賊虐諫輔，謂己有天命，謂敬不足行，謂祭無益，謂暴無傷。厥鑒惟不遠，在彼夏王。天其以予乂民，朕夢協朕卜，襲于休祥，戎商必克。

浮，過。剝，傷害。喪，亡。元良，仁人也。諫輔，諫諍輔弼之臣。襲，重也。《國語》單襄公曰：《泰誓》曰朕夢協朕卜，襲于休祥，以三襲也。林氏曰：言紂之將亡，周之將興，至于夢卜休祥，三者皆合。其説優于蔡傳。戎商，伐商也。愚按：此節言受蔑天命，廢祀典，縱暴不敬，酷肖惡人，惟日不足。情狀夏王以不順天而被黜，則今紂之必亡可知。第出之武王自言，殊未安，蓋聖人不得已而應天順人，皆因民怨衆叛，天下將亂。若其惡未甚，尚待攻取，聖人必不肯。爲何天下皆叛紂矣，而待決之夢卜，以爲戎商必克邪？此言或出于臣下，恐武王遲疑不決尚可。《國語》所引未明言出于武王，而此則直以爲武王自叙，殊謬。

受有億兆夷人，離心離德。予有亂臣十人，同心同德。雖有周親，不如仁人。

夷人，漢孔氏曰：凡人也。亂，治。周，至也。十人，舊説周公旦、召公奭、太公望、畢公、榮公、太顛、閎夭、散宜生、南宫适、文母。孔子曰：有婦人焉，九人而已。劉氏以爲子無臣母之義，婦人謂邑姜，皆非也。周、召，文王時已分理文德。太公，武王之師，必不以爲己臣。邑姜，王后，夫子豈稱爲婦人？二者皆當闕疑也，自誇亦非聖人之語也。

天視自我民視，天聽自我民聽。百姓有過，在予一人，今朕必往。

首二句見《孟子》，下三四句見《論語》，然湊合一處，文意不貫。蔡氏曰：過，責也，謂民皆有責于我。然《論語》引之與湯萬方有罪在予一人同義，則不可以他解也。

我武惟揚，侵于之疆，取彼凶殘，我伐用張，于湯有光。

此五句《孟子》所引，然必史臣贊武王之辭。若武王自誇其有光于湯則非，且尚未克商而曰取彼凶殘，淺陋之至，豈聖人語邪。

勖哉夫子，罔或無畏，寧執非敵，百姓懔懔，若崩厥角。

《孟子》曰：王曰無畏。寧爾也，非敵百姓也。若崩厥角稽首。見武王安慰商民之仁，商民歸仁之切，兹乃云不得無畏，寧執心以爲非我所敵。是商民從紂尚堅也，武王何汲汲于伐商哉？百姓懔懔，若崩厥角稽首。蔡傳謂商民畏紂之虐，危懼如此。果爾，則上文罔或無畏又何云然哉？蓋曲爲解説，不知其悖謬，必不可信也。

嗚呼。乃一德一心，立定厥功，惟克永世。

一德一心固足貴矣，然當于平時。此戒羣后與己一德一心伐紂，似諸侯尚未深服于周，而紂猶若爲勁敵者。然斤斤戒以一心，大似春秋戰國諸矦摟伐時語，不似武王語矣。

附 解

詞義多湊，其爲補綴顯然，必非當年眞書也。林之奇亦謂必有所增損潤色，猶以爲有可信者亦非。

泰誓下

時厥明，王乃大巡六師，明誓衆士。

厥明，孔傳以爲戊午之明日。然上文言羣后以師畢會，文乃徇師之誓矣，次日又誓，而所以誓者，仍臚舉紂惡而已，一似武王惟恐不得志于紂，諸矦尚不知紂惡而諄諄告之者。噫，此豈聖人心口邪？且大巡六師，明誓衆士，與徇師而誓有何大分别？此皆僞作者強欲分爲三篇，作此疊牀架屋語，其弊顯然也。

王曰：嗚呼。我西土君子，天有顯道，厥類惟彰。今商王受，狎侮五常，荒怠弗敬。自絶于天，結怨于民，斮朝涉之脛，剖賢人之心，作威殺戮，毒痡四海，崇信姦回，放黜師保，屏棄典刑，囚奴正士，郊社不修，宗廟不享，作奇技淫巧以悦婦人。上帝弗順，祝降時喪，爾其孜孜，奉予一人，恭行天罰。祝，音短。

中篇已云西土有衆，咸聽朕言，此又呼西土君子而告之，所告之理仍上二篇意耳，武王何絮叨不已如是？天有顯道，厥類惟彰，言天有至明之道，善惡各以其類應。今商王受所行如此，上帝所以弗順而降是喪亡之災，爾其孜孜，奉予一人，恭行天罰也。似西土之衆猶有不甚從武王者，可笑。斮朝涉之脛，孔傳謂冬月見朝涉水者，謂其脛耐寒，斬而視之。破比干心，見《史記》。爲炮烙之刑以悦妲己，見《列女傳》。祝，斷截也，《公羊傳》子路死，子曰天祝予時是也。紂無道實事當有之，而天下尚不知，待武王言之乎？

古人有言曰：撫我則后，虐我則讎。獨夫受洪惟作威，乃汝世讎。樹德務滋，除惡務本，肆予小子，誕以爾衆士，殄殲乃讎。爾衆士其尚迪果毅，以登乃辟。功多有厚賞，不迪有顯戮。

撫我則后，虐我則讎，《孟子》君視臣如犬馬，臣視君如冦讎之論所由來也。民岩可畏，其義本如此。《孟子》曰殘賊之人謂之一夫，是獨夫註釋也。惟謂紂爲世讎惡本，斷非武王語。閻百詩曰：當時百姓讎紂固往往而有，何至武王深文之爲世讎？樹德莫如滋，去疾莫如盡，發端汎語也，何至武王易其辭爲除惡務本以加紂身？湯誓師不過曰：爾尚輔予一人，致天之罰。《牧誓》曰：今予發，惟恭行天之罰。如是已耳，何至此云。愚按：肆予小子，誕以爾衆士，殄殲乃讎，篇首呼西土而告之，西土臣民文武仁政久沐，何自而與紂爲讎？武王嗾使之讎紂，噫其甚矣。尚迪果毅，以登乃辟，功多厚賞，不迪顯戮，是武王賞使誅紂以成己功，稍知大義者不爲，而謂聖人爲之乎？

嗚呼。惟我文考如[①]日月之照臨，光于四方，顯于西土。惟我有周，誕受多方。

《墨子》有曰：文王若日若月乍照，光于四方，于西土。此與之大同小異，以美文王，義無大害。而繼之曰惟我有周，誕受多方，當紂未滅即對諸侯自詡，淺陋豈復似聖人語？

予克受，非予武，惟朕文考無罪。受克予，非朕文考有罪，惟予小子無良。

此六言見《禮·坊記》，子曰善則稱親，過則歸己，引此以證。蓋當時天下雖已叛紂歸武，然武王之意，以爲此非予小子之能，惟文考無罪于天，天故佑之而及朕。若受萬一克予，則非文考有罪，是朕之無良，天不佑也。歸美文王而不敢自謂能克紂，此其爲聖人之言。若誤解而以爲武與紂儼然交兵對壘，不敢自必其克，是眞以力取矣，何得爲應天順人哉？此數句係《周書》原文，然不得其解，猶足誣聖，况顯然悖謬乎。然置此數言于篇末，以通篇文義核之，亦不足以收束，其爲補綴之誤又可見也。

附 解

《太甲》《説命》《泰誓》各三篇，皆今文所無，前人多疑之。然彼六篇文義相足，此則可以不必三而三其數。紂之罪層見疊出，毫無和平之致。且誓之爲義，主于約束將士而已，《甘誓》《費誓》《牧誓》大略相同。此三篇文體不類，况淺露近於惡罵，稍知禮者不爲，况聖人乎？故當斷爲僞作也。

牧誓

諸侯競相伐紂，武王統一之以靖亂，至于商郊牧野，約禁將士，史記其事爲此篇。牧，今河南衛輝府淇縣南。今文、古文皆有。

時甲子昧爽，王朝至于商郊牧野，乃誓。王左杖黄鉞，右秉白旄以麾，曰：逖矣西土之人。

① 如，《尚書正義》作若。

甲子，漢孔氏曰：二月四日也。昧爽，猶黎明。牧之野在商近郊，故曰商郊牧野。乃之云者，緩辭也。時天下皆畔紂，必以周有盛德，羣推戴之。若不從其請，商亦必亡，亂尤益甚，故武王順而統率之。至于商郊，蓋兵臨城下矣，武王恐將士殘掠，乃誓以止齊。于此見紂之失道，而武王非以力取之，上文《泰誓》三篇之僞益昭然矣。黄鉞，黄金飾鉞。漢孔氏曰：左手杖鉞示無事于誅，右手把旄示有事于教是也。逖，遠也。西土之人，武王所率親軍，《孟子》所謂革車三百兩，虎賁三千人也。其人素服習于周德無俟，慮其縱暴故，但先慰勞之，而下文乃特誓從征諸國。

王曰：嗟，我友邦冢君，御事：司徒、司馬、司空、亞旅、師氏、千夫長、百夫長，及庸、蜀、羌、髳、微、盧、彭、濮人，稱爾戈，比爾干，立爾矛，予其誓。

更端而特誓，故復用王曰字。嗟，歎息以致其不得已之意也。友邦冢君，天下諸侯。御事，治事之臣，指下司徒至百夫長八者。唐孔氏曰：司徒主民，治徒庶之政令。司馬主兵，治軍旅之誓戒。司空主土，治壘壁以營軍是也。誓在軍者，故不及太宰、太宗、司寇，非未備六卿之説。亞，次。旅，衆。蔡氏曰：亞者，卿之貳大夫是；旅者，卿之屬士是也。師氏，以兵守門者。千夫長、百夫長，以所統人數爲其號。以上皆指諸侯之士，非武王自率之衆也。庸，上庸，今湖廣鄖陽府竹山縣。蜀，今四川成都府。羌，先零枹罕之屬，今陜甘以西，南接蜀漢塞外。髳與微不知今何地。盧，杜預以爲中盧縣，襄陽南漳縣東北有中盧故城，古盧戎近庸。彭，即今四川彭山縣。濮，建寧郡，今湖廣荆州府石首縣之南。此八國者，素服文武之教，自以師從者也。稱，舉。戈，戟也。干，楯。矛，亦戟屬，長二丈。唐孔氏曰：戈短，人執以舉之，故言稱。楯則並以扞敵，故言比。矛長，立之于地，故言立。三句戒其肅靜也。

王曰：古人有言曰：牝雞無晨，牝雞之晨，惟家之索。

蔡氏曰：索，蕭索也。牝雞而晨，則陰陽反常，是爲妖孽，而家道索。漢孔氏曰：喻婦人知外事，雌代雄鳴，則家盡也。

今商王受，惟婦言是用，昏棄厥肆祀弗答，昏棄厥遺王父母弟不迪，乃惟四方之多罪逋逃，是崇是長，是信是使，是以爲大夫卿士。俾暴虐于百姓，以姦宄于商邑。今予發，惟恭行天之罰。

婦，妲己也。《列女傳》曰：紂好酒淫樂，不離妲己，妲己所舉者貴之，所憎者誅之，惟妲己之言是用。蓋本此也。肆，大也。肆祀，謂天地宗廟社稷之屬。答，報也。王父母，祖也。不迪，不以道遇之。詞含蓄，不似《泰誓》之怒詈，故爲聖人語也。恭行天罰，謂天下離叛，諸侯期會伐紂，是天意罰之使然，己亦惟恭承天意，不敢有違，此足見其不得已之心也。

今日之事，不愆于六步、七步，乃止齊焉。夫子勖哉。不愆于四伐、五伐、六伐、七伐，乃止齊焉。勖哉夫子。

愆，過也。步，進趨之節。止齊，止而整齊。勖，勉也。伐，擊刺也。按：諸侯之師甲子朝至牧野，紂即以是日亡。蓋人心離畔，兵不血刃，至于城下，紂聞變罔措，寶玉自焚。初未嘗大相交戰，故夫子曰壹戎衣而有天下也。此言今日之事，不愆于六步、七步，不愆于六伐、七伐，乃止齊。蓋武王見紂亡在即，恐兵士乘勝暴掠，故戒之整齊步武以歸嚴肅，非至此始教之以兵法也，觀不愆及乃字之意可見。

尚桓桓，如虎如貔，如熊如羆，于商郊。弗迓克奔，以役西土。勖哉夫子。

尚、上同。桓桓，武貌。貔，一名執夷，虎屬。諸侯之師不一，故歷形其狀。迓，迎擊之也。奔，北而降者。役，服役也。言今諸侯之師各尚桓桓，或如虎，或如貔，或如熊，或如羆，洵稱武勇矣。但今日之事，惟在安民，不尚誅殺，爾等于商郊勿迎擊其來奔者，使隸我軍伍以供役使。蓋諸侯之師不一，武王諭來降者，使歸己屬，故云以役西土也。

爾所弗勖，其于爾躬有戮。

申言不遵命者有戮，以堅其志。

附　解

周自不窋失官，竄于戎狄，公劉、大王自立國于西陲，與商無涉。文王三分有二，以服事殷，蓋以其爲共主。崔述曰：服事云者，不過玉帛皮馬、卑詞厚幣以奉之，非委質而立于其朝者也。武王伐殷，乃因諸侯皆畔，順人心以安天下。誓于牧野，略舉紂罪而曰恭行天罰，蓋民心已去，即天意降罰也。步武止齊，不過申明軍律以禁暴掠。尚桓桓，非冀勉之詞。虎貔熊羆，非誇己軍勢之盛。前人誤解，則似武王本不以德服人，而待以力克紂。本文弗迓克奔、以役西土等語，俱説不去矣。或曰：子言諸侯皆畔，武王不得已而順人心，亦有據乎？曰：《史記·劉敬傳》説高帝曰：武王伐紂，不期而會孟津之上八百諸侯，皆曰紂可伐矣，遂滅殷。劉敬去古未遠，當有所授，第其言不詳。《詩》言會朝清明。夫子言壹戎衣而有天下，應天順人。《孟子》言革車三百兩，虎賁三千人。若天下諸侯不畔紂，而武王必伐之，且八百諸侯有一不戴周之德，歸心武王，又安能壹戎衣而遂定？自來言周以甲子興，紂以甲子亡，此篇言甲子昧爽，朝至商郊，是紂聞諸侯皆畔，衣寶玉自焚，爲實録。惟未嘗交兵，故夫子謂其爲壹戎衣而已。柰何不信孔子而信雜書，令聖人蒙寃，且使亂臣賊子藉口乎。

武成

按《史記》：武王克殷，乃罷兵西歸，行狩，記政事，作《武成》。《序》則謂武王伐殷，往伐歸獸，識其政事，作《武成》，大略相似。但古文《武成》篇漢建武之際已亡，後人補綴而爲今書一篇。其文既有錯簡，至宋劉原父輩始各自爲更定，至朱子而益密，蔡仲默因之爲《今考定武成》篇。然其義終多乖舛，不得爲古文之完書。今詳著于篇，以俟觀者考焉。今文、古文皆有。

惟一月壬辰，旁死魄，越翼日癸巳，王朝步自周，于征伐商。

劉歆作《三統曆》引《武成》篇八十二字，其辭曰：惟一月壬辰，旁死魄，若翌日癸巳，武王迺朝步自周，于征伐紂。粤若來二月，既死霸，粤五日甲子，咸劉商王紂。惟四月既旁生霸，粤六日庚戌，武王燎于周廟。翌日辛亥，祀于天位。粤五日乙卯，乃以庶國祀馘于周廟。蓋武王以一月三日癸巳伐商，二十八日戊午渡于孟津，二十九日己未晦，冬至，明日庚申二月朔，四日癸亥至牧野，五日甲子紂王死，三十日己丑朔，大寒中，明日閏二月庚寅朔。此劉歆考驗的實而著之者，即此見當建武以前劉向父子校理秘書時，眞古文《武成》篇尚在，建武之際始亡。故劉向著《别錄》云《尚書》五十八篇，而班固志《藝文》，《尚書》止五十七篇也。然其文古質，今書不類，惟此節相符，則錯落可知矣。

厥四月哉生明，王來自商，至于豐。乃偃武修文，歸馬于華山之陽，放牛于桃林之野，示天下弗服。既生魄，庶邦冢君暨百工，受命于周[①]。丁未，祀于周廟，邦甸、矦、衛，駿奔走，執豆籩。越三日庚戌，柴望，大告武成。

據劉歆《三統曆》，武王以一月三日癸巳伐商，二月五日甲子誅紂。是歲閏二月庚寅朔，三月己未朔，四月己丑朔，十六日甲辰望，十七日乙巳旁生霸。粤六日庚戌，是爲二十二日，武王燎于周廟。翌日辛亥，是爲二十三日，武王祀于天位。五日乙卯，是爲二十七日，乃以庶國祀馘于周廟。以曆法推之甚合。今以四月哉生明爲王至于豐，其説殊無所本。以丁未祀周廟，越三日庚戌柴望，亦與其事相乖，不可信也。

王若曰：嗚呼，羣后。惟先王建邦啟土，公劉克篤前烈，至于太[②]王，肇基王迹，王季其勤王家。我文考文王，克成厥勳，誕膺天命，以撫方夏。大邦畏其力，小邦懷其德。惟九年，大統未集，予小子其承厥志。

孔子言追王太王、王季、文王是周公事，然武王有天下數年而崩，則斷無不追王三王之理，但禮制未備，故周公成之。其追王也，必在天下大定之後，今伐紂時告諸

---

① 既生魄以下三句，《尚書正義》在大告武成句後。此係從蔡沈（仲默）《今考定武成》篇。

② 太，《尚書正義》作大。

侯便俱稱王，是武王未滅紂即稱天子矣。誣聖人之至，將並孔子之言亦誣，可乎哉？聖人無利天下之心，文武以聖德敷化，即使天下無一夫不得其所，乃分內所當爲，至德孚于國內，而天下聞風向化，亦非有一毫要結之心。文王三分有二，以服事殷，武王猶是文王之心也，不得已而應天順人，豈以有天下爲樂哉？今乃云惟九年大统未集，是文王已有伐殷之心，夫子所言服事者不足信矣。且九年從何計算起？于是《史記》遂以虞芮質成爲文武受命之年，《泰誓》十有三年爲蒙文王之九年而言，又以文爲受命改元，皆此數句作俑，必不可信也。

底商之罪，告于皇天后土，所過名山大川，曰：惟有道曾孫周王發，將有大正于商。今商王受無道，暴殄天物，害虐烝民，爲天下逋逃主，萃淵藪。予小子既獲仁人，敢祗承上帝，以遏乱略。華夏蠻貊，罔不率俾。

聖人之所以爲聖人，以其德與天通，心與天合，祗承天意，在平日修身愛民。至于討亂誅暴，必其人之罪自絶于天，而天已棄之，不得已順天意以誅罰。紂之罪浮于桀，天下怨畔，若不順諸侯之請，紂亦必滅，湯祀斬而天下亂，民生塗炭。武王何嘗自謂能正於商，且湯之告天也，曰予小子履敢昭告于皇皇后帝云云，卑己請命。而武王自云既獲仁人，華夏蠻貊罔不率俾，詞氣誇張，全不似聖人語矣。

恭天成命，肆予東征，綏厥士女。惟其士女，篚厥玄黄，昭我周王。天休震動，用附我大邑周。

篚厥玄黄數語，《孟子》所引，自是《武成》原文所有。然《孟子》言有攸不爲臣，東征，君子玄黄以迎，非謂伐紂。曰紹我周王見休，言紹其行事，乃見其美。今作昭字，加震動字，且原文是史臣贊武王之辭，若武王自言則不通矣。

惟爾有神，尚克相予，以濟兆民，無作神羞。

此數語應與罔不率俾相連乃順。

既戊午，師逾孟津。癸亥，陳于商郊，俟天休命。甲子昧爽，受率其旅若林，會于牧野。罔有敵于我師，前徒倒戈，攻于後以北，血流漂杵。一戎衣，天下大定。

《牧誓》曰王朝至于商郊牧野，明牧野在商近郊也，以商郊牧野为兩地大誤。血流漂杵，孟子嘗疑其過，此云倒戈攻于後所致，理自可通。壹戎衣而有天下，夫子形其得天下之易，此以壹戎衣三字横插中閒，文氣不甚順，適其爲凑補之文可知。

乃反商政，政由舊。釋箕子囚，封比干墓，式商容閭。散鹿臺之財，發鉅橋之粟，大賚于四海，而萬姓悦服。

此節當是《武成》原文，其言義理無疵，与經傳亦合。惟《史記》因此言召公释箕子囚，命畢公釋百姓囚，表商容閭，命南宫适散財發粟，命閎夭封比干墓，一一鑿指其人，可以不必。

列爵惟五，分土惟三。建官惟賢，位事惟能，重民五教，惟食喪祭。惇信明義，崇德報功，垂拱而天下治。

此節義亦無疵，當是原文。

蔡傳考定武成

《武成》之爲書，自孟子已有不盡信之言，經漢亡逸，而諸儒綴拾殘編以爲之，不特文字錯簡，即意義亦多舛戾，愚既已辨其説于右矣。兹蔡仲默考定《武成》本于朱子，雖非原文，而文義較諸家爲順，學者習而誦之，不可以不存也，故附識于左，而疏其字句焉。

惟一月壬辰，旁死魄，越翼日癸巳，王朝步自周，于征伐商。

一月，蔡氏以爲建寅之月是也。商周建子丑，謂以子丑之月爲年節，如今封開印信，賀節于此時也。其四時節氣仍從夏令，第四時寒暑政令既不可易，而年節乃在子丑月，實是不順，故夫子告顔子以行夏之時。《詩》《書》《春秋》所記，大約皆夏時。而説者不得其解，委曲附會，互相辨詰，勿爲所惑可也。日爲魂，月爲魄，日月合朔，陽上陰下，月體不明，故謂之死魄。然又謂之朔者，朔，蘇也，死而復蘇之意。旁，近也，近于死魄之時。潘氏士遴曰：朔後明生魄死，如前月大，則次月初二日魄死而明生矣，此云旁死魄，當在朔日。

底商之罪，告于皇天后土，所過名山大川，曰：惟有道曾孫周王發，將有大正于商。今商王受無道，暴殄天物，害虐烝民，爲天下逋逃主，萃淵藪。予小子既獲仁人，敢祗承上帝，以遏亂略。華夏蠻貊，罔不率俾。惟爾有神，尚克相予，以濟兆民，無作神羞。

底，致也。漢孔氏曰：名山，華；大川，河也。武王師行所至，告于山川，亦理應然，但語自夸則非耳，今姑就文義詁之。有道，謂文王以上。周王二字不通，蔡氏謂史臣追增，然果武王告神之詞，史但當録其原文，何得妄增？且《牧誓》曰今予發，何以又不增改邪？大正，謂正商之罪。于神天之前自稱將有大正，與湯有罪不敢赦，詞氣相較迥殊，豈武王語乎？爲天下逋逃主二句，《左傳》申無宇所引，以爲數紂之罪以告諸侯，不曰告神也，然尚無大害。仁人，孔氏以爲太公、周、召之徒，可通。略，謀也。華夏二句，以爲禱其將然之詞，則通祈神相，以無作神羞。果如此云，紂尚未至于天怒人怨，武王尚不能必其可以遏亂，而汲汲于伐紂，豈聖人之爲乎？且武王自云予克紂，非予武；紂克予，非朕文考有罪，惟予小子無良。其謙謙若是，以之較此，不亦謬乎。

既戊午，師逾孟津。癸亥，陳于商郊，俟天休命。甲子昧爽，受率其旅若林，會于牧野。罔有敵于我師，前徒倒戈，攻于後以北，血流漂杵。一戎衣，天下大定。

此段之誤已見上原文解中，閻百詩曰：古孟津在河北，而云逾孟津，則在河南，謬矣。

乃反商政，政由舊。釋箕子囚，封比干墓，式商容閭。散鹿臺之財，發鉅橋之粟，大賚于四海，而萬姓悦服。

此節當是實事。政由舊，由湯之舊政也。蓋自堯舜以來，聖人修己治人之大經，禹湯相承以維世，而紂亂之，故武王不得已而應天人以伐之。及紂已亡，即反其暴政，一本成湯之舊以安民。是民被武之德，仍沐湯之德，此其爲聖人相承之心也。比干墓，在今河南衞輝府汲縣北十里。式、軾同，車前横木，古者立而乘車，有所敬則俯憑之。鹿臺，一名南單臺，在今衞輝府淇縣。鉅橋，在今直隸廣平府曲周縣東北。禮賢惠民，聖人之常，故不俟期而即爲之。

厥四月哉生明，王來自商，至于豐。乃偃武修文，歸馬于華山之陽，放牛于桃林之野，示天下弗服。

四月哉生明，以算推之不合，説已見上《武成》錯簡原文註。歸馬放牛，示天下不用兵，《禮記》言之，則實録也。豐，在今陝西西安府鄠縣東。桃林，今陝西潼關東，南接河南閿鄉縣界牧牛山，亦名夸父山。服，用也。

既生魄，庶邦冢君暨百工，受命于周。丁未，祀于周廟，邦甸、矦、衞，駿奔走，執豆籩。越三日庚戌，柴望，大告武成。

生魄、丁未，以劉歆《三統歷》核之亦不合，説亦見上。陳氏櫟曰：既，已然之辭，以望與既望例之哉，生魄十六日，既生魄十七日，其説是也。諸矦及百官受新命于周。駿，《爾雅》曰：速也。柴望，燔柴祀天，望祀山川也。

王若曰：嗚呼，羣后。惟先王建邦啓土，公劉克篤前烈，至于太王，肇基王迹，王季其勤王家。我文考文王，克成厥勳，誕膺天命，以撫方夏。大邦畏其力，小邦懷其德。惟九年，大統未集，予小子其承厥志。

先王后稷以下本未嘗王，尊祖稱曰王耳。紂未亡，武王即追王其祖，文王服事而言其有意伐商，大統未集，大小畏力懷德，夸張之至，豈復成聖人語？

恭天成命，肆予東征，綏厥士女。惟其士女，篚厥玄黄，昭我周王。天休震動，用附我大邑周。

玄黄，色幣。昭周王，天下皆明周王安民之意，孔子所謂不失天下之顯名者也。天休震動，天休之所震動歸美。此節及下節皆史臣之辭，今以爲武王自言則不通，其謬已見前註。

列爵惟五，分土惟三。建官惟賢，位事惟能，重民五教，惟食喪祭。惇信明義，崇德報功，垂拱而天下治。

漢孔氏曰：五，公、侯、伯、子、男。三，百里、七十里、五十里是也。惟賢、惟能，賢能必稱其官事也。五教，五倫之教。食足而後教可施，喪祭誠而後天性篤，故重之。信，民所以立。義，事所以宜。德者，天爵，故當崇。功者，忠良，故當報。綜武王初政之大略如此，於義無大害。然竊取《論語》之言入内，又不能括聖人治功精要，亦屬淺識。

附 解

《武成》一篇當是史記武王伐殷始末，而其書早亡，一二殘文見于諸書，蓋不可識其語之所由矣。晋世晚出《武成》篇中多謬語，然猶幸其錯簡昭然，讀者知其非完書，即可以知其不足信。自朱子考定而蔡仲默成之，于是士林沿習，並其乖謬之詞亦據爲實事，是前人考定不爲功而反爲過矣。夫聖人之心與天地同，無論性之反之，及其成功一也。湯武既爲聖人，則心理自無毫髮之疵，孔子、孟子皆以堯舜湯武並稱，而先儒每不足於武王，由此等書誤之也。故愚就其殘闕原文辨正之，而亦存朱、蔡考定之文，俾學者知其本非全書，不可强爲之説，致聖人蒙冤焉。

洪範

洪，大。範，法也。自伏羲至于堯舜，聖人相繼維世之法略備矣。禹彙而存之，叙爲九類，總括至道，後莫能外，故曰洪範。蓋聖人則天以安萬民，皆本天地自然之理，爲民生當然之法。武王訪箕子以治道，而箕子陳之，言外此無治法耳，非箕子自作也。今文、古文皆有。

惟十有三祀，王訪于箕子。

商曰祀，周曰年。此篇周史所記，而曰祀者，以明箕子未嘗臣周，武王待以賓師，于義兩相得也。訪，就而問之。箕，國名，今山西遼州榆社縣東南三十里。武王克商，就箕子而訪之。《序》謂勝殷以箕子歸，作《洪範》者，謬矣。武王豈不知治道者，訪箕子，謙也。箕子據常理以答之。

王乃言曰：嗚呼，箕子。惟天陰騭下民，相協厥居，我不知其彝倫攸叙。相，如字。

乃者，王訪箕子不止此數言，史臣録其要，重其言，故重此問也。箕子，稱舊爵者，武王尊禮之，從其志而稱之也。陰騭，默定之意。相協，相和合。居，居止。彝，常也。倫，倫類。言天默默安定下民，使和合其居，但人倫常道而已。我今受天之命，將以保合斯民，必求其所以和合而長治久安，我不知倫類所以長安其生，如物次第自然不紊者何在。蓋問永久安民之道也。

箕子乃言曰：我聞在昔，鯀陻洪水，汩陳其五行。帝乃震怒，不畀洪範九疇，彝倫攸斁。鯀則殛死，禹乃嗣興，天乃錫禹洪範九疇，彝倫攸叙。

乃言者，以武王非不知治道者，而請益於己，鄭重而思舉其要，不遽言也。陻，塞也。汩，亂也。陳，塵久也。汩陳，汩没而久廢也。帝，上帝。畀，與也。九疇，九類。斁，敗也。九疇之理，自禹以前聖人皆以修身治世，叙爲九疇則自禹始耳。鯀陻洪水，民不得安居，九疇何自而施？云帝震怒者，爲其拂天意而幾致彝倫没也。禹治水，定安居，而後九疇可施。云不畀、天錫，猶言天奪之監、天誘其衷，重其事，故歸之于天也。乾道變化，其數以九爲極。禹叙九疇，竊取九數，謂千變萬化不越乎此。而後人重之，謂如《洛書》之九宫規規模合，非也。《圖》《書》皆出于伏羲時，禹叙疇擬其數，非禹時《洛書》始出。先儒紛紛傅會曲説，皆非也。洪範之名，蓋禹所命。九疇，則箕子所稱。

初一曰五行，次二曰敬用五事，次三曰農用八政，次四曰協用五紀，次五曰建用皇極，次六曰乂用三德，次七曰明用稽疑，次八曰念用庶徵。次九曰嚮用五福，威用六極。

此述禹所叙九疇，蓋禹之原文也。曰初曰次，禹所叙次第，敬用等字亦禹所定，非箕子所加也。五行，天之大用，萬物不能外，故列首。人秉五行之全，其大者在五事，五事修而後可以應天理，故次二，敬則該内外動静之功矣。五事合乎天，則身修而可以治人，故三繼以八政。農，讀爲醲，厚也，八者皆所以厚民生也。政立而天心應之，故四次以五紀。紀，錯綜而條理不亂也。協，人合天也。皇極，王者立德以爲天下歸，五，中數，天地以此斡運萬物，王者居中立德以理萬民，其象相合，故五次以是。乂用三德，治民以此，人已無二理，而氣質不齊，有此三者，蓋本皇極而推之，故次六。修身治人則道全矣，而不敢自是，則必稽疑，故次七。修己治人之道盡而更稽疑，則吉凶可得而識，故次八庶徵之。美惡殊則福禍異，故次九以五福六極。嚮，勸之使嚮慕。威，懲之使畏懼也。此節但述其文，下文或止禹原文，或箕子以己意衍説，當分别觀之。

一、五行：一曰水，二曰火，三曰木，四曰金，五曰土。水曰潤下，火曰炎上，木曰曲直，金曰從革，土爰稼穡。潤下作鹹，炎上作苦，曲直作酸，從革作辛，稼穡作甘。

此下箕子以己意衍説之。天地太極而已，幾動静而有陰陽，陰陽互爲消長，屈伸而生五行。《易·繫辭》曰天一、地二、天三、地四、天五、地六、天七、地八、天九、地十，本于《河圖》。天一水生于北，地二火生于南，天三木生于東，地四金生于西，中五土爲生生之主，即此一二三四五之序也。陰陽互爲其宅，則共成其用，故陽生者以陰成，陰生者以陽成。而此不言成者，統于生數也。水，天所生也而潤下；火，地所生也而炎上，明著陰陽交感之義矣。陽生于北而盛于東，木發其華。陰生于南而盛于西，金成其質。土爲中氣，天地之藏以蓄養萬物。五行相須，其用無窮，此特著其質性氣味以明民生受氣成形之本。潤而又下，炎而又上，曲而又直，從而又革，皆陰陽之義。味則各專于一者，從其既成言之，如水始生不鹹，久則鹹矣，他倣此。土兼五行，而其生之德莫盛于稼穡，故特以之言。種之曰稼，斂之曰穡。爰，于也。言惟土之德，于是有稼穡以養人，非以爲名也。作甘，得中氣也。

二、五事：一曰貌，二曰言，三曰視，四曰聽，五曰思。貌曰恭，言曰從，視曰明，聽曰聰，思曰睿。恭作肅，從作乂，明作哲，聰作謀，睿作聖。

上文言人秉五行成質之概，此言人秉五行成性之概，五行之理在人身者不一，獨以五事言，舉其大也。貌屬木，發其華；言屬金，宣其聲；視屬火，火外光；聽屬水，水内明；土生萬物，思生萬事。漢儒之説近是，而蔡傳非也。木森然行列恭之象，故有貌即有恭之德。金以聲相應言，故有從之德。火無不照，水無不澄，土無不容，故明聰睿之德，亦皆自然而有也。作肅五者，則五德之用。而人所以合天作肅，人望而畏作乂，人悦而治哲，無微不見謀，無善不納聖，則思之通明也。疇言敬用而此不言者，著其德與用，而敬字在其中，且敬者得天自然之理，非由外鑠也。

三、八政：一曰食，二曰貨，三曰祀，四曰司空，五曰司徒，六曰司寇，七曰賓，八曰師。

食，民所以生；貨，用所以給；祀以報本通微，是皆天地之利，人心之良，自然而不容已，當然而不可緩者。司空奠居，司徒立教，司寇罰姦，其事統乎教養之全，而其制非上不立，故獨以官言之。賓以敬讓相親，師以除殘止亂，常變治忽該焉。食爲民天，則居首；兵不得已而用，則居末。政之事至多，八者已該其大凡。

四、五紀：一曰[1]歲，二曰月，三曰日，四曰星辰，五曰歷數。

紀，如綱之有紀。天之功用著於時，人事必準，天時乃能有成。五者該時之用，四時週則成歲。歲者，因歲星一週而得名也。歲無不統，故居一。月，陰精，積二十九日有奇而一週天。一月者，因月而得名也。日，陽精，每日繞地一週，積三百六十五日有奇而一週天。一日者，因日而得名也。天體渾成，運行不息，以分至啟閉定一歲，以晦朔弦望定一月，稽出入辨昏旦以定一日，而天道可準矣。星有經緯，經星二十八宿，緯星金木水火土五星。辰，日月所會十二次，元枵、星紀、析木、大火、壽星、鶉尾、鶉火、鶉首、實沈、大梁、降婁、娵訾也。察星之遲疾、順逆、伏見、彗孛、流隕，以知天變。考日月所會之辰，以定歲差節候。歷數者，占步之法。蓋日月

① 曰，底本作月，此據《尚書正義》改。

星辰隨天轉旋以成歲功，其盈縮遲疾莫不有自然之數，因其數而制爲歷，于其當行則有推步，于其變動則有占驗之法，而歲月日星辰皆可紀矣。天象有自然之理數，人君因而凖之，定以五者，與天合其功用，故曰協。

五、皇極：皇建其有極。斂時五福，用敷錫厥庶民。惟時厥庶民于汝極，錫汝保極。

蔡仲默曰：皇，君也。極，猶北極之極，至極之義，標凖之名，中立而四方取正者也。皇建以下，申明建用義。五福，即第九疇之五福。上時是也，下時如字。錫，與也。保，相持守也。言人君誠建其有極，則人倫道盡，克享天心，五福必集。又斂此五福以敷布與庶民，於時庶民，于君之極，亦皆相與保守不替。與君同保此極，即與君長保此福。蓋天理責備於一人，一人造福於萬姓，不可苟也。

凡厥庶民，無有淫朋，人無有比德，惟皇作極。

申明建極、保極所以一體之義。庶民，凡爲民人有位者也。民無所嚮方則以淫相黨，臣無所敬畏則以私相附。苟其無之必由，惟皇作極，此所以建極爲保極之主也。作，有振興變化意。

凡厥庶民，有猷有爲有守，汝則念之。不協于極，不罹于咎，皇則受之。而康而色，曰予攸好德，汝則錫之福。時人斯其惟皇之極。

此下箕子衍説禹言之意。庶民甚多，安能必其無有淫朋，惟皇作極？舉善而教不能，乃爲能建極保極意。猷，善謀。爲，經濟。守，操持。念之，不忘也。協極合于善，罹咎陷于惡，而語詞康色，正其容也。言庶民才質之美者，或有猷，或有爲，或有守，汝則念之，必思所以顯。庸之其有不協于極，而亦不罹于咎者，人君當受而裁成之。一旦康其色善其言，汝則錫之以福。夫然則庶民觀感而興，時人斯其惟皇之極矣。

無虐煢獨，而畏高明。人之有能有爲，使羞其行，而邦其昌。凡厥正人，既富方穀，汝弗能使有好于而家，時人斯其辜。于其無好德，汝雖錫之福，其作汝用咎。

申言勸懲並行，乃可以建極也。虐，不恤之。煢獨，孤賤者。高明，寵貴者。羞，進也，羞其行益進于成德。正人，有德之人。穀，善也。好于而家，忠愛國家。承上言錫福非但姑息之謂，必勸懲並行。庶民煢獨，有位高明，人君無虐此畏彼，當一體裁成之。凡人之有能有爲者，獎勸使益羞其行，則在位多賢，邦其昌矣，所以必獎勸者。凡厥正人，既富方能勉于爲善，汝不忠信厚祿以待，使其有好于汝家，則是人無辜受屈矣。于其不好德之人，汝若不知而亦錫之福，其必反爲汝作惡，是豈作極之道哉。蓋用人爲建極之本，故反復申言之。

無偏無頗[①]，遵王之義。無有作好，遵王之道。無有作惡，遵王之路。無偏無黨，王道蕩蕩。無黨無偏，王道平平。無反無側，王道正直。會其有極，歸其有極。曰皇極之敷言，是彝是訓，于帝其訓。

偏，不中。頗，不正也。義，古音讀爲俄，與頗字叶，唐元宗改頗爲陂，誤，當從古本。義，宜于事理而中正，故就偏頗言。道，愜乎人情之大順，故就作好言。路，人心是非之公理，故就作惡言。偏，偏于己。黨，黨于人。蕩蕩，廣遠。平平，平正。反，悖常。側，傾斜，與正直反。會，聚會。歸，依歸也。曰，箕子更端之辭。承上言舉善教不能，無論貴賤，一體裁成之。正人進，而無善德者不得作咎，則民遵蕩平，無敢私作好惡。譬王道於道路，蕩平正直，衆人皆會之歸之。所以然者，人君建極於身，德至而敷言皆善，民乃敬信，守以爲常，服其教，于帝之訓是依也。

凡厥庶民，極之敷言，是訓是行，以近天子之光。曰天子作民父母，以爲天下王。

又申言所以是彝是訓者，以建極之身，存父母斯民之心也。訓，傳述教化。行，身體力行。光，道德之光華。庶民去天子遠，而于皇極之敷言是訓是行，則上下無二理，即無二心，故近天子之光，而羣相稱頌曰：天子誠民父母而爲天下王也。言民保極必如斯而後可，禹叙疇祇言建極，箕子以皇極爲叙彝倫之本，故詳繹之，如是其學可知矣。

六、三德：一曰正直，二曰剛克，三曰柔克。平康正直，彊弗友剛克，燮友柔克。沈潛剛克，高明柔克。

正直、剛、柔三者，亦氣質所稟，故曰德。民生稟賦不齊，自然有此三者。人君當因其質而裁之，以歸于中，故曰乂用三德。一曰三句言其目，平康三句言其狀，沈潛二句則所以乂之也。克，勝也。平康，平易通達之意。正直者，順理而無私曲，如康衢平坦。不屈曰彊。友，順。燮，和也。堅彊好勝者剛勝，和順近人者柔勝。二者皆與正直之平康相反，故人君當以剛克柔，以柔克剛，使皆歸于中道。沈潛，如水深潛闇退，不及乎中。高明者，如火外朗剛發，太過乎中。人君既有以建極，又以三者造就斯民，民其有棄材歟？

惟辟作福，惟辟作威，惟辟玉食，臣無有作福作威玉食。臣之有作福作威玉食，其害于而家，凶于而國，人用側頗僻，民用僭忒。

此節箕子申言所以乂用三德之故。皇極之君以德化民，而權威未嘗不肅也，故乂用三德必不可少。福，爵賞。威，刑罰。玉食，珍食。忒，過差也。惟君操福威之權，享玉食之奉，臣下所不敢望，故以三德乂民，而後民無不歸極者。如臣下或有侵

---

① 頗，《尚書正義》作陂。

其權，則必害于其家，凶于其國。凡有位皆效尤，傾側而入于頗僻，民亦僭差，甚言權之不可下移也。

七、稽疑：擇建立卜筮人，乃命卜筮。

稽，考也。龜爲卜，蓍爲筮，劉向云：龜千歲而靈，蓍百年而一本生百莖，物之靈且壽者。皇極之君既建極以承天矣，而猶恐常變安危，未能虚心以應，恰合乎中，故有理介兩可而從違未決者，則以卜筮考之。朱子曰：卜筮實問鬼神以蓍龜，神靈之物假之以驗其卦兆是也。擇建，審擇而建諸天地，言所以立卜筮之故也。立卜筮人，乃命卜筮，恐其人品不正而術不神，則不足以通幽而決疑也。

曰雨，曰霽，曰蒙，曰驛，曰克，曰貞，曰悔。

此列卜兆筮占之體也。卜法以火灼龜，其璺拆形狀有五種，與五行相配。有滋潤如雨者水之兆，開朗如霽者火之兆，蒙昧不明者木之兆，布散絡驛者金之兆，交錯相克者土之兆。筮法按《河圖》大衍之數，虚其一而不用，用蓍草四十有九，揲之三變而成一爻，十六變而成六爻，下三爻爲内卦，上三爻爲外卦，合内外二卦乃成一卦。六爻不動，則以内卦爲貞，外卦爲悔。有動爻者，以遇卦爲貞，之卦爲悔。之卦者，變而别成一卦者也。王安石曰：貞者，静而正之意。悔者，動而過之意。動乎外豈有悔哉？而以悔名者，悔生乎動故也。

凡七，卜五，占用二，衍忒。

衍，推。忒，過也。上文卜筮之體共七，卜五而筮占二，推衍以盡其變，知人事之過差，即所謂稽疑也。

立時人作卜筮，三人占，則從二人之言。

上文占字專以筮言，此占字兼卜筮言。卜筮以質諸鬼神，兆雖可見而幽微難測，三人同占以參是非，從其吉者，愼之至也。

汝則有大疑，謀及乃心，謀及卿士，謀及庶人，謀及卜筮。

此下箕子衍説卜筮之用，必内斷於理，外協於人，非專恃卜筮也。大疑關係安危久遠之計者，謀及乃心，理已晰矣。而又謀及卿士、庶人，期於公是公非之至當，然後謀及卜筮以質神明。蓋聖人不專求之卜筮，亦不敢外卜筮而自用如此。

汝則從，龜從，筮從，卿士從，庶民從，是之謂大同。身其康彊，子孫其逢吉。

己見審而人謀龜筮悉合，此理之至當，天人協應者，故謂大同，而決其康彊後福。

汝則從，龜從，筮從，卿士逆，庶民逆，吉。

己從而龜筮亦從，是其理當而神明許之也，卿士、庶民或見有未及，故吉而可行。

卿士從，龜從，筮從，汝則逆，庶民逆，吉。

卿士從而龜筮亦從，是卿士之謀善而神明許之，己見或蔽於私，庶民或囿於淺，故吉而可行也。

庶民從，龜從，筮從，汝則逆，卿士逆，吉。

庶民從而龜筮亦從，是民心之公理而神相之，己與卿士或未悉民隱，故吉而可行也。

汝則從，龜從，筮逆，卿士逆，庶民逆，作內吉，作外凶。

己見與龜合，而筮與卿士、庶民逆，非全吉也，故但可爲婚祭等事，不可爲征伐大事。唐孔氏曰：經言龜從筮逆，其筮從龜逆，爲吉亦同。故孔傳言龜筮相逢，見龜筮之智等也。僖四年《左傳》云筮短龜長者，卜人欲令公舍筮從卜，非龜實長也。《易·繫辭》云蓍之德圓而神，卦之德方以智，神以知來，智以藏往。聖人演筮爲《易》，所知豈是短乎。其說是也。

龜筮共違于人，用靜吉，用作凶。

蔡氏曰：靜，守常。作，動作也。稽疑以龜筮爲重，龜筮共違，是人謀雖善，天心不從也，故以靜守爲吉。

八、庶徵：曰雨，曰暘，曰燠，曰寒，曰風。曰時五者來備，各以其叙，庶草蕃廡。

徵，驗。廡，豐也。雨潤日陽，夏燠冬寒，風行四時，此天地陰陽之氣，自然有此五者，時各以其時至也。五者皆當其時，則萬物蕃盛，即至細如草亦蕃蕪，而萬物阜成可知。又按：五者祇一陰一陽，消長屈伸之氣，其布於四時則春溫多雨，秋燥多暘，夏火故燠，冬水故寒，風則貫於四序。揚子雲、孔安國皆同此説。下文言五事得失而休咎應之，只大概言其理，以明天人相感之機。蔡仲默亦言必曰某事得失，則某事休咎徵應，亦膠固不通，而不足語造化之妙矣。

一極備凶，一極無凶。

五者運行，陰陽之所以和會。極備而過多，極無而過少，則陰陽不和，人物無以生養矣。

曰休徵：曰肅，時雨若；曰乂，時暘若；曰哲，時燠若；曰謀，時寒若；曰聖，時風若。曰咎徵：曰狂，恒雨若；曰僭，恒暘若；曰豫，恒燠若；曰急，恒寒若；曰蒙，恒風若。

推言庶徵之本于人事，以明所以念用之故也。無禮則狂，事紊則僭，不明則怠，無謀則急，愚滯則蒙，五事之得失各相反也。天地氣化本無不和，人君五事修而和氣應爲休徵，否則戾氣而咎徵。肅者，導和氣于人羣，雨則被膏澤於庶物。乂者，剛明足以治紛，暘則著高朗于宇宙。哲者，昭融有似於燠之含育和暖。謀者，深密有似于寒之凝結閉藏。聖則無微不察，風亦無微不入。咎徵反此。此亦不過即其形似之意，以見天人理氣感通，必鑿以求則迂滯而不通矣。

曰王省惟歲，卿士惟月，師尹惟日。

此下箕子推衍其説，明天道驗於時，歲月日時無一息不當省察而修身。省，省察，即上文念字之意也。王與卿士、師尹同任經世理物之權，則皆當念庶徵以自省。歲月日亦大概言其職任大小之意，而非謂王緩于臣下也。王綜權剛，而其去民也遠，故其應以積歲之得失而成。卿士較近，師尹則日與民相接，故其省惕倍之，實則念念不忘警惕，上下皆宜然也。

歲月日時無易，百穀用成，乂用明，俊民用章，家用平康。日月歲時既易，百穀用不成，乂用昬不明，俊民用微，家用不寧。

積月成歲，積日成月，積時成日，故上文只言歲月日而此言歲月日時，且互言曰日月歲時，不時時警惕，又烏以爲歲月日之省哉？無易即上文時字意，既易即上文不時意，以時字屬下爲一句者非也。申時行日，百穀成，天時有生，地利有養也。乂用明，五辰既撫，庶績其凝也。天地交而賢人出，因之明揚。陰陽和而家道昌，因之平康。五氣之順布有以感之，實五事之交修有以本之是也。王氏肯堂曰：休徵先大後小者，見休徵之效必關于一歲，善必積而後成。咎徵先小後大者，見咎徵之害初起于日月，惡雖小而可懼也。

庶民惟星，星有好風，星有好雨。日月之行，則有冬有夏，月之從星，則以風雨。

天人之理無貴賤，一也。而上言王與卿士、師尹皆當省察，獨遺庶民，此故申言庶民，惟上所命以專有位之責也。箕，四紅星狀如箕。畢，八紅星如瓜乂。箕好風，畢好雨，自漢儒云然。愚案：經止言有好風好雨，未言箕畢。《詩》云月離于畢而雨，非謂畢好雨，箕好風更無確證。夫風以散之，雨以潤之，皆天地氣化所以生成萬物。天以日月爲綱，至陰至陽，運化不息，而生成以溥，星則日月五星之散氣耳，故以喻庶民。好風好雨，喻其情之異耳，非星能爲風雨。舊説天有黄赤二道，日月有九道，非天實有此道也。日月之行，有遲有速，故因其合散分爲數段以别之。日之所由謂之黄道，南北極之中度最均處謂之赤道。月行黄道之南謂之朱道，行黄道之北謂之黑道，行黄道之東謂之青道，行黄道之西謂之白道。黄道内外各四，並黄道爲九。日行北至東井，去北極極近，爲夏至；南至牽牛，去北極極遠，爲冬至；東至角，西至婁，去北極中，爲春、秋分。月行立春、春分，從青道；立秋、秋分，從白道；立冬、冬至，從黑道；立夏、夏至，從赤道。所謂日月之行，有冬有夏也。月行東北入于箕則多風，南入于畢則多雨，所謂月之從星則以風雨也。不言日從星者，日爲陽精，然無盈虧，陰陽舒斂之迹不見。月則二十七日有奇，一周天而與日會，斂其氣以藏用而生魄，舒其氣以顯仁而生明。《記》日月以爲量，和而後月生，正謂此也。言民若衆星，然星有好風好雨之異，民之嗜欲不同似此。日月之行則冬夏由是而分，非星可得比也。然日月正未嘗外星以爲功，覩月之從星則以風雨，是月無好惡，隨星之好惡。王猶日也，卿士、師尹月也，風雨會而陰陽和，上下通而治道立，此庶徵之所以必本於君身，而民爲天心，王與卿尹必先自省也。

九、五福：一曰壽，二曰富，三曰康寧，四曰攸好德，五曰考終命。

壽爲德徵，且承先裕後尤賴，故居一。富可以孝養給人。康寧，立德立功賴之。攸好德，善足成己成人。考終命，全受全歸。五者，人君斂於己而錫於民，使知所嚮者也。

六極：一曰凶短折，二曰疾，三曰憂，四曰貧，五曰惡，六曰弱。

凶短折，遭凶害而夭歿也。疾則身危，憂則心困。貧者，無以養。惡，醜惡。弱，羸弱。孔傳是也。五者皆得天不足而阨其生者也，惟德可以挽之。此就其已成者言，人君以此戒其臣民，時存畏惕，修德于豫，故曰威用六極也。

附　解

自開闢以來，聖王迭起，經世理物之法至唐虞而大備。洪水爲災十有餘年，民生不聊，尚安能使之敦行踐禮？迨禹平成以後，堯舜乃修明先聖之法，養教斯民，使各安居樂業，箕子故以彝倫攸叙歸禹。彝，常也。倫，類也。非謂五倫而五倫自在其中，誤解似武王不知天敕天叙，至是始問五倫就理之義者。夫文武承堯舜禹湯之道，自公劉而下至太王、王季、文王，聖聖相承，德化遠被，舍五倫何以爲道？何以爲德？文武相繼，天與人歸，會朝清明，周公因而制作，禮明樂備。若不知彝倫攸叙之道，又安能折衷至善，垂爲千載令規？然則王所以訪于箕子者，何也？武王聖，不自聖，念己世居西陲，先代聖王治世大法藏在王府，自唐虞至商世世守之。紂爲無道，天下騷然，先王治法多淆，民生日用倫常其不合道者尤多。今將安而定之，使民生永奠，必講求先聖之法，此當問者也。又念天下之生久矣，一治一亂，總不能平。法積久而必敝，聖難繼而即衰，將使彝倫之衆久安長治，有治無亂，當用何法？一片仁民壽世遙遙無窮之心，故發端歎息而起，而史臣特以王乃言曰明其意。叙彝倫者堯舜，其道則羲軒以來羣聖次第所成，亦非堯舜特創。夫子稱堯則天，以其承往聖而益加明備。箕子言天怒鯀畀禹，若禹新造者，以洪水之患，前聖之法幾湮，非平成不能復明。且禹又彙前聖之法，叙爲九疇，使後人有所遵循，豈武王必待箕子始知哉？因此篇總括聖德王功之全，故名曰《洪範》耳。而後人傅會衍説，一似羲皇以來聖人俱不知此，特箕子知之，一何可笑。其必言天錫禹者，洪水之患，民無以生，尚安能講禮義？堯舜雖聖，功業亦無所施，非禹平成則人且將盡，安有彝能？故鄭重而言此道深賴禹耳，故特以天意歸禹而珍重之。其文亦用乃言曰者，箕子以武王固聖人，今虛懷訪己治道，武王已知，更何所陳？但禹所叙九疇，藏在商之王府，武王想實未得見，故以己所聞詳析告之，又閒以己意紬繹之。乃言者，鄭重之詞，其意則謂治法，外此無他道，非禹始創其法，武王亦不知其法，而箕子獨得之，因王訪乃告之也。前人以箕子爲不死，有心傳道武王，非箕子不能叙彝倫，其謬可勝言哉。禹恐歷久淆散，綜其要略，叙爲九疇，名曰洪範，謂其無所不包也。至其彷《洛書》之數，别爲九章，不過偶然依附，如夫子言文武之政列爲九經，以明大要，非有甚深之義也。《洛書》與《河圖》同出伏羲世，非禹時始出，禹亦非得《洛書》而後叙九疇。後儒穿鑿附會，殆不勝計，而劉向《五行傳》及京房之徒遞相流衍，其妄愈甚。近代諸儒有謂《洛書》本書非邵康節所傳九宫之説，因謂《河圖》《洛書》伏羲未嘗則以畫卦其見，猶漢儒以初一曰五行六十五字爲《洛書》本文也。孔穎達已疑之，其謬蓋不足辨。今愚折衷諸説，不廢漢儒，亦不廢蔡傳，惟求其不謬于聖人。如相協厥居，明太祖常非蔡傳，以爲但屬天言，抛卻人事，然不知其言君相承天，宜有以叙之。五行水火木金土不以相生相尅爲序，自是彷《河圖》天一生水，地二生火之義。五事、八庶徵雖就五行言，然衹大概言天人相通之理，朱子及蔡傳不如漢儒之允也。五事之修必由誠中形外，非區區制束官骸即可臻于純備。庶徵之休咎由人固已，然尽其道于己，而不必求其應于天。其或有咎徵則必思己之過，或有休徵不言己之功，可也。故五事曰敬，而庶徵曰念。八政，養生送死禮樂兵刑皆括其中，爲人道之當然。五紀，爲天象之自然。建皇極者，盡人道以合天道而已。三德，舊説以正直、剛克、柔克屬君，而解平康爲平治之世，彊弗友爲强梗之世，燮友爲和順之世。夫聖人之道一而已，以之修己，即以之治世。德備中和，剛柔悉協，豈有正直僅可施于治平，而不可施于其他哉？弊由不得本文語意，横生枝葉，今正之。稽疑聽于卜筮，似建極之君德盛化神，猶待鬼卜，此義亦不可不明也。雨、暘、寒、燠、風乃造化陰陽之用，不必定以五行黏合，而經以肅、乂、哲、謀、聖立説者，欲人省其在己，小心聽天也。執一以求符應，此漢儒曲説所以不可通而買禍，王省惟歲以下，舊解亦多拘滯，今皆疏之。學者當以義理求諸于心，而審其可否，乃能定其得失。惡弱，蔡傳訓爲惡剛柔弱，蓋疑貌之惡、身之羸，不足爲極也。然生人聰明壽考本于天授，其秉氣之厚薄半由人爲。先澤之隆汙，己身之修悖不齊而氣化應之。經列此六極，使有其極者知得天之薄而警惕修爲，則可以化凶爲吉。若爲惡則人之所爲，非性善本體，志氣弱亦由自惰，未知修身立命之法，不得以爲天之極也。凶短折，祗是凶害而夭折者，分爲凶死、短命二事，非也。夫聖人之心固天心也，以其道盡之，己尤欲以其道及于人，人無不得天之理氣而生，即無不可全天之正氣。而聖特上無以作則，下無以維持，則天與人遠，而斯民展轉淪胥而無何。《洪範》明天人一理，括治功大全，而標爲九章。前乎禹者羲農唐虞，其道以是而開。後乎禹者湯武孔孟，其教以是而廣。禹之功所以大，非武王虛衷，箕子至德，九疇遂廢。史臣以其爲聖人治萬世法紀錄之，而學者多不得其的解，紛紛多爲之説，遂至康莊化爲荊棘矣，安得不詳辨之。禹敘爲九類，本無他意，箕子閒或以己意衍説，亦祗是推廣其義，混看者非。

分器篇亡

旅獒

西戎，國名。旅獒，猛犬知人意者。西旅貢獒，太保召公恐武王受之，而作是篇以獻。今文無，古文有。

惟克商，遂通道于九夷八蠻。西旅底貢厥獒，太保乃作《旅獒》，用訓于王。

周家畫井田，敷禮樂，所治中原僅今北五省地。餘但羈縻之通道，德威所及，道路自通，非武王有意開疆而通之也。九夷八蠻，九州八方之蠻夷，約舉之詞。太保，召公。史臣序貢獒之由，及此篇之所以作。

曰：嗚呼，明王慎德，四夷咸賓。無有遠邇，畢獻方物，惟服食器用。

慎德，敬慎其德。方物，方土所生之物。明王慎德，非欲招致四夷而四夷自服，獻方物以嗚忱，明王不必矯爲卻也，第惟服食器用。林氏曰：不責彼之所難得，不求我之所無用是也。此言遠方貢物亦常事。

王乃昭德之致于異姓之邦，無替厥服。分寶玉于伯叔之國，時庸展親。

德之致，謂遠人貢物由德所致。聖王不自謂有德，而由諸邦有德所致，故歸功于異姓。同姓之邦其或有寶玉等物，則特分與同姓，蓋誼親尤致優賞。時，是也。展，布也。用展布其親親之恩，言明王不以貢獻自私如此。

人不易物，惟德其物。德盛不狎侮。狎侮君子，罔以盡人心。狎侮小人，罔以盡其力。不役耳目，百度惟貞。

不易物，不因物而移，惟德爲貴物耳。不狎侮，即愼德意。君子、小人，以位言之。百度，百事之節。申言明王惟以愼德爲要，德盛之人自能存兢業，不狎侮於臣民。若稍存狎侮，則臣民攜貳，無以盡其心力。若以玩好役其耳目，則非愼德之道，故不役耳目，斯百度惟貞。

玩人喪德，玩物喪志。志以道寧，言以道接。不作無益害有益，功乃成。不貴異物賤用物，民乃足。

玩人，即上文狎侮事。玩物，即上文役耳目事。德所以孚於人，志所以主其事。以道寧，道安而心乃固。以道接，道協而言乃公也。孔氏曰：諸是妄作皆爲無益，諸是世所希皆爲異物是也。申言不愼德則必玩人，玩物而喪其德志。不知志必以道而寧，言必以道而接，若非愼德，何以守道？况夫無益之事多害於有益，異巧之物不貴於用物，人主善世宜民，但求功成而民用足甚。言異物之無所用也。

犬馬非其土性不畜，珍禽奇獸不育于國。不寶遠物，則遠人格。所寶惟賢，則邇人安。

此乃正言旅獒之不可受。犬馬既非其土性不畜，而人主又不宜育珍奇，受之而使遠人疑其貴物，有損而無益矣，故卻之。而不寶遠物，則遠人慕天子之聖明。所寶惟賢，則邇人沐治平之實效。

嗚呼，夙夜罔或不勤，不矜細行，終累大德。爲山九仞，功虧一簣。允迪茲，生民保厥居，惟乃世王。

蔡仲默曰：或，猶言萬一。吕東萊曰：此節愼德功，或之一字最有意味，一暫止息則非愼德是也。矜，矜持。八尺曰仞。細行即大德之基，一簣爲九仞之體。陳氏經曰：聖狂遠矣，而始於一念之微。流金爍石，而一陰生寒自此始。墮指折膠，而一陽生暑於此萌。諫於微則爲力易，待其著則難矣。武王素能愼德者，召公恐其於一獒而忽之，則將累德而喪功，誠哉聖賢相儆戒之至意乎。

附　解

此篇亦今文所無，人多疑其僞。王心敬遂謂與《召誥》不類，非召公之言。然其文雖明白易曉，而義實精深，自漢以來傳説家多未盡其藴，何得概以僞輕之。今爲正其章句，庶讀者知聖世明良，儆戒無虞之心。宋陸文安公嘗令人與《孟子》牛山之木諸章並讀，允矣。舊解多不順，明者詳之。

巢命亡篇

金縢

武王有疾，周公以天下初定，成王尚幼，請命三王，欲以身代武王之死。史録其事之始末，以其册祝之文藏于金縢，因以名篇。今文、古文皆有。

既克商二年，王有疾，弗豫。二公曰：我其爲王穆卜。周公曰：未可以戚我先王。

二年，克商之明年。弗豫，猶不快。穆，敬。戚，憂也。二公欲卜吉凶，周公言不可以其事憂戚先王，蓋將自爲請命，而權詞以卻二公之卜也。

公乃自以爲功，爲三壇同墠。爲壇于南方，北面，周公立焉。植璧秉珪，乃告太王、王季、文王。

漢孔氏曰：功，事也。壇，築土。墠，除地。蔡氏曰：三壇，三王之位，皆南向。三壇之南别爲一壇，北向，周公立焉。植，置也。珪，璧所以禮神。愚按：武王平日聖德，非待疾厄而祈禱者，特周公忠愛憂危之誠，有迫於不容已者。善乎陳氏經曰：丘之禱久，其不禱爲己也，周公之禱爲君親也。爲己而禱是不知命，爲君親而不禱是不知義。

史乃册祝曰：惟爾元孫某，遘厲虐疾。若爾三王，是有丕子之責于天，以旦代某之身。

册祝，史爲册書祝辭。元孫某，武王也。周公告於三王，蓋稱武王之名，及史臣記載乃諱之曰某也。遘，遇。厲，危也。虐疾，惡疾。丕子，天子，天之元子也。言武王遇危厄而有虐疾，如爾三王是受天命以保護丕子者，今疾狀不起，恐遂喪亡，求以旦代其身也。

予仁若考，能多材多藝，能事鬼神。乃元孫不若旦多材多藝，不能事鬼神。

若，順也。考，推王考、皇考之義，祖父皆可以通稱者也。此乃周公迫切之至情，設爲或然之想以要三王，非自矜也。言元孫某之遘疾將危，或者三王以其仁順祖考，多材多藝，能事鬼神，將召之耳。然予仁亦能順祖考，多材多藝，能事鬼神，乃元孫轉不若旦之多材多藝，不能事鬼神，毋庸遽死之也。夫鬼神豈必真以材藝者爲役，死生大數亦豈必果可身代，而周公憂危之切，至誠之懷，不覺其發爲此言耳。

乃命于帝庭，敷佑四方，用能定爾子孫于下地，四方之民，罔不祗畏。嗚呼，無墜天之降寶命，我先王亦永有依歸。

此乃正告之以武王不可死之故也。言武王乃受命於帝庭，布德以佑四方者，故能定爾子孫於下地，四方之民無不敬畏。若遽喪亡，則民無所依，天之寶命墜矣。因歎息求其無然，則天下有賴，我先王亦永有依歸。命而曰寶，重之也。

今我即命于元龜，爾之許我，我其以璧與珪，歸俟爾命。爾不許我，我乃屏璧與珪。

即，就也。許，謂疾瘳。言己就命於大龜，三王許我，我其靜待爾命。如不許我，則周室將危，先王不佑，我乃屏璧與珪，不得事神矣。蔡仲默曰：稱爾稱我，無異人子之在膝下以語其親者，此亦終身慕父母與不死其親之意。愚按：爾汝之稱在後世則不可以施於尊長，周初禮質，尚未諱此也。

乃卜三龜，一習吉。啓籥見書，乃并是吉。

三龜，三王各一龜卜之。習吉，時瀾曰：龜三而吉一也。啓，開。籥，管籥。林氏曰：《周官》太卜掌三兆之法，一曰玉兆，二曰瓦兆，三曰原兆。其經兆之體百有二十，其頌皆千有二百。頌即《春秋》所謂繇，而此所謂書是也。開籥而參以龜卜之書，證三卜之果吉否，而乃并吉也。

公曰：體，王其罔害。予小子新命于三王，惟永終是圖。兹攸俟，能念予一人。

體，兆之體，兹亦指龜兆而言。言以兆體觀之，王其無害。予小子新受命於三王，許我永終。兹我所當靜俟之者，三王信能念予一人矣。曹能始曰：古人君祀天地，必以祖考配享。其有禱於天地，亦必藉祖宗之靈以請。蓋天至尊，不敢唐突，而祖宗至親，殆可以情告也。謂新命於三王，即新受命於天可。

公歸，乃納册于金縢之匱中。王翼日乃瘳。

金縢之匱，以金緘其匱也。後世祝册既用，或焚或埋，周公時蓋未有焚埋之禮，而藏諸金匱以示敬重。唐孔氏曰：册祝不可捐棄，又不可示人，故藏之。蔡仲默曰：金縢之匱，乃周家藏卜筮書之物。每卜則以告神之辭書於册，既卜則納册於匱而藏之，凡卜皆如此。故前周公啓籥見書者，啓此匱，後成王欲卜，啓金縢者，亦啓此匱也。非周公始爲此匱藏其册祝，爲後來自解計是也。

武王既喪，管叔及其羣弟乃流言于國，曰：公將不利于孺子。

管叔，名鮮，武王弟、周公兄也。羣弟，蔡叔度、霍叔處也。流言，猶浮言，漢孔氏曰：放言也。孺子，謂成王。武王克商，封紂子武庚於舊都，則仍如未失天下也。武庚不肖，蓋不足以治其國，使三叔監之。古禮，天子使其大夫爲三監，監於諸矦之國。既仍居尊位，又不至虐民，仁至義盡之道也。武王崩，成王幼，管叔等不知武周美意，以爲私計，武庚蓋亦以爲不便，遂爲浮言誣公欲危王室。

周公乃告二公曰：我之弗辟，我無以告我先王。

辟，法也。流言誣公，人或信之，成王則未疑之也。但武庚既畔，公若避小嫌而不明正其罪，則周室遂危，故公言不執法討罪，無以告先王也。

周公居東二年，則罪人斯得。于後，公乃爲詩以貽王，名之曰《鴟鴞》。王亦未敢誚公。

居東，即東征武庚也。唐孔氏曰：《詩》言于今三年，此言二年者，《詩》言初去後來，凡三年，此簡言之也。公之聖武，何以東征至三年之久？蓋周居西陲，天下嚮化，而紂在朝歌，獨肆淫酗，殷民未盡知周之德。及武王有天下，仍封武庚於故都，使作賓王家，則一切政教獨沿紂舊。周公平亂，後留東，宣布德政，教化殷民。《豳風》言之已詳，此所以三年也。罪人，武庚及管叔之屬。《鴟鴞》之詩托爲鳥言，若文王語然以告成王，使念骨肉之凋殘，勿以戡亂爲喜，而以先王爲念。誚，讓也。因詩辭奥曲，故王未盡解，亦未敢以公爲非，特未遽迎周公耳。

秋，大熟，未穫。天大雷電以風，禾盡偃，大木斯拔，邦人大恐。王與大夫盡弁，以啓金縢之書，乃得周公所自以爲功代武王之説。

周公自東歸來，適有風雷之變。王初未欲郊迎公也，啓金縢以穆卜，偶得周公册祝之説，乃知公德。弁，皮弁，視朝服也。

二公及王乃問諸史與百執事。對曰：信，噫。公命我勿敢言。

周公册祝請命之時，既卻二公而自爲，則其詳二公固不及知，見其辭而乃問諸史與百執事。史、執事，皆掌卜筮之人。信，果有此事。公命我勿敢言，戒其勿洩，此見公無求人知之想也。命勿言，而亦勿敢言，又見公之誠能動物。

王執書以泣，曰：其勿穆卜。昔公勤勞王家，惟予沖人弗及知。今天動威，以彰周公之德，惟朕小子其新迎[①]，我國家禮亦宜之。

新迎，自古無君郊迎臣之禮，今新爲之。又言於國家禮亦宜之，言非過也。王執書而泣，言不必更卜，公昔勤勞王家，予以沖幼弗知。今天動威以明公德，我當新以禮迎之，於國家禮亦宜然也。

王出郊，天乃雨，反風，禾則盡起。二公命邦人，凡大木所偃，盡起而築之，歲則大熟。

出郊，迎周公也。漢孔氏以爲郊以謝天，蓋疑公居東未還耳。然史書簡質，秋大熟句上當記公自東還，而不然，但記風雷之變及王言新迎，則公已將至可知。王既悟而迎公，天即感應，史臣叙此以明公至誠格天也。

附　解

此篇史臣特記周公請代武王一事，以忠愛之誠格天，爲萬世臣子法。始終只了金縢一事，故以《金縢》名篇。至武庚淮夷之畔，周公東征之事，俱

① 迎，《尚書正義》作逆。

從其略。柰後儒不知史臣記敘本旨，摘一二句疑竇，妄生枝節。如我之弗辟、周公居東二年等語，崔氏述謂周公攝政乃三年，冢宰攝政非因成王之幼，且謂成王邑姜子，武王九十三終，成王不應年幼。然《明堂位》即不足信，《文王世子》載孔子之言，豈鑿空妄撰？且此書屢言沖人，成王自言幼沖人，何爲然邪？邑姜之歸武王早晚不可知，大抵武王元妃或有子早卒，或無子，至末年而始娶邑姜爲元妃。周家立嫡，以成王係嫡出故立之，其邘晉應韓則庶出者也，豈可不即經文定之而妄説乎？謂周公以冢宰攝政，管蔡流言，避居東都，成王多殺公之屬黨，公作《鴟鴞》之詩救其屬臣，請勿奪其官位土地。如其所云，成王幾與葅醢韓彭同科，周公尚敢作詩戒其勿殺與黨？不惟無此情事，且《鴟鴞》之詩徒爾斤斤自明，公亦毫無聖人氣度，則所謂成王非幼者，又何足徵也？我之弗辟，朱子始從孔安國，繼謂成王方疑周公，公不應不請而自誅之，辟當爲避，由是蔡仲默及諸儒皆從之。然成王無疑公事，此篇明言王亦未敢誚公矣，弊由鄭康成成王猶未知周公之意也一句，生出後儒許多議論。至崔述謂避居東都，近在咫尺，故王出郊迎之。夫東都距西京何止咫尺，流言之來雖三叔所爲，實因將助武庚而畔所爲。朱子亦言在三監及淮夷畔時，意其稱兵舉事，必以誅周公爲辭，若王敦之於劉隗、刁協也。若但係三叔流言，武庚未畔，周公何妨大度置之，乃因浮言小事即避位居東都，雖狹量淺夫亦不爲此。且其避居也，解職而去乎？遙柄國事乎？情事亦不可通。二公亦聖賢也，目覩公因流言避去，不言於王，亦不留公，與木偶何異？周公自因武庚畔亂，不敢以流言小故避嫌諉任而誤國家，非謂成王疑之，己當遠避。如果疑之，公猶得脱然遠避乎？《蔡仲之命》云羣叔流言，乃致辟管叔於商，與此辟字正同。崔述以今文所無，謂爲僞作，遂並此而非之。然如所云，則《鴟鴞》之詩全説不去，所謂風雨飄搖，取子毀室者無著，勢必從鄭康成之説，成王疑之而周公自解説耳。朱子於此篇從康成，而於《鴟鴞》從孔傳，以孔傳於詩意乃順耳，善乎。陳氏大猷曰：《豳風》諸詩，其言與《金縢》所書昭然相合。《大誥序》言武王崩，三監及淮夷畔。《金縢》言武王既喪，管叔及羣弟流言。則流言與畔皆在武王始崩之際，不得分爲兩節，亦非養寇三年而後始征也。成王幼，未親政，凡事皆聽於師傅，二公居中調護，成王中心雖不能無疑，亦未敢明沮周公之行。兼成王諒闇國家之事，惟冢宰是任，在周公固可專其事矣。四國之變，征之少緩則蔓延莫遏，周公豈敢顧一己之小嫌，忘宗社之大計邪？迨夫三監伏辜，居東以俟朝命，而不敢遽歸，此則公之避遠權勢以待王之悟也。以經證經，正不必遷就牽合云云。其據《大誥序》及成王疑公，雖未爲的當，而大概情事頗明。陳氏櫟亦曰：使云我若不避之如何接得我無以告我先王，不審避之，將何以告先王？有辟字在上，則居東便是屯駐以東征矣。《鴟鴞》詩云既取我子，便是謂武庚既敗，管蔡三年而歸，便是成王因風雷之變迎公以歸，首尾關涉，三年謂二年、三年皆可耳。其言亦爲有見，後儒執一字一句以求罅隙，而不會通《詩》《書》，誠可浩歎。□武王之封武庚也，豈爲是虛文虛意哉？紂爲不道，天下諸侯畔之，孟津之會不期而會者八百，豈武王要結之哉？彼其苦紂之虐耳，周之仁，同時畔紂，若山東豪傑並起亡秦。使武王不出而統一諸侯，諸侯亦必殺紂而斬殷祀，然成湯所以繼堯舜之道，遂將埽地而血食，亦無復存天下。諸侯尤必有乘亂侵奪東西爭帝者，元元塗炭，伊於胡底，故武王不得已而應之。諸侯素懷周德，服其命令。紂聞諸侯畔已，倉卒自焚，非武王迫之也。使紂王不自焚，武王除君側之惡，修成湯之政，安慰天下，諸侯各歸封域，己雷輔王室，庶幾君之一悟。如其不然，如伊尹放桐，更立賢君亦可。不幸紂已自戕，微箕早逐，共主無人。若不順天下而王，殷後難存，民生難安，故遂爲天下主。修成湯之政，使天下仍戴湯德於無既，故曰反商政，政由舊。此時微箕二賢未出，且武庚又紂之胤也，故封之於舊都，使仍如世守。因早知其不德也，故命三叔輔之。《記》曰天子使大夫爲三監，監於諸侯之國，國三人，蓋古制非監制之也。不料三叔既不能教化之，又從而煽誘之，武庚遂畔。當時成王尚幼，公受武王命輔翼，義不當避嫌而墜先王之緒，故曰我之弗辟，我無以告我先王也。以王命東征至三年者，愚正註已詳，不贅。罪人斯得，即平武庚而定亂也。言二年者，孔穎達之説是。平亂之後，公恐成王以戡亂爲喜，不知返躬引咎，故爲《鴟鴞》之詩以貽王。首章言文王撫子恩勤，今既取子，無得毀室，蓋追念文考鞠子之哀，而痛三叔之見取也。次章未雨綢繆，恨已不能先事綢繆。三章拮据卒瘏，仍追叙文王創業艱難，本欲其子孫仰體而無相害。末章風雨漂搖，乃歎今日禍亂。予羽譙譙，喻三叔見取也。予尾翛翛，喻殷民罹害也。予室翹翹，喻王室幾危。予維音嘵嘵，言己所以哀訴也。通篇詞意皆是東征後貽王語，論者不解《詩》言，反横生妄語，不亦傎乎。穆卜，孔傳訓穆爲敬，蔡傳以爲共卜。然凡卜必敬，祗言不必敬卜耳，當從孔氏爲簡盡。予仁若考，能多材多藝，能事鬼神，必補出武王之仁與材藝一層，語始無病。三龜謂立三人以相參考，亦不如朱子之説爲長。崔述極辨以殷畔只二叔，無霍叔，彼因不信古文《蔡仲之命》云然。然三叔監殷，其傳已久，《左傳》言二叔以管蔡，尤武庚謀主從其長者言，且弔二叔之不咸，以管蔡皆以誅死也，何得據以相難？改新迎爲親迎，謂親誤作新，猶《大學》新誤作親。然《大學》親字改爲新字，於義已乖，此改新字爲親，亦爲多事。文人未知聖人分量，安知聖人書籍，逞其私見，妄作詆訶，所謂不知量者歟。

大誥

淮夷徐奄，蓋素黨於武庚者。周公既討平武庚，而四國復畔，成王率諸侯親征之，羣臣多以爲不可，故作此以告天下。今文、古文皆有。

王若曰：猷，大誥爾多邦，越爾御事，弗弔天降割予我家不少句。**延洪**句。**惟我幼沖人，嗣無疆大歷服。弗造哲迪民康，矧曰其有能格知天命。**

猷，謀也。言我謀之已審，今乃大誥爾多臣也。多邦，天下諸侯。御事，凡治事之臣。弔，恤也。割，害也。延洪，先人所貽留者大也。沖人，成王自謂。歷服，即歷數，王者承歷數而爲人所服，故曰歷服。造哲，行明智之事。迪，導也。言大誥爾多邦及爾御事，我今不爲天所弔而生變亂，是天降害於我家者不少也。幸我祖宗所貽令德延留者尚大，但我幼沖嗣無疆之大歷服，不能早行明哲之事以導民於安平，况能有感格之道知天命也。

已，予惟小子，若涉淵水，予惟往求朕攸濟，敷賁。敷前人受命，茲不忘大功，予不敢閉于天降威用。

已，止也。濟，事之成也。敷賁，與《商書》用宏茲賁同，言布大業也。前人，謂文武。茲，此也。閉，遏絕也。罰惡者，天之威用。言今日之事其且已乎，但予惟小子平日若涉淵水，凡有所行，予惟往求朕事所濟以布大業，亦惟敷布前人之受命，長此不忘大功耳。如有罪當誅罰，乃天威應爾，予不敢閉於天降威用也。此言其平日如此。

寧王遺我大寶龜，紹天明，即命。曰有大艱于西土，西土人亦不靜，越茲蠢。

蔡仲默曰：寧王，武王也。蘇東坡曰：當時謂武王爲寧王，以其克殷而安天下是也。紹天明，天至明，察龜前知可以繼之。大艱于西土，東國畔則西京震動也。蠢，動也，如蟲之無知而動也。言寧王遺我大寶龜，紹天之明，當東國未畔，即命。兆曰有大艱難於西土，西土人亦不靜，及茲日而果蠢動也。

殷小腆句，**誕敢紀其敘。天降威，知我國有疵，民不康。曰：予復。反鄙我周邦。**

小腆，不厚之國。《左傳》曰不腆敝邑。徐奄諸國本殷封國，武王平殷，仍使襲封，故稱爲殷小腆也。敘，緒也。紀緒者，諸國作亂，以復殷之緒爲辭也。天降威，即上文降割意。我國有疵，民不康，三叔導武庚畔，諸國乘之而動也。復，復殷。鄙，吕東萊曰：如鄭鄙邑也之鄙是也。承上言諸國爲殷小小封邑，大敢紀其危亡之緒。天降威，知我國有疵，民不安寧。曰予將復殷，反欲鄙我周邦，其猖狂若此也。

今蠢，今翼日，民獻有十夫予翼，以于敉寧武圖功。我有大事，休，朕卜并吉。肆予告我友邦君，越尹氏、庶士、御事，曰：予得吉卜，予惟以爾庶邦，于伐殷逋播臣。

民獻，民之賢者。于，往也。敉寧，撫定。大事，戎事。逋播臣，徐奄諸國助紂爲惡，武王寬大，幸免於戮，如逋逃在外殷所棄之臣也。今蠢然作亂之明日，民之賢者有十人輔予，以往撫定武王所圖之功，則得人不可不謂眾矣。我有大事，應必休美，朕又以卜決之，皆吉。故予告我友邦及諸臣，曰予得吉卜，予惟以爾庶邦往伐殷之逋播臣，非輕舉妄動也。

爾庶邦君，越庶士、御事，罔不反曰：艱大，民不靜，亦惟在王宮句，邦君室句。越予小子考翼句，不可征，王害不違卜？

反，復也。王命諸侯以東征，而諸侯復於王也，在王宮諫王勿親征。邦君，畿内諸侯。成王蓋率畿内諸侯以征，故并及之言邦君亦勿行也。予小子，外諸侯自謂。考翼，以老成自輔。害，何也。述外諸侯及羣臣之言。爾庶邦君及庶士、御事無不復於我曰：王親征東國，艱難重大，民心未免搖動。據我等之見，王亦惟晏處王宮，畿内邦君各安其室。予小子等代王征討，選老成以輔翼，當必成功。王不可親征也，王何必定信卜而輕動乎？

肆予沖人永思艱，曰：嗚呼，允蠢鰥寡，哀哉。予造天役，遺大投艱于朕身。越予沖人，不卬自恤。義爾邦君，越爾多士、尹氏、御事，綏予曰：無毖于恤，不可不成乃寧考圖功。

永思艱，因庶邦之言而更深思其難也。造天役，爲天所使。卬，我也。毖，勞。恤，憂也。承上言予沖人因爾等之言永思其艱，自言自歎，因念蠢動之徒，信其必殘及鰥寡。哀哉，我民何辜而遭此難，予尚欲佳兵乎？但今日之事，予爲天所使，天若有心遺大投艱於朕身者，事已及此，予沖人不暇自恤。其爾好義諸臣安予曰無勞於憂恤而親征，是愛我也。然我不可不成寧考所圖之功，豈得已哉。

已，予惟小子，不敢替上帝命。天休于寧王，興我小邦周，寧王惟卜用，克綏受兹命。今天其相民，矧亦惟卜用。嗚呼，天明畏，弼我丕丕基。

寧王惟卜用，指《泰誓》襲於休祥也。天其相民，信以其理。矧亦惟卜用，況又卜之而吉也。承上言今日之事其可已乎？予惟小子，不敢替上帝遺大投艱之命。因思當年天休美於寧王，興我小邦周，時寧王未知天意，惟以卜決之，是以能安受天命。

今畔國蠢動違天，虐及鰥寡，天其憐下民而佑之，况我效法寧王，亦惟卜是用而得吉兆，是天固明明示我以討罪矣。嗚呼，天之明命可畏，弼我丕丕之基，我其敢違天乎。

王曰：爾惟舊人，爾丕克遠省，爾知寧王若勤哉。天閟毖我成功所，予不敢不極卒寧王圖事。肆予大化誘我友邦君，天棐忱辭，其考我民，予曷其不于前寧人圖功攸終？天亦惟用勤毖我民，若有疾，予曷敢不于前寧人攸受休畢？

此書記王曰者三，蓋成王之誥諸臣非一次，史敘而録之，以明成王反復殷勤之意也。舊人，諸臣，武王舊臣。省，識也。閟，深閟意。毖，勞也。化誘，猶化導。棐，輔也。忱辭，由衷之辭，成王自謂。考，成也。寧人，即寧王。攸受休命，所受於天之休命。畢，竟也。王更端而告諸臣曰：爾惟前朝之舊人，大能遠覽情事者，爾知寧王若何勤苦哉。天雖深遠，然今日之事乃勞我以成功所在，予不敢不極力以卒寧王所圖之事。故予大化導我友邦君，天亦以我化導之辭爲忱而輔我，其必成就我民也，予曷不于前寧人所圖之功而終其事？蓋今日勞民以往，非予私意，天亦惟用勤勞我民，若人有疾必須攻治，予曷敢不于前寧人所受休命而畢之也？

王曰：若昔句，朕其逝，朕言句，艱日思。若考作室，既底法，厥子乃弗肯堂，矧肯構？厥父菑，厥子乃弗肯播，矧肯穫？厥考翼，其肯曰：予有後，弗棄基？肆[①]予曷敢不越卬，敉寧王大命？

若昔，順前人所爲。艱，謂今日艱難之事，指東征。日思，思之熟也。底，定也。菑，治田而初殺草也。翼，覆佑之也。王又言今日順前人所爲，則朕必往。朕所以反復爲爾言者，艱難之事，予已日思之至熟。譬如作室，其父已定室法矣，其子乃弗肯堂，矧肯新構乎？譬若耕田，其父已菑治殺草，其子乃弗肯播種，矧肯穫乎？父惟覆佑其子，豈能必之曰：予有後，弗棄基乎？必自勉矣。然則予曷敢不及我之身而敉寧王之大命？

若兄考，乃有友伐厥子，民養其勸弗救？

考，成也。民養，蘇東坡曰：養，廝養也，謂人之臣僕。當時邦君有伯叔之國爲武王兄弟行者，故言若其兄所成之事乃有友伐兄之子，爲臣僕者其勸之伐而弗救乎？蓋當時邦君必有以民不樂征爲辭，諫王勿東征者，故王喻之如此。

王曰：嗚呼，肆哉，爾庶邦君，越爾御事。爽邦由哲，亦惟十人。迪知上帝命，越天棐忱，爾時罔敢易法。矧今天降戾于周邦，惟大艱人，誕鄰胥伐于厥室。爾亦不知天命不易。予永念曰：天惟喪殷，若穡夫，予曷敢不終

① 肆，底本原脱，此據《尚書正義》補。

朕畝？

肆，緩也。爽，明也。爽邦，治國使昌明。哲，賢人也。十人，即民獻十夫。爾時，猶當時，言平日也。大艱人，大爲難之人。鄰，徐奄諸國爲鄰。胥伐，同時畔亂攻伐。厥室，謂王室。不易，難也。言今日之事其可緩哉，爾庶邦君及爾御事，平日知治國必由哲人，此民獻十人即哲人也，予所以信任之者亦惟十人。乃知上帝之命與天輔相至誠之心，當平居無事之時，無敢易此任賢圖治之法。矧今天降戾於周邦，惟此大艱之人，大相結鄰胥攻伐於厥室，其勢猖獗，非可姑息了事。爾亦知天命甚難矣，而可不從哲人緩征之哉。故予永念曰：天意喪殷，此作亂諸國皆殷之遺孽，自取喪亡。前人已有成業，今當踵而爲之，若穡夫，予曷敢不終朕畝也？

天亦惟休于前寧人，予曷其極卜？敢弗于從，率寧人有指疆土？矧今卜并吉，肆朕誕以爾東征，天命不僭，卜陳惟若兹。

極卜，屢卜而窮究之也。當時諸侯蓋有欲王更卜者，故云。有指，有可指之疆土，猶言有限也。周制，疆土僅中原地，今北五省，餘悉羈縻之，故云然。敢弗于從句宜在寧人句下，而在上者，倒裝文法也。卜陳惟若兹，正所以不必極卜之故。承上言天亦惟加美於前寧人，則今日之終朕畝乃理所必然，予何敢多疑而再三極卜？敢弗從前寧人率其有限之疆土乎？況今已卜於前，其兆并吉，故朕斷然誕以爾東征，天命原無僭差，即使再卜，其所陳亦不過如兹耳。

附　解

此篇先儒誤以爲周公奉王命東征，故其解本文語義遂多牽强。朱子曰：《大誥》一篇不可曉。據周公在當時，外則有武庚之畔，內則有成王之疑，周室方且岌岌然，他作此書，必欲以此聳動天下也。而今《大誥》大意不過説周家辛苦做得這基業在此，我後人不可不有以成就之而已。其後又卻專歸在卜，其意思緩而不切，殊不可曉。愚謂以爲不可曉者，誤認爲征武庚，而不知其爲征徐奄淮夷等也。其誤認之由，則以居東爲非東征故也。且成王並無疑周公之事，語出鄭康成而後儒沿之，致啓許多疑竇，不可不辨。管叔及羣弟流言，公不敢避嫌，身任東征之事者，以成王並未疑之也。曰我之弗辟，我無以告我先王，謂必執法靖亂而後可以告先王。若主上方疑忌，而悍然曰我將執法以告先王，是驕蹇矣。當武庚畔時，陰結徐奄淮夷，公討武庚而誅之。諸國不安，遂相連以畔。於時成王之齒已長，率諸侯征之。內外臣工以王室新定、諸國阻遠，欲王勿征。故王大誥天下，諭以先人平定天下，諸國皆屬版圖，今藉口恢復殷家，而不知其實殷逋播之臣，久見棄於商先王也。爾諸邦君欲我違卜勿征，不知前人受上帝命而有天下，今忽被諸侯侵暴，致前寧圖功不終，予實不敢。在我若肯構，必當肯堂；在諸臣若有友伐厥子，必當護救。蓋後人所以終前人之事當如此，非我於前人疆土之外别肆侵伐也。理本如此，卜又早吉，則此番征討意在必行，既不可違前卜，亦不必再卜。其大旨如此。篇中雖屢言卜，而實非徒信卜，故前言寶龜明命，後言曷其極卜。先儒既未得其情事，故不明其語意之所屬，小腆則以爲武庚，王宫、邦君室則以爲三叔，安得不令本文幽晦邪？末二節蔡傳以天亦惟休于前寧人屬上節，文義遂隱，今亦正之。其他字句之訛，正註已詳，兹不贅。或疑何不命將征之而必親行，不知徐奄諸國以成王年幼，又值武庚之畔而起，王親征之則其氣已奪。當時周、召、太公皆聖佐，故如此。伯禽居憂征淮夷，義亦如此。宋寇準勸眞宗親行，即襲此意。

微子之命

微，國名。子，爵也。武王克商，封武庚於舊都，使奉湯祀。及武庚畔，求得微子，使居宋爲公，待以賓禮，《詩·有客》之章是也。周未嘗臣微子，但申命之，故史以《微子之命》名篇也。今文無，古文有。

王若曰：猷，殷王元子。惟稽古，崇德象賢，統承先王，修其禮物，作賓于王家，與國咸休，永世無窮。

猷，謀也，謂稽謀已審。元，長也，微子，帝乙長子。德，謂先聖王之有德者。象賢，謂其後嗣子孫象其先人。禮物，典禮文物。作賓，遇以客禮。崇德象賢以下六句皆言古制也。王呼微子而告之，言已尚稽古制，凡王者受命而興，必崇德象賢，使統承先王，修其禮物，以作賓於王家，與國同休。蓋古人至公至仁之心，不使先世苗裔斬焉中絶如此也。

嗚呼，乃祖成湯，克齊聖廣淵，皇天眷佑，誕受厥命。撫民以寬，除其邪虐，功加于時，德垂後裔。

齊聖，齊其思慮之不齊者，統一而通明也。廣，大。淵，深。誕，大也。除邪虐，指伐桀而言。時氏瀾曰：後世傳記多謂湯尚嚴，商人先罰而後賞，不知自古人君立一代規模，未有不出於寬。其閒有若整治嚴肅者，亦寬之用耳是也。此言成湯之德宜有後。

爾惟踐修厥猷，舊有令聞，恪慎克孝，肅恭神人。予嘉乃德，曰篤不忘。上帝時歆，下民祗協，庸建爾于上公，尹兹東夏。

歆，道也。令聞，微子早有賢名。恪愼二句，申言其實事。曰篤不忘，猶言服膺已久。上帝歆下民協，言其可以享天心而慰民願。蓋武王封武庚於舊都，使修成湯之禮物，作賓王家，雖不爲天下主，然猶然故都，足以慰湯之靈，安武庚之心，從民之望也。乃武庚不體盛意，而作亂自滅。今封微子於宋，然猶湯始居之地，謂其可以歆上帝而協萬民，固欲其上承天心，下立民紀。周家仁厚公平之心顯然可見，而後世猶以武王伐紂爲疑者何哉？上公，微子爵公也。尹，治也。東夏，宋亳在周之東，中夏之地也，今河南歸德府商丘縣。

欽哉，往敷乃訓，愼乃服命，率由典常，以蕃王室。弘乃烈祖，律乃有民，永綏厥位，毗予一人。世世享德，萬邦作式，俾我有周無斁。

敷訓，以德教民。服命，上公之服命。周封爵五等，惟宋公爵，隆之至也，故勖其愼此毋忝。典常，禮樂法度。蕃王室，上公牧伯之位，當爲諸侯倡而藩蔽王室也。宏烈祖，律有民，體湯德以範民。毗，輔也。王氏充耘曰：宋，一諸侯耳，如何爲萬邦式？蓋宋先代之後，有學殷禮者必之宋是也。斁，厭也。宋能長存湯政，則周所以隆其孫子，以承先緒之意不墜，故曰俾我有周無斁也。

嗚呼，往哉唯休，無替朕命。

休，指上文所云而言。往哉惟此爲休美之事，無廢棄我所命也。

附　解

此篇亦今文所無，疑之者多。至王氏心敬謂語泛而少筋骨，不似今文諸誥之語滿意肫，精神娓娓。崔氏述曰：改革之際，難爲言矣。當時命之者，其於理於勢必有懇摯而婉篤者，作書者以其難於措詞，但爲膚廓通套之語，於當日情勢無一語及之，譬若扶牆而行，不敢少動，惟恐有破綻以貽後世口實。寥寥數語，苟且了事。噫，可謂易其言矣。夫周之代商，以諸侯歸心，不得已而應天順人。其本無利天下之心，不特微子知之，天下人皆知之也。克商後即封武庚於故都，使仍如世守，今又封微子於宋亳，猶是成湯之故都，其公平廣大之心亦微子所深悉。微子不臣周，周亦不以爲臣，使居宋守湯祀，此所以但述其祖德，勉以往敷乃訓，宏烈祖而律萬民。然愼乃服命十句，已將忠孝仁義，無數德政實事包括無遺，不得謂其寥寥數語苟且了事也。蘇東坡曰：方武庚畔後，微子蓋處可疑之地，而命之曰上帝時歆，曰宏乃烈祖，曰萬邦作式。此三代之事，後世所不能及。可謂知言矣。崔氏等不知聖人之心如青天白日，而以後世革命之事防範勝朝後裔之情，揣度武王、成王、周公、微子，反疑其言草草，豈非謬妄哉。《左傳》楚逢伯諫楚子，揑造微子面縛輿櫬銜璧以迎武王，而史遷誤信之。先儒已有辨其非者，兹不贅。又或謂武王既克紂，微子痛社稷無主，乃抱祭器歸周，亦似是而非。孔子曰：微子去之，箕子爲之奴。蓋微子知紂將亡，遯於荒野，箕子則佯狂晦跡。武王克殷，既封武庚矣，乃得箕子而師事之，訪以洪範。及武王崩，武庚畔，成王討平之，則箕子已早之朝鮮。紂之嫡胤無人，故求微子，得之而封於宋。抱祭器歸周亦史遷妄語，不足信。武王既封武庚以承湯祀矣，而乃無祭器乎？此書言修其禮物，作賓王家，蓋凡商家一代典物皆欲微子修明之，以俟後來。故曰宏乃烈祖，律乃有民，萬邦作式。聖人不以天下爲私傳，謂有德者乃能居之，故以修禮物、式萬邦望之，非如後世斤斤恐死灰復然也。凡武王伐紂及周公、成王等事，先儒多不得其情事，由不能深知聖人心理，致來末學之妄言，不特誣聖，且教壞後人，安得不明辨之。

歸禾篇亡

嘉禾篇亡

《序》云：唐叔得禾，異畝同穎，獻諸天子，王命歸于周公，作《歸禾》。周公既得命禾，旅天子之命，作《嘉禾》。《史記》載此事，與《書序》同。《尚書大傳》及《説苑》又以爲三苗貫桑而生，大幾盈車，則近於傅會之過矣，然義無大害，姑存之。

書經恒解卷五 晚年定本

惟三月哉生魄，周公初基，作新大邑于東國洛。四方民大和會。侯甸男邦采衛，百工播民，和見士于周。周公咸勤，乃洪大誥治。

右四十八字，舊誤以爲《康誥》篇首，致解《康誥》者多牽强。蘇東坡云當在《洛誥》篇首，先儒從之。然以文義揆之，亦不甚協。崔氏述曰：蓋不知爲何篇之序，而其誥已逸耳。其説是也。故今別之於《康誥》之外，仍闕疑焉。

康誥

《書序》及孔氏以爲成王、周公之詞，胡五峯始辨其非，而朱子據以爲武王命康叔之詞，蔡傳從之，其説始定。蓋武王克殷，分殷都餘地以封母弟康叔而誥之，其武庚所治已非紂千里畿封之舊。康，孔安國以爲國名是也。今文、古文皆有。

王若曰：孟侯，朕其弟，小子封。

蔡氏曰：王，武王。孟，長也，言爲諸侯之長。封，康叔名。稱小子，武王君兄也。吳氏棫以爲凡尊命卑、貴命賤，雖長且老者亦以小子呼之，表見親愛之詞亦通。

惟乃丕顯考文王，克明德慎罰，不敢侮鰥寡，庸庸，祗祗，威威，顯民。用肇造我區夏，越我一二邦以修。我西土惟時怙冒，聞于上帝，帝休。天乃大命文王，殪戎殷，誕受厥命，越厥邦厥民惟時敘。乃寡兄勖，肆汝小子封在兹東土。

丕，大也，尊之之詞。明德者，致治之本。慎罰，鄭重恐失也。鰥寡，天民之無告者，聖人尤加意焉。不敢侮云者，因人每忽於此而言也。庸，常。祗，敬。威，畏也。顯，明也。區夏，中夏一區之地。一二邦，鄰邦。怙冒，民恃而戴之。休，美。殪，滅。戎、誕，皆大也。吴氏曰：殪戎殷，武王事稱文王者，不敢以爲己功是也。寡兄，武王自謂。述文王能明其德，以爲民先，而又慎重刑罰不敢或輕。其平日視民如傷，雖鰥寡不敢侮之。迹其所爲似至庸無奇，然其心則敬而又敬，畏而又畏，以此德顯於民，用肇造我區夏，且化及友邦，皆修其治。我西土惟是爲民怙冒，上通天帝，帝美其德，乃命文滅殷而受命，萬邦萬民用是就叙。汝寡兄德不及文考，而亦勉自刻勵，故汝小子封得以在此東土也。

王曰：嗚呼，封，汝念哉。今民將在祗遹乃文考，紹聞衣德言。往敷求于殷先哲王，用保乂民。汝丕遠，惟商耇成人，宅心知訓，别求聞句。由古先哲王，用康保民。弘于天，若德裕乃身，不廢在王命。

遹，述。衣，服也。往，往就封。宅心，處心，蔡仲默曰安汝止意是也。訓，古訓。别求聞，廣所未聞。宏於天，民者天之視聽，安保民則宏其德於天。若，如也。裕，寬饒之意。在王，猶在朝也。歎息而呼其名，使常廑念。今國家初定，將使殷民敬述文考，必汝紹所聞於文考者，實力服行文考之德言。不特此也，汝今往治殷土，當敷求殷先哲王治民之道，用保乂民。汝求大遠之業，惟此商老成人能宅心而知往訓，汝當敬用别求聞所未聞。由古先哲王所行用安保民，宏其德於天，如果德裕汝身，斯不廢在王之命矣。此節勉其法古求賢以裕德。

王曰：嗚呼，小子封，恫瘝乃身，敬哉。天畏棐忱，民情大可見。小人難保，往盡乃心，無康好逸豫，乃其乂民。我聞曰：怨不在大，亦不在小，惠不惠，懋不懋。已，汝惟小子，乃服惟弘王，應保殷民。亦惟助王宅天命，作新民。應，平聲。

恫，痛。瘝，病。萬民繫於一身，身以民病爲己痛也。畏，古威字，通用。惠，順。懋，勉。已，語詞。乃服，汝事也。應，宜也。宏王，廣王朝之意。作，朱子曰鼓之舞之之謂是也。歎息而言汝小子封，今往東土，民之疾痛在於乃身，敬哉。上天明威所輔者，惟忱信。民情非甚難知，第得其同然之理則相安，否則小人甚難保也。汝無自康而好逸豫，乃可治民。我聞曰怨不在大，亦不在小。汝如忽小而當順民者不順，則民之當勉者亦不勉矣。已，汝雖小子，汝之事至大，惟在宏王之命，應保殷民。蓋宣化承流其責如此，汝亦惟助王安定天命，作新民而已。此節勉其順民情以助己。

王曰：嗚呼，封，敬明乃罰。人有小罪，非眚，乃惟終，自作不典，式爾，有厥罪小，乃不可不殺。乃有大罪，非終，乃惟眚災，適爾，既道極厥辜，時乃不可殺。

此下六節告以慎罰之道。敬則重視民命，明則無有濫縱。眚，過誤。終，故犯。

式，用也。式爾，用意爲惡者。適爾，偶然如此。既道極厥辜，盡言其情也。罪小而有意故爲，則將縱其惡以害衆，是自爲不法之徒，故不可不殺。罪大而出於無心，既自輸其情，則可改行而復於善，非甘爲不肖之輩，故不可殺。《舜典》①曰宥過無大，刑故無小，亦此意也。蘇東坡曰：此設爲死罪之大小，以明情有輕重，非謂小罪爲可殺也。如甲乙皆有死罪，而甲之罪小於乙，非謂其罪不至死也。今世之法，謀殺已傷，雖未殺，皆死。雖未傷而寘人於必死之地，亦死。過失殺，雖已殺，皆贖。與此意略相似。

王曰：嗚呼，封，有叙，時乃大明服，惟民其勑懋和。若有疾，惟民其畢棄咎。若保赤子，惟民其康乂。非汝封刑人殺人，無或刑人殺人。非汝封又曰劓刵人，無或劓刵人。

申言刑罰本於天，當以至仁至公之心敬明之也。言刑罰本有次序，不可以私心與，惟以敬心行其至明，是乃大明而足以服人，惟民其戒勑而勉於和睦。若有疾，惟民其盡棄咎而歸善。若保赤子，惟民其安治矣。蓋以保赤之心保民，自不得不敬明刑罰者。天之所以討有罪，故曰：非汝封得以刑人殺人，無或以私意刑殺。又曰，蔡傳謂當在無或刑人句下是也。蓋丁寧告誡之詞，言不特大罪當慎，即劓刵人亦然。

王曰：外事，汝陳時臬句**，司師**句**。兹殷罰有倫**句**。又曰：要囚，服念五六日，至於旬時，丕蔽要囚。**

外事，陳氏曰：有司之事。蓋人君修身作則，其他畀臣工，故云然也。臬，門梱也，有限準之義，故以喻法。司，有司。師，法也。言當以法爲有司之法。殷罰，殷先王所定之法。倫，序也。要囚，重大之獄。服念，蔡氏曰：服膺而念之。蔽，斷也。恐康叔但任己見用刑，故又推言汝自法文考，内修其外。一切獄訟之事，汝但陳是法以爲準令，有司皆師汝所爲。兹殷罰庶幾有倫矣，成湯所定原有倫者，但復其舊即爲陳臬矣。又恐其專任有司，不加審慎移時，又言要囚尤不可忽，必服念五六日，至於旬時之久，乃大斷之。

王曰：汝陳時臬事，罰蔽殷彝，用其義刑義殺，勿庸以次汝封。乃汝盡遜曰時叙，惟曰未有遜事。

彝，常。義，宜也。殷先王有常法，民所悦服，故欲其遵之。次，就叙意。遜，順也。又申明上文陳臬之道，言汝陳是用罰之法，罰斷一遵殷之常法，用其義刑義殺，勿用以法就汝封意。乃汝果盡順於法，人皆曰時叙矣，然汝必自謙退，惟曰未有遜事。蓋一念自是，即恐拂民心而違常法也。

已，汝惟小子，未其有若汝封之心，朕心朕德，惟乃知。凡民自得罪，寇攘

① 《舜典》當作《大禹謨》。

姦宄，殺越人于貨，暋不畏死，罔弗憝。

此自謙而慰勉康叔也。已，欲不慎而不能已。越，顛越，唐孔氏曰：不死而傷。暋，强。憝，恶也。按：《微子》篇言殷民姦宄攘竊，蓋染紂惡習已久，故武王指實其事，非泛言也。言此事其可已於慎乎。汝雖小子，而人無若汝之心者，若朕心朕德，則汝所素知，自愧本無善狀。凡民自爲罪惡，寇盗攘竊肆爲姦宄，或殺人，或越人以取貨，强暴而不畏死，此固無不惡者。然其原皆在於上之心德，朕德甚薄，汝當爲朕廣其仁也。

王曰：封，元惡大憝，矧爲[①]不孝不友。子弗祗服厥父事，大傷厥考心。于父不能字厥子，乃疾厥子。于弟弗念天顯，乃弗克恭厥兄。兄亦不念鞠子哀，大不友于弟。惟弔兹，不于我政人得罪。天惟與我民彝大泯亂，曰：乃其速由。文王作罰，刑兹無赦。不率大戛，矧惟外庶子訓人。惟厥正人，越小臣諸節，乃别播敷。造民大譽，弗念弗庸，瘝厥君，時乃引惡，惟朕憝。已，汝乃其速由，兹義率殺。

弔，音的。

又言殷民不德已久，人倫道乖，不可不以罰正之。天顯，蔡氏曰：猶《孝經》所謂天明，天倫之明道也。戛，常也。庶子，唐孔氏曰：即《周官》云諸子，文王世子、庶子。以政教諸子，故爲訓人是也。正人，庶官之長。諸節，諸有符節者。别播敷，蔡氏曰别布條教是也。造民大譽，干民之譽。念，敬念。庸，用法。瘝，病也。引惡，引民爲惡。曰，設爲康叔言也。兹義，上文文王作罰之義。率殺，以義殺率其下也。又言殷民染紂之餘習如此，其元惡固大可惡矣，更有不孝不友者。子弗敬其父事，大傷父心，父亦不愛其子。于弟弗念天倫，不恭其兄，兄亦不念父母鞠子哀憐之意，大不友于弟。父子兄弟無良至此，不但于我爲政之人得罪，乃並天與我之民彝皆大泯亂。汝其曰：乃其速由。文王所作之罰，刑兹無赦。且民之不率天常，亦在上不能正身率之也。民固不率常法，况殷之外庶子訓人。惟厥正人及小臣諸有節者，又不遵典禮，别布條教。干民大譽，弗念弗庸，以病其君，是引民爲惡者也，惟朕蓋深惡焉。此其可已於罰乎？汝乃其速由，文王兹義率殺。

亦惟君惟長，不能厥家人。越厥小臣外正，惟威惟虐，大放王命，乃非德用乂。汝亦罔不克敬典，乃由裕民，惟文王之敬忌，乃裕民曰：我惟有及。則予一人以懌。

此又勉其正身正家以率臣工。君謂紂，長謂殷諸臣。小臣外正，又其庶司之流。能，如能其官之能，治也。放，棄也。裕，寬也。敬忌，敬畏。及，及文王也。一

① 爲，《尚書正義》作惟。

人，武王自謂。懌，悦也。承上言殷之積習如此，亦由其君長不能治其家人。是以推化無本，及小臣外臣皆尤而效之，惟威惟虐，淩轢小民，大放王命，乃非可以德治者。端本澄源，要在於汝，汝誠明德慎罰，亦無不克敬典矣。乃由是以寬裕其民，使民惟文王之敬畏，汝又從而裕之曰：我今之爲，惟求有及於文王。俾民曉然於文王之德，漸返湻厚，則予一人以懌也。

王曰：封，爽惟民，迪吉康。我時其惟殷先哲王德，用康乂民，作求。矧今民罔迪不適，不迪，則罔政在厥邦。

又申明裕民之義，勉康叔善教。爽，明也。迪，道也。言至明者惟民。作求，於殷先哲王所作而求之，謂踐其功也。適，從也。言至明者惟民，無不欲善者，爾當道之以吉康。我今臨馭天下，亦惟法殷先哲王德，以安治斯民，所作必求其無忝。況爾今所治之民，皆殷先王所遺，無有教之而不從者。汝若不能教化，則爲無政於汝邦矣。

王曰：封，予惟不可不監，告汝德之説于罰之行。今惟民不静，未戾厥心，迪屢未同。爽惟天其罰殛我，我其不怨。惟厥罪無在大，亦無在多，矧曰其尚顯聞于天？

申明上文善迪之道。監，監先哲王爲法。德之説，即上文裕民之道。于罰之行，罰民而以裕民之道行之。不，迫切也。戾，定也。迪屢，教之屢也。怨，自怨艾。天其罰殛我，以不能迪民也。其尚顯聞於天，德不明則上悖天心。言予惟不可不監於殷先哲王，故告汝以德之説于行罰之中。今民不静，未安定其心，雖予屢屢訓迪，尚未同歸道化。至明者惟天，其不罰殛我乎？我其不自怨艾乎？惟天愛民，無不欲其胥歸於善。人之有罪也，不在大，亦不在多。治民者不善道民即罪矣，民不附，矧曰其尚可顯聞於天乎？

王曰：嗚呼，封，敬哉。無作怨，勿用非謀非彝。蔽時忱，丕則敏德，用康乃心，顧乃德，遠乃猷，裕乃以民寧，不汝瑕殄。

承上文而要之以敬，戒其勿用小人，惟明德以寧民也。非謀非彝，指臣工而言。蔽時忱，斷以此誠信之道。丕，大。則，法。敏德，即上文所謂殷先哲王德也。康，安。顧，省也。瑕殄，罪而絶之。歎息而言汝封其敬之哉，無作可怨之事，臣下有非善謀非常法者，汝勿用之。斷以是誠信之道，汝大法古人之敏德，用安汝心，顧汝之德，遠汝之猷，行寬政以寧民，則民安其教，天鑒其忱，不汝瑕殄矣。

王曰：嗚呼，肆汝小子封，惟命不于常，汝念哉。無我殄享，明乃服命，高乃聽，用康乂民。

此乃戒其保位以承己之化。肆，故也，今也。無、毋通。無我殄享，康叔不德則將殄絶武王享天之意。服命，侯國服命。高聽，不爲卑闇之言所蔽也。歎息而言德在於敬，故汝小子封今往東土，當知天命不常，視乎有德與否，汝念哉。無致失德而令我殄享，必修明侯度，高其見以聽納，用安治我之民也。

王若曰：往哉，封。勿替敬典，聽朕告汝，乃以殷民世享。

敬典，前聖明德慎罰之法。替，廢也。世享，世享其國，與上文殄享有别。

附解

此篇非一時之言，康叔將就國，武王反復告誡之，史臣彙而記之，總名曰《康誥》。其詞有相承者，有不相承者，故屢記王曰。大意總以法文王爲本，明德慎罰，敷求殷先哲王之道，此可見武王至公至虚之心。夫文王之德即商先王之德也，體文王以治民，猶是率商先王以治民。因紂不遵祖烈，致民多罹罪咎，故告以明德慎罰爲急。明德非僅爲慎罰之地，而非明德必不能慎罰，故先言之至慎罰，不外辟以止辟，刑期無刑之意。而反復言之者，殷大小臣工習於非義，上行下效，以及其民。康叔初涖斯土，不正教化、明刑罰，何以革其俗？不率者不盡誅，則惟秉至公至明之心以行其罰，所謂有叙陳臬者也。如是而猶自謙曰未有遜事，則至慎可知。元惡大憝，不孝不友，泯亂民彝，固所必殺。而庶子訓人，越小臣諸節，實爲之倡，亦不可不殺，皆所謂戮其首惡以警其餘也。然其要則必由康叔之敬典，乃由裕民，而上體文王之化。是曉康叔以用罰仍必本於明德，故下承之以爽惟民，迪吉康。我時其惟殷先哲王德言，至明者惟民，願吉康者其性，特患不善迪之，無以戾厥心耳。苟不善迪，則必獲罪於天。又戒之以勿用非謀非彝，蓋助理必待賢臣也。其末惕以命不于常，勿替敬典，雖非一時之言，而史臣彙記成篇，意義實相承接，不得其解則似重複雜亂，愚故詳晰疏通之。武王於康叔爲昆弟，當封建時告誡非一次，蓋家人之誼如此也。其委曲周詳，一片肫肫，是家人告語之情，即明良期望之雅。舊解多不得其貫通，故疏通證明之。

酒誥

康叔封殷，乃紂舊都之地，其臣民染紂酗酒之習，武王特命康叔革除斯弊。自王若曰明大命于妹邦，至永不忘在王家，武王誡殷民之辭。自王曰封我西土棐徂邦君以下，武王告康叔之辭。史臣以其皆爲殷民耽酒而發，故合爲一篇，名曰《酒誥》。吴氏棫疑其當爲兩書，蔡仲默泥乃穆考文王句，謂皆告康叔之言，均失之。今文、古文皆有。

王若曰：明大命于妹邦。

大命，武王自謂重其事，故曰大命也。妹，古沬字。沬水在衛之北，今河南衛輝府淇縣北有妹鄉，殷王畿之地，故曰妹邦。武王誥誡妹邦臣民於康叔就封之時，如今新任大臣齎誥書也。

乃穆考文王，肇國在西土。厥誥毖庶邦庶士，越少正、御事，朝夕曰：祀兹酒。惟天降命，肇我民，惟元祀。天降威，我民用大亂喪德，亦罔非酒惟行。越小大邦用喪，亦罔非酒惟辜。

乃，語辭。穆考，文王也。周之初興，以文王有穆穆之德稱爲穆考，而周公制禮後遂推明其意，以武王有昭明之功稱爲昭考。由是以次而推，凡子昭則父穆，定爲宗廟之禮，子孫亦以爲序。此則武王自言其父也。西土，岐周之地。太王遷岐，文王始大，故曰肇國。毖，戒也。朝夕，戒之勤也。祀，祭祀。天降命，天生五穀以養民，制爲酒以享祀孝養，皆天理所在，若天命之然也。又云天降威者，自有酒而民或爲所溺，至於大亂喪德，又若天降禍亂者。然蓋酒以奉祭祀供賓客，本不可缺，而失中則長亂，重其事於天，以見微危之介，不可不謹也。以喪德言則曰行，以喪邦言則曰辜，其實行之失，即辜之所由及也。述文王當日肇國，其誥誡大小臣工，朝夕常言：祭祀必用兹酒，以報本追遠，藉馨香以達也。上天降命，使民始爲此酒，惟大祭祀爲然。孰意斯民漸乃耽溺於酒，若天降威，令我民用大亂喪德者，無非以酒敗行，及小大之國喪亡，亦無非以酒致罪，是豈天之本意乎？人心自失其天理也。文王之言如此。

文王誥教小子，有正有事，無彝酒。越庶國，飲惟祀，德將無醉。

小子，武王自謂，對文王言，故云然也。正，古政字，通用。庶國，西方諸侯之國。德將，以德將之。承上言文王深知酒之爲害，故平日誥誡小子非一，有正有事總以無常用酒爲戒。凡庶國有飲酒之時，惟祭祀，則上下通用不禁酒，然於其飲也，必以德將之，無至於醉。

惟曰：我民迪小子，惟土物愛，厥心臧，聰聽祖考之彝訓。越小大德，小子惟一。

此小子，乃謂少年之人，與上文别。土物，土地所生之物，稼穡是也。承上言推文王誥誡之意。惟曰：我民自戒以訓導小子，惟土物是愛，其心乃善。若耽於酒則德昏矣，故當使小子聰聽祖考之常訓。不可以謹酒爲小德而忽之，小德大德，小子惟一視之。蓋文王愛民之意如此。

妹土嗣爾股肱純，其藝黍稷，奔走事厥考厥長。肇牽車牛，遠服賈，用孝養厥父母。厥父母慶，自洗腆致用酒。

此乃正告殷民以飲酒之德也。嗣，續。純，純一。肇，始。服，事。慶，喜。

洗，潔。腆，厚也。爾妹土續爾股肱之力純一，以藝其黍稷，奔走服勞，事厥考厥長。農功畢矣，始牽車牛，服賈遠行，用其所得珍異孝養父母。父母喜慶矣，乃自滌洗器具，厚致其養，用酒承歡。

庶士有正，越庶伯君子，其爾典聽朕教。爾大克羞耇，惟君，爾乃飲食醉飽。丕惟曰：爾克永觀省，作稽中德。爾尚克羞饋祀，爾乃自介用逸。兹乃允惟王正事之臣，兹亦惟天若元德，永不忘在王家。

有正，有政之人。蔡氏曰：伯，長也。君子者，賢之也是也。典，常。上羞，養；下羞，進也。君，長也。丕，大也。丕惟曰，衆皆言如此。觀省，反觀內省。作稽中德，動作皆考乎中正之德。尚，庶幾。羞饋，進饋，養父母。祀，祭祀。介用逸，能大用逸之道。蓋酒每因逭逸而昏，如上文所云，乃大用逸也。若，順也。不忘在王家，王氏充耘曰：所謂有成績紀於大常是也。又告妹土之臣，爾其常聽朕教。爾大能養老盡孝，則無愧君長之道矣。爾乃飲食醉飽，蓋在上者之醉飽，必視民之安否以爲斷。爾既克盡君道，民皆大謂爾能常自觀省，動作稽於中德矣。庶幾能盡養祀之道，然後得此醉飽，此爲爾能自大其用逸之道，非徒以醉飽自恣也。兹乃信惟王正事之臣，天亦順爾大德，功在王家，永不忘矣。以上皆武王誥命妹土之書。

王曰：封，我西土棐徂邦君、御事、小子，尚克用文王教，不腆于酒，故我至於今，克受殷之命。

以下乃武王告康叔以禁酒之辭，此節則言周之舊臣無湎酒者也。唐孔氏曰：棐，輔。徂，往也。以事已過，故言往日。御事，謂國君以下衆臣。不厚於酒，即無彝酒也。

王曰：封，我聞惟曰：在昔殷先哲王，迪畏天顯小民，經德秉哲。自成湯咸至於帝乙，成王畏相。惟御事厥棐有恭，不敢自暇自逸，矧曰其敢崇飲？越在外服，侯、甸、男、衛、邦伯，越在內服，百僚、庶尹、惟亞、惟服、宗工，越百姓里居，罔敢湎于酒，不惟不敢，亦不暇。惟助成王德顯，越尹人祗辟。

殷先哲王，湯也。迪畏，蹈道而懷敬畏。天顯，天命。經德秉哲，常其德而保其精明。成王畏相，成就君德，敬畏輔相。外服，外諸侯。內服，內諸侯。庶尹，庶官之長。惟亞，庶尹之次。惟服，凡有職服事之人。百姓，賜姓貴族。里居，鄉居之人。不敢，敬畏。不暇，勤其職業。成王德顯，成就君德，使之顯明。及尹人祗辟，爲尹人倡使，皆敬君德也。述成湯畏天命民岩，常其德而秉其哲。下及後嗣，賢君賢臣皆不敢崇飲。凡外服內服諸臣，以及百姓里居，皆修德不遑，無敢湎酒，無非欲成君德而皆敬君事，此商之所以興也。

我聞亦惟曰：在今後嗣王酣身，厥命罔顯于民，祗保越怨不易。誕惟厥縱淫泆于非彝，用燕喪威儀，民罔不衋傷心。惟荒腆于酒，不惟自息乃逸，厥心疾很，不克畏死。辜在商邑，越殷國滅無罹。弗惟德馨香祀，登聞于天。誕惟民怨，庶羣自酒，腥聞在上。故天降喪于殷，罔愛于殷，惟逸。天非虐，惟民自速辜。

後嗣王，紂也。酣身，昏迷於酒。命，命令。祗保越怨不易，言有告以祗保之道及怨恨之者，皆不易其沈酣之志也。非彝，非法之事。衋，傷痛也，从血聿，皕聲，人痛傷則血枯也。自息乃逸，自安其逸。疾很，很毒也。罹，憂恤也。惟，語詞。德馨香祀以下，又言其祭祀之時亦酣飲無度也。庶羣，紂同惡之衆小人也。對天而言，故曰民。述紂王酣身無度，命令不明於民，雖有敬保之臣及怨謗之人，紂不以之易其志。乃大縱其淫泆肆爲非常之事，用燕安以喪其威儀，民無不痛傷心者。紂猶不悛，惟荒淫益厚於酒，不惟自安於逸，而且心至疾很，雖死不畏播其罪於商邑，即至殷國殄滅，亦無所恤。至祭祀之時，弗思以德馨香上聞於天，乃大斂民之怨，庶羣自酒酣醉慢神，腥穢聞於在上。故天降喪於殷，罔愛於殷，惟其嗜酒逸樂之故。天非虐於殷也，惟人自速辜耳。

王曰：封，予不惟若兹多誥。古人有言曰：人無於水監，當於民監。今惟殷墜厥命，我其可不大監句，撫于時？予惟曰：汝劼毖殷獻臣，侯、甸、男、衛，矧太史友、內史友，越獻臣、百宗工。矧惟爾事，服休服采，矧惟若疇，圻父薄違，農父若保，宏父定辟，矧汝剛制于酒。

監，鑑視也。時，是也，指殷民言。劼，慎固也。獻，賢也。太史掌六典、八法、八則，內史掌八柄之法，此皆天子之官，蓋殷之舊臣也。友，友之。百宗工，百僚。爾事，以爾之事爲事。休，美也。采，善也。若，汝。疇，類也。孔氏曰：圻父，司馬。農父，司徒。宏父，司空。蔡氏曰：薄違，迫逐違命。若保，順保萬民。定辟，定經界之法。剛，强斷也。言予不但如此煩言多誥戒而已，蓋尤有望於爾焉。古人有言曰：人無於水鑑形，當於民鑑得失。今惟殷已墜厥命矣，我其可不大以爲監，撫於是乎？撫之道安在？予惟曰：汝敬慎以戒殷之賢臣，凡侯、甸、男、衛多殷舊賢。况太史友、內史友，及賢臣百官之輩，皆有賢者。况爾所爲之事，或美或善，人皆服而效之。况汝之疇匹若圻父薄違，農父若保，宏父定辟，皆分爾養教之任，皆必爾爲之率。况汝但奮其剛斷，爲下立制，禁酒何難之有邪。

厥或誥曰：羣飲。汝勿佚，盡執拘以歸于周，予其殺。又惟殷之迪諸臣，惟工乃湎于酒，勿庸殺之，姑惟教之。

佚、逸同。予，設爲康叔自言之詞。又惟者，轉一解，又猶亦也。殷，指紂言。言或有人告汝，殷民羣飲。汝勿佚，盡執拘以歸于周。女曰予必殺之，是誤會我意，以爲凡飲皆必殺之矣。爾亦惟是念殷受酣身，導諸臣及百工以酒，故習俗乃湎於酒，我則謂勿用殺之，姑惟教之而已。

有斯明享句**，乃不用我教辭，惟我一人弗恤，弗蠲乃事，時同于殺。**

享，古亨字通用，通也。恤，憂也。蠲，潔也，戒酒則心潔。同於殺，不教而陷於罪，同於殺之。此乃言教康叔之意。斯，指上文所言諸事。言女若有我所言諸事明了通達，則不必用我教辭矣。然未必能明通，我所以反復誥女者，憂女之不明與民之陷溺。若我一人弗恤，弗使女與民各潔其事，是我不教而誅，同于殺也。

王曰：**封，汝典聽朕毖，勿辯乃司民湎于酒。**

辯，治也。乃，汝。勿，不。司，謂其臣下。又言汝常聽朕戒，殷民湎酒，上行下效使然。汝不治女所司之臣，使皆正身率下，上無以端其本，則必湎於酒矣。

附 解

揚子云：《酒誥》之篇俄空焉。朱子曰：孔書以巫蠱事不曾傳，漢儒不曾見者多，如鄭康成、晉杜預皆然，想揚子雲亦不曾見。王伯厚據《藝文志》引《酒誥》曰：王曰封惟曰若圭璧。今無此句，疑即脱簡，然細詳文義，殊無脱簡也。蓋漢代今古文原别行，此篇今文所有，而揚子未見，則當時傳習遺闕之故，而古文之非僞撰亦可概見。但此篇文義，舊説多不得其承接次第，而字句之牽强者尤復不少。今詳味本文疏通之，識者諒不以爲僭也。夫酒之爲用，所以奉祭養供賓客，非可廢也。然沈酣其中，内昏其志，外喪其儀，至於戕生廢典，小之害身，大之禍國。故聖人制禮以節之，猶慮人之易爲惑也。禹疏儀狄孔不及亂，而此書尤防杜甚嚴。誠以志氣之昏，即德行之由敗，財色所由迷，身家所由傾也。而後世酣身弗顧，且以爲風流才子所應爾，其未聞聖人之教歟？沬土習紂淫酗，民習染太深，經武王、康叔之化，數傳而至武公，猶凜凜作賓筵，人心陷溺易而變化難，可太息已。

梓材

梓木，名木之美者，治之宜精，因以爲工匠之名。此篇武王戒康叔，而康叔頌武王之辭。史臣因篇中有梓材二字，康叔所以喻天下，節取名篇，意以武王、康叔明良共治，正若梓材之美也。蓋自《康誥》以下三篇皆武王告康叔，而終之以此，故借二字頌之。前人疑爲闕文，非也。今文、古文皆有。

王曰：**封，以厥庶民暨厥臣達大家，以厥臣達王，惟邦君。**

大家，王朝卿大夫，《孟子》謂巨室本此。達下之情於大家，則王亦達矣。厥臣，諸侯賢臣。達王，達其賢者於王。言康叔有宣化承流之責，當以其庶民及小臣之情達於大家，使知下情；以其賢臣薦達於王，使無遺賢，是惟邦君之事也。

汝若恒越曰：我有師師：司徒、司馬、司空、尹、旅。曰：予罔厲殺人，亦厥君先敬勞。肆徂厥敬勞。肆往姦宄、殺人、歷人宥。肆亦見厥君事，戕敗人宥。

越，及也。恒越，常以其意下及於羣臣。蓋欲下情之達，必君先以情達也。師師，臣衆也。尹，正官之長。旅，衆大夫。曰，心常自言之。厲殺人，不以其罪而殺。敬勞，恭敬勤勞。肆，故也。徂，往日。歷人，漢孔氏曰賊所過歷之人，蔡氏以爲知情、藏匿、資給三者是也。戕敗人，蔡氏曰：毀傷四肢面目，漢律所謂痍痏是也。承上言邦君之責如此，汝若恒以言及於羣臣，曰：我有師師衆臣，若三卿、尹旅之屬，告以己意，曰予罔敢以無罪殺人，如此則汝有敬且勞之心矣，亦其君先敬勞如此。故凡往治民者其敬勞，亦體汝之意。故凡往日姦宄、殺人、歷人者，皆且寬宥之，不咎已往，開其自新。故凡小臣之屬，亦見其君敬勞之事，不爲深刻，凡戕敗人者亦寬宥之。所以然者，欲達其情於下，使知上寬恤之恩也。蓋武王上篇教康叔以嚴刑而歸於寬大，恐其誤會，兹又申明不可厲殺之意，以戒之如此。史臣先叙之，以見武王仁民之意。

王啟監，厥亂爲民。曰：無胥戕，無胥虐。至于敬寡，至于屬婦，合由以容。王其效邦君越御事，厥命曷以？引養引恬。自古王若兹監，罔攸辟。監、爲，皆去聲。

此下康叔之辭。王字上當有曰字，而文闕也。王，謂武王。啟監，猶立監。康叔言王立監之意，其治以民爲急。王制，天子使其大夫爲三監，監於諸侯之國。《周禮》施典于邦國而立其監，則方伯與諸侯皆可稱爲監。武王封康叔以鎮撫殷遺，蓋在方伯之列，故武王稱曰孟侯。亂，治也。屬，連續意。婦而曰屬，蓋孤婦而使知有屬也。合由，同由治道。容，相容保。效，法也，授也。下法上曰效，上爲法以授下亦曰效，《春秋左傳》宣王有志而後效官是也。蓋武王先有教法以及天下。引，導。恬，安也。罔攸辟，無所用乎刑辟。康叔復於王曰：王所以啟監者，所治無非爲民。其意曰：無胥戕傷於民，無胥虐害於民。至於寡者亦敬之，孤婦亦屬之，同由王道以相容保。前此者，王其授法於邦君、御事矣，其所授之命何以曰？引民於生養，引民於安全。此自古明王愛民之意皆若此，凡爲監者，能體王意，則不用刑辟以治矣。

惟曰：若稽田，既勤敷菑[①]，惟其陳修，爲厥疆畎。若作室家，既勤垣墉，惟其塗塈茨。若作梓材，既勤樸斲，惟其塗丹雘[②]。

---

① 菑，《尚書正義》作菑。
② 雘，《尚書正義》作雘。

惟曰，此外無他。康叔謙言，成武王之意而已。蔡仲默曰：稽，治也。敷菑，廣去草棘。疆，畔。畎，通水渠。塗塈，泥飾。茨，蓋也。梓，良材。雘，采色之名。敷菑以喻除惡，垣墉以喻立國，樸斲以喻制度是也。承上言王之治民若茲，我何爲哉？惟曰：若稽田，王既勤敷菑矣，我惟其陳列修爲以治疆畎。若作室家，王既勤垣墉矣，我惟其塗塈茨以圖鞏固。若作梓材，王既勤樸斲矣，我惟其塗丹雘以增章采。

今王惟曰：先王既勤用明德，懷爲夾，庶邦享作，兄弟方來，亦既用明德。后式典集，庶邦丕享。

上文既自謙以美武王，此下又規王以常用明德，承先答天，蓋頌不忘箴古人之義皆如此也。先王，謂文王。懷爲夾，以懷德爲夾輔。蓋文王三分有二，以服事殷，庶邦心歸而未身歸，故云然也。作，興起也。兄弟，謂庶邦諸侯。方來，來未艾也。既，盡也。后，君。式，法。典集，常聚也。今王惟曰：先王既勤用明德，天下歸心，以懷德爲夾輔，是以庶邦皆獻其誠，以此歸美。先王勤德爲教，庶幾興起友邦，兄弟方來未艾，亦盡用明德。如此則后式足以常集人心，庶邦大享矣。

皇天既付中國民，越厥疆土於先王，肆王惟德用，和懌先後迷民，用懌先王受命。

和懌，和悦之。先後，昔者、今日。迷民，謂殷民也。總承上意言皇天既付中國民及其疆土於先王矣，故王常惟德是用，和悦前後迷誤之民，用以慰悦先王所受之命。

已，若茲監。惟曰：欲至於萬年，惟王子子孫孫永保民。

已，語辭。茲，指用德。監，通作鑑，謂法先王。承上言王之必用明德，豈可已者乎？必若茲承先志而答天心。我惟曰臣下頌禱也，欲至於萬年，惟王子子孫孫永保民也。

附　解

武王封康叔以殷地，既欲革其舊染，又恐失於苛嚴，故《康诰》《酒誥》《梓材》三篇反復殷勤，不憚辭費，曰朕心朕德惟乃知，未其有若汝封之心，則康叔之賢亦可見矣。此篇首二節終上篇之意，而下乃康叔答武王。其曰先王既勤用明德，亦既用明德，肆王惟德用，正與武王明德之言若桴鼓然。蓋明德者，慎罰之本。詳味文義，本無錯簡，特王啟監上少康叔曰字。古人文字簡略，問答多不用對曰字，以王字甚明，不用亦知爲武王也。抑或本有而簡脱之，前人蓋未詳繹。無胥戕數句，正括武王所言之意而美之。王其效邦君越御事，言武王早有所以訓諸矦矣，故用其字。下厥命即效邦君御事之命。此節美武王明德慎罰，已無遺意，故下文言已無可附益，惟曰云云。今王惟曰以下，又以久長用德規之。本文虚字承接意義甚明，如舊解則不順矣。識者試味白文，當不以爲創解。三監字不同，前二監字謂設官，後一監字同鑑，前篇人無於水監，當於民監是。

召誥

洛邑居天下之中，武王克商，遷九鼎於洛，欲以爲都，朝覲諸侯。至成王時，始命周召二公經營之。此書則周公初營洛邑，復命於王，因以戒之也。今文、古文皆有。

惟二月既望，越六日乙未，王朝步自周，則至于豐。

二月，漢孔氏以爲周公攝政七年之二月，蓋據《史記》，然未有以見其必然也。既望，十六日。周，鎬京。豐去鎬二十五里，有文王廟，文王本居豐，故武王遷鎬而文王廟不毁。成王將營洛，至豐告文王廟。蓋推本文，武之志不言告武王，省文也。

惟太保先周公相宅。越若來三月，惟丙午朏，越三日戊申，太保朝至于洛，卜宅。厥既得卜，則經營。

太保，召公也。成王使之先周公行，相度洛邑。越若來，於豐順道而來洛。朏，月初生之名。成王既承文武之志，君臣同至營洛，又決以卜而吉，乃經營其規制也。

越三日庚戌，太保乃以庶殷攻位于洛汭。越五日甲寅，位成。

庶殷，殷之衆庶。用庶殷者，蔡仲默曰：是時殷民已遷於洛，故就役之。愚謂周之民皆殷之遺也，云以庶殷，見殷民亦樂於營洛之舉。攻，治也。位，蔡傳：左祖右社，前朝後市之位是也。成，規模初定。

若翼日乙卯，周公朝至于洛，則達觀于新邑營。

召公已定大規，周公乃至，偏觀新邑所經營之位。周公位尊於召公，體宜然也。

越三日丁巳，用牲于郊，牛二。越翼日戊午，乃社于新邑，牛一、羊一、豕一。

郊以祭天也，而用牛二，孔傳謂以后稷配是也。社以祀土神，用牛羊豕者，土神非一，豐其禮以備享之。此乃告天地以將營洛事，非郊社之位皆已立而祭之也。

越七日甲子，周公乃朝用書，命庶殷侯、甸、男邦伯。

書，下文所謂誥也。侯、甸、男邦伯，諸侯來會於洛者。將興工而告臣民以營洛事。

厥既命殷庶，庶殷丕作。

上文命命誥諸侯，此命命民以役也。丕作，勸事也。

太保乃以庶邦冢君出取幣，乃復入錫周公，曰：拜手稽首，旅王若公。誥告庶殷，越自乃御事。

幣，所以贄也。錫，與也。旅，陳也。自，從。乃，汝也。營洛之工已興，諸侯及殷庶皆樂於趨事，召公乃以諸侯出取幣，復入而與周公，言稽首陳幣於王，與公曰：今營洛之意已如公，誥告庶殷及從汝同來之御事，無不周知矣。蓋召公以殷庶皆喜營洛，恐成王視爲易而生慢心，故率諸侯贄幣於王，亦贄幣於公，藉公達己之意，復命於王，如下文所云也。

嗚呼，皇天上帝，改厥元子。兹大國殷之命，惟王受命，無疆惟休，亦無疆惟恤。嗚呼，曷其柰何弗敬。

此下皆召公復命成王，藉周公以達者。元子，天子，天之宗子也。休，美。恤，憂。曷，何也。歎息而言天改命天子，以周代殷。王今受命，固有無窮之美，亦有無窮之憂，何可不敬畏也。朱子曰：此數句一篇之大旨，下文反覆推衍此數句意耳是也。

天既遐終大邦殷之命，兹殷多先哲王在天，越厥後王後民，兹服厥命厥終。智藏瘝在，夫知保抱攜持厥婦子，以哀籲天，徂厥亡出執。嗚呼，天亦哀于四方民，其眷命用懋，王其疾敬德。

服厥命，受天命終，指紂而言。智，賢智者。瘝，病民。夫知，謂紂知之也。徂，往。亡，逃亡。執，拘執。眷命用懋，眷命能勉德之人。疾，急也。承上言天既遐終大邦殷之命，非殷先德不厚也。兹殷多先哲王，靈爽固在於天，故能及其後王後民，於兹受命及其終也。賢者退藏，病民者在位，民病無聊，保抱攜持其婦子，哀籲上天，徂而逃亡，出又見執，夫紂亦既知之矣，而不以爲意。嗚呼，天亦哀于四方民，其必眷命用懋德者，豈佑紂乎？此其所以終命也，王今其疾敬德而可。

相古先民有夏，天迪從子保，面稽天若，今時既墜厥命。今相有殷，天迪格保，面稽天若，今時既墜厥命。

從子保，夏禹子賢，天從其子而保之，使嗣位。面稽，仰承天心，若仰面而考天意。若，順也。面考天心而順之。格保，格正夏命而保之。夏遠，故曰古先民；殷近，故曰今相。此述夏殷之初，皆敬順天心而興，今皆墜命，明天命之不可恃也。

今沖子嗣，則無遺壽耇。曰其稽我古人之德，矧曰其有能稽謀自天。

沖子，成王年幼也。壽耇，老成。曰，設爲成王自課之辭。我古人，周先王。稽謀自天，謀議上合於天理，若自天而降也。蔡傳曰：幼沖之主於老成尤易疏遠，稽古德則事有所證，稽自天則理無所遺是也。言成王年沖，當無遺老成，常自念曰我其能稽古人之德乎？其有能上契天心乎？

嗚呼，有王雖小，元子哉。其丕能諴於小民，今休。王不敢後，用顧畏于民碞。

其，期冀其然。諴，和也。不敢後，疾敬德也。碞、巖同，民情險若碞也。言王雖幼小，而爲天元子，尚其大能諴和萬民，以成今之休美。王誠不敢後於敬德，必顧畏於民碞也。

王來紹上帝，自服于土中。旦曰：其作大邑，其自時配皇天，毖祀于上下，其自時中乂。王厥有成命，治民今休。

紹上帝，承天意也。王氏曰：成王欲宅洛者，以天事言，洛，天地之中，風雨之所會，陰陽之所和也。以人事言，則四方朝聘、貢賦、道里均焉，故謂之土中。服，治也。旦曰，宅洛之事，周公成武王之志，首建斯議也，君前臣名，故曰旦。成命，王命周召營洛之命。此爲召公復命營洛之本文。言王紹上帝而來治土中，旦實首倡其説，謂自是可配天，可以敬祀上下神祇，而居中以治天下。王能決從其言，早有成命。我今相視經營其地，果可以治民，而今則人心樂從，可成其美矣。

王先服殷御事，比介于我有周御事。節性，惟日其邁，王敬作所，不可不敬德。

此乃告以治洛之事。比，親。介，助也。商民未祛習染，故告王先治殷御事，使親近我周御事。節其驕性，庶幾日新無已，然其本在王，王以敬作之所，不可不敬德也。

我不可不監于有夏，亦不可不監于有殷。我不敢知曰，有夏服天命，惟有歷年。我不敢知曰，不其延，惟不敬厥德，乃早墜厥命。我不敢知曰，有殷受天命，惟有歷年。我不敢知曰，不其延，惟不敬厥德，乃早墜厥命。今王嗣受厥命，我亦惟兹二國命，嗣若功。

申明上文敬德之意，而言當以夏、殷爲監。我不敢知其必當歷年，亦不敢知其必當不延年，而原其墜命之故，則惟不敬德。故今王嗣二代而受命，我亦惟兹二國命常以爲監，庶可繼今日之功耳。蓋營洛以朝諸侯，召公恐成王恃以爲不拔之業，故以二國之不能延年警之。

王乃初服。嗚呼，若生子，罔不在厥初生，自貽哲命。今天其命哲？命吉凶？命歷年？知今我初服，宅新邑，肆惟王其疾敬德。王其德之用，祈天永命。

初服，成王年長，初自爲政事也。哲命，天以正理命人，本無不哲，習於善則善耳，故曰自貽哲命。祈天永命，真西山曰：天命至，公不可以求而得，一於德乃不祈之祈是也。言王乃初臨政事，譬若子之初生，善惡惟其自命。今天其命王以哲乎？命吉凶乎？命歷年乎？皆不可知。欲知之，則自今我初服，始營洛，以定新邑，正如子之初生，惟王其疾敬德。王其以德之用，祈天而永命也。

其惟王勿以小民淫用非彝，亦敢殄戮用乂民，若有功。其惟王位在德元，小民乃惟刑用于天下，越王顯。

淫，過也。非彝，非常法。元，首也。蔡仲默曰：刑者，德之反，疾於敬德，則當緩於用刑是也。言王勿以小民過用非法之故，亦敢於殄戮以治之民。順導則有功，逆治則難服。其惟王位居天下之首，而德足副之，小民乃觀刑用德於天下，而王德益顯也。

上下勤恤，其曰：我受天命，丕若有夏歷年，式勿替有殷歷年，欲王以小民受天永命。

其，期冀之詞，總結上文之意。言上下勤勞，庶幾常自厘慮曰：我受天命，亦若夏、殷歷年之久，而愛民乃所以享天心，我故欲王以小民受天永命也。

拜手稽首曰：予小臣敢以王之讎民百君子，越友民，保受王威命明德，王末有成命，王亦顯。我非敢勤，惟恭奉幣，用供王能祈天永命。

讎，匹也。民，凡爲人之通稱。百君子，友邦冢君。稱邦君爲王之讎民，以明與王一體者也。友民，庶殷忠順之民。保受王威命明德，營洛邑以彰王威德，相與保而受之。末，終也。顯，顯著。勤，勞苦也，如《春秋傳》勤君之勤。此乃言己所以奉幣告王之意。所以偕友邦冢君及庶殷奉幣告王者，冀王敬用德，共欲保受王威德，王終有天命顯於天下也。我非敢勤王以憂勞，惟恭奉幣，俾王告營洛之事於廟，用供王能祈天永命而已。

附　解

成王自周如豐，告於文王之廟，命召公先行營洛，周公繼至。召公既營洛，先率諸侯奉幣告王，恐其以治洛爲喜，故歷述前代勉王敬德。史臣先叙營洛之事，太保乃以庶邦冢君以下乃《召誥》正文。成王尚未至洛，用牲郊社，非一切廟社之禮已具而祭告天地也。先儒於此誤認，並章句義理遂多誤解，今依白文自然語意詁之。武王得天下，東方諸侯朝會，不免遠勞，欲營洛而未果。成王承武王之志而營洛，周公導之，召公贊成之，故《召誥》《洛誥》相屬，皆一時事。第召公則先來相宅，初定規模，即復命於王，此篇是也。周公則已成洛邑而反，復命於王，既乃與王皆至洛邑祭告，王乃畱公治洛，下篇是也。二篇本可合爲一書，史因各著二公之事，故分爲二。然其叙太保先周公相宅，三月丙午朏，三日戊申太保朝至於洛，《洛誥》曰惟以在周工往新邑，戊辰王在新邑，則所以明周召及王先後至洛之事。後人見經無成王至洛之日，遂疑與周召同時至洛，非也。王乃初服，孔傳屬下節，義較明白，從之。讎民，蔡氏以爲頑民。然《畢命》言頑民，乃謂商俗靡靡，席寵怙恃，驕淫矜夸，一時難化，非謂其不服周家稱爲頑民也。若周德未至，民不服而忠殷，乃稱爲頑民，周之君臣尚得爲聖人乎？而孔子又何以稱爲應天順人乎？此篇讎民亦誤解爲仇讎，不顧義之安否，可歎。聖人惟知責己，武王、周公聖德在民，未嘗以仇讎視殷遺也。且既曰讎民矣，而又曰以之保受王威命明德，語義亦不通，故當從孔傳作匹字解也。營洛朝會諸侯，本武王之志，而周公成之。成王初壯，二公恐其生侈心，故兢兢以監於夏殷，敬德祈天爲戒。蓋以天命怵之，俾其修德及民，非但如後世孳孳經營形勝，爲子孫不拔之業。此聖人庸衆，其居心若天淵，不可不辨也。

洛誥

周公既定洛邑，遣使告成於王。王因至洛告祭，命周公留治洛邑。史詳記其言其事，以爲是篇。今文、古文皆有。

周公拜手稽首曰：朕復[1]子明辟，王如弗敢及句。天基命定命，予乃胤保，大相東土，其基作民明辟。

拜手稽首，敬禮而遣使也。復子明辟，猶言復命於爾明君。子者，親親之辭。如弗敢及，美成王謙讓也。蓋營洛者，武王之志，成王成之，而如弗敢及，讓善於親之意。天基命定命，天意祚周，早基其命，定命於洛邑也。胤保，蔡氏曰：繼太保而往，大相洛邑是也。其基作民明辟，洛邑既成，於此朝會諸侯，施德布功於民，爲明君也。

予惟乙卯，朝至于洛師。我卜河朔黎水，我乃卜澗水东、瀍水西，惟洛食。我又卜瀍水东，亦惟洛食。伻來，以圖及獻卜。

洛師，蔡氏曰猶言京師是也。河朔黎水，在河之北也，今直隸大名府濬縣東北。澗、瀍二水皆在今河南洛陽縣。食，古者卜龜，先用墨畫龜，而後灼之，其兆之文循墨而行，如食墨然，則吉也。澗水東、瀍水西以爲王城，瀍水東以爲下都，處殷貴族。吕東萊曰：周公何爲而卜黎也？意在地近者商民之心，意在地中者周公之心，故並列二説以聽於天。卜黎於先者，先人後己之心也。黎既不吉，改卜洛邑，龜乃協從。伻，使也。圖，洛之地圖。獻卜，獻其卜之兆辭。

王拜手稽首曰：公不敢不敬天之休，來相宅，其作周匹休。公既定宅，伻來，來視予卜休恒吉。我二人共貞。公其以予萬億年敬天之休，拜手稽首誨言。

① 復，底本作服，此據《尚書正義》改。

營洛者，武王之志，成王成之，重其事，故重其禮，且尊周公也。作周匹休，周都西，而營洛爲東都以配之。恒吉，不但一時之吉也。我二人，王謙言己與周公君臣同心。共貞，冀公匡己，長守至正以承天，即下文敬天之休也。誨言，公以天命明辟勖王，王故謝之。

周公曰：王肇稱殷禮，祀于新邑，咸秩無文。

此下則周公勸成王如洛告祭，並叙錄功臣以配享宗廟也。殷，蔡氏曰盛也，與五年再殷祭之殷同。秩，序也。無文，祀典不載。言王當往洛，肇始盛禮，祀於洛邑，雖祀典所不載者，咸序而祭之。蓋營洛爲東都，王朝會所宅制彷京邑，故必告祭。此事前代所無，周始肇之，則祀典亦初肇之，漢唐以下兩京所由彷也。

予齊百工，伻從王于周。予惟曰：庶有事。今王即命曰：記功宗，以功作元祀。惟命曰：汝受命篤弼。

功宗，功臣之首。作元祀，論功配享先王也。命，命功臣。篤弼，篤厚以輔君。言予將適洛時，整齊百官，使從王於周。予惟曰：洛邑將成，王必至洛，有事宗廟，故先簡功臣從王，以爲如洛之計。今王以羣臣赴洛，即命曰：成洛者，先王之志，今將立宗廟以功臣配享，記功宗，以功作元祀。惟命之曰：汝受此寵命，當篤厚以盡輔弼。蓋周營洛，立宗廟社稷以爲東都，即叙錄功臣，以終武王之事也。

丕視功載，乃汝其悉自教工。孺子其朋，孺子其朋，其往。無若火始燄燄，厥攸灼叙，弗其絶。厥若彝，及撫事，如予。惟以在周工往新邑，伻嚮即有僚，明作有功，惇大成裕，汝永有辭。

丕，大也。功載，記功之載籍。工，臣工。乃汝其悉自教工，言至洛告誡臣工，得失惟王自爲教令所在，臣民具瞻，非己所得而藉手也。孺子，年少之稱，周公於王，親則叔父，誼則師保，故稱爲孺子。朋，黨也，謂以偏黨用人。是時殷庶及邦君在洛者多，公恐王偏用舊臣，故特戒之。其往，自今以往。若彝，順彝倫之政。撫事，治一切事也。在周工，即公所齊百官從王於周者。嚮，嚮往。即有僚，就其位。明作有功，精明作事有成功。惇，大也。成裕，惇厚寬大以成雍容之治。有辭，人稱賢也。言今日至洛，大視功載，以行爵賞臣民。觀汝新政，汝之所爲臣下效之，乃汝其悉自教工矣。孺子其可朋黨用人乎？孺子其朋，則自今以往，弊有不可止者。無若火始雖燄燄，其所灼者引而彌長，次序不可絶止，汝安可不慎哉。慎之之道安在？凡所以順彝倫而布政及撫事，皆如予平日所爲。周之舊臣多有賢者，王惟以在周臣工往新邑，使洛之臣庶知所嚮往，各就有僚，明作有功，惇大以成寬裕之治，則汝永有辭矣。蓋成王幼，周公攝政，成文武德，又所齊百工皆賢者，故告成王以如予，以在周工往，不嫌自任，然則公之爲王師尊信矣。而崔述且謂王非幼沖，公無攝政事，豈非不讀此書也。

公曰：已，汝惟沖子惟終。汝其敬識百辟享，亦識其有不享，享多儀，儀不及物，惟曰不享。惟不役志于享，凡民惟曰不享，惟事其爽侮。

此下乃成王至洛祭告後，公又申戒於王，欲告老致政，而王留公也。史臣不敘王至洛之日，而但云戊辰王在新邑。先敘公與王言如此，所以明公之留洛乃成王之命，非公自爲。又以明公輔成王，至洛邑既成，記功宗而朝諸侯，則公成文武之事已畢。於文爲詳略之法，於義爲輕重之法也。惟終，尚思其終。蔡氏曰：百辟，諸侯。識，詳察之也。享，朝享也。儀，禮。物，幣是也。不享，不以誠享。役，用也。爽，差。侮，慢也。王既至洛祭告後，公乃申告之曰：王初服如是，是其可已乎？汝雖沖子，必思終身德业。汝其敬以自修，詳察百辟之享，亦識其有不享。蓋享者，臣子之分，然必有忠誠之意。故享在多儀而不在幣物，若儀不及物，是爲不享。惟其不用志於享，夫不用志於享，則諸侯未心悦而誠服也。諸侯如是，凡民亦以上爲不必享，則必蔑王，章亂侯度，惟事其爽侮矣，汝其可不敬乎？成王新見諸侯，諸侯必以贄見，周公恐其享多儀而不察賢否，故戒之如此。

乃惟孺子，頒朕不暇，聽朕教汝句。于棐民彝汝乃是不蘉，乃時惟不永哉。篤叙乃正父，罔不若予，不敢廢乃命。汝往敬哉。兹予其明農哉。彼裕我民，無遠用戾。

此周公美成王可以興道致治，而言已將致仕也。頒，布也。不暇，公所未及爲者。蓋謂成王親政，能爲公所不及爲也。聽朕教汝，成王幼學於公，今皆見諸行事也。棐民彝，輔治人倫之事。是，指棐民彝言。蘉，勉也。篤叙，選忠篤者以叙官。正，官名。父，尊稱。正父，蓋五官之長也。若，順也。彼，指洛邑。戾，至也。言孺子親政以來，能頒布我之所不暇者，聽我所以教汝。凡所以棐民彝之事，皆能力行，可謂賢矣。於今治洛，輔導民彝之事，汝乃不勉，失此致治之機，後安及哉？且洛邑諸臣，予前已篤叙其正父，無不順予所爲者，必能效忠宣力，不敢廢汝之命。汝往敬哉。兹予其將歸老而明農哉。汝往，彼以寬裕待我民，斯無遠皆至矣。

王若曰：公，明保予沖子。公稱丕顯德，以予小子揚文武烈，奉答天命，和恒四方民，居師。惇宗將禮，稱秩元祀，咸秩無文。惟公德明光于上下，勤施于四方。旁作穆穆迓衡，不迷文武勤教。予沖子夙夜毖祀。

明保，以明德保安之，指自幼至長言也。稱，舉也。舉大顯德，以今治洛言也。和恒，和其心而使可久。居師，營洛以居其衆。惇宗，厚於宗臣。將禮，行祀功宗之禮。成王以周公求退，恐其以己所爲有不合公者，故言己至洛，惇宗將禮，一如公之所訓，未嘗敢違也。旁，蔡氏曰：無方所也，因上下四旁爲言是也。旁作，無所不作，蓋指制作一切而言。穆穆，深肅意。迓，迎。衡，權衡也。穆穆迓衡，虚其心以迎至理之平，而行之中庸，執兩用中意，而《孟子》所謂思兼三王以施四事，不合者則仰而思，幸得則坐而待者也。不迷，指天下而言。夙夜毖祀，言己無所爲，惟敬祀而已，以固畱公也。王知公有去志而畱之，曰：公明保予沖子有年矣。今舉大顯德而營洛，以予小子揚文武之烈，而答上天之命，和恒四方之民，使居於洛。予之至洛也，惇宗將禮，稱秩元祀，咸秩無文，一如公言。惟公德明光于上下，勤施于四方，旁作而穆穆以迓其衡，使天下不迷於文武勤教之意。公之治浹矣，予沖子惟夙夜毖祀，敬天法祖，以不負公教。公何爲有退志哉？

王曰：公功棐迪篤，罔不若時。王曰：公，予小子其退即辟于周，命公後。四方迪亂，未定于宗禮，亦未克敉公功。迪將其後，監我士師工。誕保文武受民，亂爲四輔。

再言王曰者，記成王更端之詞，殷勤固畱之意也。時，指上文所言。迪亂，導之於治。宗禮，周公所制典禮。敉，定也。將，助也。其後，今後。四輔，四方輔翼之意。承上而言公功輔導之篤，無不如是者，予小子安可一日無公哉。因更端呼公而告，言己將退就於周，命公畱後治洛。所以然者，四方雖導以治，然禮樂初頒，服習未熟，未定於宗禮，亦未克定公之功也。公宜導助其後，監視我士師百官，俾有祗承大保文武所受之民，治洛以爲我四輔也。

王曰：公定，予往已。公功肅將祗歡，公無困哉。我惟無斁其康事。公勿替刑，四方其世享。

定，止也。肅將祗歡，敬奉而愛悅也。困，倦瘁也。哉，《漢書》作我，非。康事，安民之事。終言公止勿退，予將往已。公之功，人習而安之，無不肅將祗歡者，公無告勞瘁哉。我惟遵公之訓，無厭於康民之事。公勿替其典型，四方其世享公之德矣。

周公拜手稽首曰：王命予來，承保乃文祖受命民，越乃光烈考武王，弘朕恭。孺子來相宅，其大惇典殷獻民。亂爲四方新辟，作周恭先。曰：其自時中乂，萬邦咸休，惟王有成績。予旦以多子越御事，篤前人成烈，答其師，作周孚先。考朕昭子刑，乃單文祖德。

來，謂初來卜洛。承保，承王意以保之。宏朕恭，使周公益宏大其恭承文武之事。蓋成王援文武以畱公，公義不敢辭，故其言如此。來相宅，成王至洛觀成也。惇典殷獻民，成王以典禮自飭，殷之賢者皆悅服，謂爲明君也。作周恭先，恭者，人主之盛德爲周賢王倡也。曰，述成王之言。多子，衆臣也。作周孚先，人臣以誠爲事君之本。考，成也。昭子，猶明君，謂成王也。刑，儀刑。單，大也。周公致敬禮於王曰：王始命予來，承保乃文祖受命之民，及光爾烈考武王者，以重大之任宏朕之恭，朕固已不敢辭矣。今孺子來相宅，能大惇典於殷之獻民，爲四方之新明主，信可作周恭主之先。王曰：其自是居中而乂，萬邦咸休。是王以揚文武烈爲心，已有成績。旦亦何能爲？惟以多子及御事，篤前人成烈，用答眾望，作周孚臣之先，成朕昭子之儀型，庶幾大文祖之德也。蓋王歸美周公，公復歸美成王，故其言如此。

伻來毖殷，乃命寧予。以秬鬯二卣，曰明禋，拜手稽首休享。予不敢宿，則禋于文王、武王。惠篤叙，無有遘自疾。萬年厭于乃德，殷乃引考。

此又追述成王遣使祭告事，以明承保文祖民、光烈考武王，皆王之美也。毖，殷王未至洛之前，先使人戒殷也。命寧予，命人問公安否。秬鬯，秬黍爲酒，和以鬱金而實之鬯。卣，中尊。使告文武，故以二。曰明禋，使明潔而祭。拜手稽首休享，王致敬以祈享也。宿，經宿也。惠篤叙四句，蔡仲默曰祭之祝辭是也。惠，思之也。篤叙，即前篤叙之正父。殷乃引考，殷人相引，於壽考無窮也。言洛邑既成，王猶未至，時使人來戒殷眾，乃命安予。以秬鬯二卣，命予曰明禋，拜手稽首以致休享。蓋王當洛邑初成，即不敢以爲功，而必告於文武也。予不敢宿王之命，即禋於文王、武王。其祭祀之辭，求文武惠兹篤叙之臣，無有遘自疾者，使萬年皆厭飽文武之德，殷人亦相引於壽考而無窮。是王本有承保光烈文武之心，已不敢不祗承之也。

王伻殷乃承叙，萬年其永觀朕子懷德。

承叙，殷之臣民遷居洛邑，受禄受田，各有職業也。朕子，朕孺子也。承上言王營洛以承文武者如是，是今日殷人安居樂業，王實使之。惟王善法文武，乃使殷人承叙，於萬年其永觀法朕子而懷其德也。

戊辰，王在新邑。烝祭歲，文王騂牛一，武王騂牛一。王命作册，逸祝册，惟告周公其後。王賓殺禋，咸格，王入太室祼。王命周公後，作册逸誥。在十有二月，惟周公誕保文武受命，惟七年。

此下史官紀王在洛祭祀終，周公留洛之事。戊辰，十二月之戊辰也。烝，冬祭名。曰歲者，歲舉之祭也。周尚赤，故用騂。册，告神之册書。逸，史佚。王賓殺禋，王賓禮諸侯，殺牲以禋祭。咸格，諸侯咸至也。太室，廟有五室，中央曰太室。祼，灌地以降神也。作册逸誥，作册命周公，史逸誥之也。在十有二月，明王烝祭後即命公後，重其事，告廟而後命公也。惟七年，吴草廬曰周公留洛後七年而薨是也。

附　解

金仁山謂《召誥》《洛浩》相爲首尾是也，而疑此篇有闕文則非。蓋營洛者，武王之志，因成王年幼，一時未能至洛朝會諸侯，故周公制禮作樂皆畢而營洛邑，必待成王年長始成之。成洛之後，立宗廟社稷以爲東都，以功臣配享，俾成王朝諸侯而施政令。成文武之事終，公之相業盡矣，故遂欲退老明農。而成王不允，必留公治洛，以已既必歸周，非公德望不能鎮撫諸侯也。迨公留洛七年，則禮樂法度天下已皆熟習，而文武之德入人益厚，故曰誕保文武受命惟七年也。至成王、周公遷殷庶於洛，非爲其助武庚爲亂，恐生他變，特徙治之。蓋周既大封天下以德賢，殷之舊臣世族不能盡賢，則必不能盡封，向同武庚居舊都。今武庚既滅，改封邶、鄘、衛，世臣舊族無所歸屬，故徙之於洛。洛爲東都，與周京等，處之於此，或爵禄之，或田宅之，俾各安其居，無或失所。而又令成王惇典以示，朝會以臨，俾覩新朝之德政，而近文武之聲靈，故周公曰伻嚮即有僚、大惇典殷獻民。先儒不察，乃以成王、周公爲遷頑民，若後世防患情事，殊不知《畢命》所言頑民乃靡靡怙恃之民，非倔強不臣周之民也。又以爲篇有闕文，不知史臣敘事明暗互用，詳略異宜。自三月營洛，至冬王始至洛朝祭，中閒不記王至洛之時，以無他要事，可不敘也。《召誥》言召公卜洛，而此篇周公云已卜，則知二公同卜，而定宅者周公，董事者召公也。公於王至豐之時，已赴洛之始，即齊百官以從，預爲王至洛記功宗地。而咸秩無文，大嚮羣廟，萃渙格天，並殷先王皆祭告可知矣。前人未察，於庶有事記功宗、汝其悉自教工皆不明白，今疏通之，俾本文辭義有屬。敬識百辟享，因朝會而發也。古朝會，臣工必以幣玉及方物，以下敬上曰享。蘇東坡曰：小人賄以悦人，必簡於禮。公戒王責諸矦以禮不以幣，恐其役志乎物而不役志乎禮，則諸矦慢而王室輕矣。此治亂之本，故特言之。《春秋傳》趙文子爲政，薄諸矦之弊而重其禮，曰自今以往，兵其少弭。夫以列國之卿，輕幣重禮，猶足弭兵，王而賄，其致寇必矣。唐之衰，君相皆可以賄取，藩鎮爭貢，羨餘行苞苴，而天子失其政，以至於亡，周公之戒至矣。其言深得經義。聽朕教汝、罔不若予，舊解似周公自詡，大失聖人語氣。于棐民彝汝乃是不蘉連讀，言于棐民彝之事，乃不勉則失時也。正父以爲武王，於上下文義不貫，且武王無正父之號。下文言烈考武王，而此獨言正父篤敘，字亦不屬，不知古人尊稱多曰父。正本官民，《左氏》有五正之名，則此自當指羣臣言，並下文惠篤敘亦順而易解矣。惇宗將禮、稱秩元祀、咸秩無文，舊解覺橫梗不通，不知乃成王述己遵周公所爲也。迓衡以爲迓太平，穆穆字不相屬，且以衡爲太平亦强。宗禮謂公所制之禮，乃一王之定制，天下所宗，故曰宗，非上文功宗之禮。將訓爲大，單訓爲盡，皆違本義而生强。尤有謬者，成王方尊周公，而公更自誇詡。公欲退老，成王固留以致其敬，而周公復述王以秬鬯享己，君臣之際辭讓全無，豈復成周公哉？今一一就本文疏通之，俾讀者知經義本明而曲説亂之，爲可慨也。秬鬯明禋之説，林少穎、王荆公爲得，從之。至東坡謂《康誥》錯簡，惟三月一段當在此篇首，先儒從之。然今揆文義，不然，故闕之。

多士

成王既討武庚，别封微子。商故都之舊臣世族無所歸屬，遷之居洛。王既命周公畱洛，因誥戒之。史録爲此篇，因篇首呼多士而告之，即以名篇。今文、古文皆有。

惟三月，周公初于新邑洛，用告商王士。

史臣敘王誥多士之由。三月，蔡氏謂成王祀洛次年之三月是也。云初者，王命周公治洛，公始奉王命告之。商王士，多士，皆殷舊臣世族也。

王若曰：爾殷遺多士，弗弔旻天大降喪于殷。我有周佑命，將天明威，致王罰，勑殷命終于帝。肆爾多士，非我小國敢弋殷命，惟天不畀允罔固亂，弼我。我其敢求位？

弗弔，慰憫之言，不爲天所弔也。佑，助。勑，正也。弋，有心取之也。允罔固亂，信無保固亂人之理。言爾多士弗爲天所恤，以至此旻天大降喪于殷。我有周助天之命，奉天明威，致王罰之，公正殷命以告終于帝。故爾多士當知此意，非我小國敢弋殷命，惟天不與爾殷，亦以殷王昏亂，天無固之之理，是以匡弼於我也。我其敢求位哉？

惟帝不畀，惟我下民秉爲，惟天明畏。

此承上起下之辭。不畀，天無私與也。秉爲，心所主宰而著諸事者。天視自我民視，天聽自我民聽之意，言即民心以驗天，固明威可畏也。

我聞曰：上帝引逸。有夏不適逸，則惟帝降格。嚮于時夏，弗克庸帝，大淫泆有辭。惟時天罔念聞，厥惟廢元命，降致罰。乃命爾先祖成湯革夏，俊民甸四方。

引逸，導以安樂。蓋人心之良即天理也，作德心逸日休，即天導之以逸。不適逸，不以天理自適。降格，降災異。嚮，意嚮。淫泆有辭，桀言日亡予乃亡之類。元，大。俊民，賢人。甸，治也。述殷之所以代夏，以明天無私畀，則今之代商可知矣。言上帝引人以至安之事。有夏不自適其逸而妄爲，惟帝降格災異以示意嚮。桀猶不悛，天乃命爾成湯革夏，亦惟賴賢人以治四方也。

自成湯至于帝乙，罔不明德恤祀。亦惟天丕建保乂有殷，殷王亦罔敢失帝，罔不配天其澤。在今後嗣王，誕罔顯于天，矧曰其有聽念于先王勤家？誕淫厥泆，罔顧于天顯民祗。惟時上帝不保，降若茲大喪。惟天不畀不明厥德，凡四方小大邦喪，罔非有辭于罰。

明德恤祀，明德以爲圖治之本，敬祀以爲糾德之地。丕建，大建，立其國家。配天其澤，配天以澤民。罔顯于天，不明天道。先王勤家，先王忠勤之世家。天顯民祇，天之顯道，民所敬畏者。有辭于罰，有可言之罪而致罰也。言自成湯以下，殷之賢君無不明德恤祀，天故保乂之，而殷王亦承天以惠民。至嗣王紂乃不明天道，况能聽念先王勤勞之家乎？惟其大肆淫泆，不顧天顯民祇，是以上帝不保，降兹大喪，是天之不畀，乃以其不明厥德之故。凡四方小大邦喪，無非不明其德，有可以致辭之處而後致其罰，故非我周敢弋爾殷也。

王若曰：爾殷多士，今惟我周王丕靈承帝事。有命曰割殷，告勑于帝。惟我事不貳適，惟爾王家我適。予其曰：惟爾洪無度，我不爾動，自乃邑。予亦念天即于殷大戾，肆不正。

此言周初克殷之時，仍封武庚於舊都，不肯遷殷多士之故。周王，武王。靈承，尊天之神靈而承之。不貳適，不肯二其心以自適。王家我適，殷命歸周也。洪無度，殷之諸臣染紂之習，大爲無度。自乃邑，仍居朝歌也。即戾，罹禍也。肆，故也。言我武王靈承帝事，帝既有命割殷，故遂告正於帝。惟我凡事專一其德，不敢他求適意，惟爾王失德，自適於我，豈我强取殷哉？當革殷之初，予豈不能遷爾？予其曰：惟爾大爲無度，由上使然，我不爾動，仍自爾邑而居。予亦念天致爾殷以大禍，不忍重致勞擾，故不遽正爾而遷爾也。

王曰：猷告爾多士，予惟時其遷居西爾。非我一人奉德不康寧，時惟天命，無違。朕不敢有後，無我怨[①]。惟爾知惟殷先人，有册有典，殷革夏命。今爾又曰：夏迪簡在王庭，有服在百僚。予一人惟聽用德，肆予敢求爾于天邑商。予惟率肆矜爾，非予罪，时惟天命。

猷，謀也，此告以遷之之故，故用猷字。遷居西爾，遷爾於西也，洛在殷都之西。天命，武庚以畔受誅，是天命不容多士在故都也。册，簡册。典，常法也。迪簡，導引簡用。服，列也。聽用，聽而用之。肆，故也。天邑商，即商之故都。率肆，率商之故事。矜爾，憫其無歸。蓋殷之故臣多望簡用，或生怨望，而不知其德不逮，成王述成湯當日亦不盡用夏臣，以開導之如此。我之猷謀，今告爾多士，予惟時其遷爾於西。非我一人秉德治世而不圖康寧，時惟天命無敢違者，朕不敢緩承天命，爾無我怨。當知武庚若不肯畔，則爾不至有今日矣。爾固知爾殷先人有册記載國典，殷革夏命之事載在典册，可考而知。今爾又曰：商革命時，夏臣皆迪簡在王庭，服職在百僚之列，我今不然。不知予一人惟聽用有德，故予敢求爾于天邑商，使爾來共居此。予惟率殷故事，矜爾等無辜爲爾君所累，欲爾更新其德以備簡在，非予無故遷爾，是乃天命也。按：《詩》言殷士膚敏，祼將于京，是武王克商，已用殷之賢者。

---

① 怨，底本作恐，此據注文及《尚書正義》改。

今者遷之多士，必其染紂之習未有德者，故遷之至洛，使親炙周公之化。時惟天命，言天命維新也。

王曰：多士，昔朕來自奄，予大降爾四國民命。我乃明致天罰，移爾遐逖，比事臣我宗句，多遜。

來自奄，即成王伐奄作大誥事。降，蔡傳曰猶今法降等云者是也。言殷民從武庚畔，當誅，而降宥不罪也。致天罰，誅武庚也。遐逖，洛邑去紂都四百餘里，本非遠，以其離舊都而言，則曰遐逖也。比事臣，比於周家任事之臣。蓋成王遷殷士於洛，有才者任官，無才者亦禄之，下文所謂爾邑爾居者也。我宗，周同姓，猶虞公言晉吾宗也。多遜，多忠順者。又呼多士而告以必遷之意。昔自伐奄歸來，予討逆安民，大降宥爾四國民命。其不良者，我乃明致天罰誅之矣。今移爾於遐逖，比於我周凡任事之臣及我同宗，因爾多士多忠順之人，不忍外視也。

王曰：告爾殷多士，今予惟不爾殺，予惟時命有申。今朕作大邑于茲洛，予惟四方罔攸賓，亦惟爾多士攸服，奔走臣我句，多遜。

命，即今之誥命。多遜，言殷士多恭順者。蓋周德入人者久，其未深悉教化者固有，而心服者亦多。前人乃謂周所遷皆不服之民，謬矣。殷士蓋曾有同武庚畔者，於法皆當誅罰，故成王言予今不爾誅殺，惟申誥命。今朕作茲洛邑，因四方諸侯無賓禮之地，爲之以便朝會，亦因爾多士攸服，奔走臣我，多遜順者，以此宅之也。

爾乃尚有爾土，爾乃尚寧幹止。爾克敬，天惟畀矜爾。爾不克敬，爾不啻不有爾土，予亦致天之罰于爾躬。

有土，有田業。幹，能事之名。止，居也。寧幹止，安其幹事之居，如今官府之地。爾今雖播遷，尚有爾之土田，尚各安其事業居止，予曷嘗虐爾哉？但予之厚爾如此，而克享與否則在於爾。爾如克敬，天必畀汝矜汝。爾不克敬，則不但不能有土，予亦致天之罰于爾躬也。玩此書則殷士之不遜者，蓋染紂習太深，尚有未服周敬讓之化者，非謂其不臣周也，前人何謬。

今爾惟時宅爾邑，繼爾居，爾厥有幹有年于茲洛。爾小子乃興，從爾遷。

邑，四井之地。有年，壽考。興，興於善。遷，謂遷洛。申言爾今惟是宅爾邑，繼爾之居，爾其長有爲有壽於茲洛，爾之子孫乃羣焉興起，皆從爾遷居，而始我之録用爾者正未艾也，何云不簡在王庭乎？

王曰：又曰：時予，乃或言，爾攸居。

王曰之下，蔡傳以爲有闕文是也。乃或言，他有所言。言終又申命之，予或他有所言，皆爲爾宅居之事，爾其體予之志可也。蓋成王、周公兢兢以殷士不克安居爲慮，聖人之仁也，而豈慮其反復哉？

附解

周僻居西岐，雖三分有二，而紂都臣民習染已深，即大定後，紂臣猶多不改惡者。周公營洛，乃遷之洛邑，爲之經理廬舍居止，欲其沐浴治化，革其舊習。且畱公居洛，使親炙變化，此篇之所以作也。其殷殷誥誡，明廢興之由，周無代商之志，及己今日遷徙並非無故勞擾。蓋欲其維新，以便簡用，慰以安居樂業，同於事臣同姓。其一片肫肫，情詞眞如保赤，殷士有不化者乎？周公居東三年，亦是畱殷敷教，故殷民有《九罭》之詩。此篇亦因多士未能革面，致殷勤之告，柰先儒誤解《畢命》頑民二字，不就本文紬繹，旨義多差，並成王、周公之意亦失矣。後世私妄擾民若漢徙豪傑於五陵，已爲非是，又或誅不順己，或殄滅勝國之後，其心視聖王曷啻天淵。讀者毋以世俗之謬，妄測武王、周公等也。

無逸

成王夙夜基命宥密，行周公之教矣，第敬德以爲出治之本。周公恐其昧民閒之疾苦，或久而怠肆，作此以戒。無逸，非勞瘁，敬止緝熙，久而不息也。史臣亦知，故以名篇。今文、古文皆有。

周公曰：嗚呼，君子所其無逸。先知稼穡之艱難，乃逸，則知小人之依。

所，處所也。所其無逸，《召誥》王敬作所意。君子，謂王。周公言君子安止居、敬作所，其無逸矣。尤必先知稼穡之勞，乃能安民以自安，知其艱難則知小人之所依，而爲之謀。此數句領起下文。

相小人，厥父母勤勞稼穡，厥子乃不知稼穡之艱難。乃逸乃諺，既誕，否則侮厥父母曰：昔之人無聞知。

申上文之義。相，視也。欲王以之爲監，即小人之不知艱勞者，以明其狀。諺，鄙俚。誕，妄也。父母勤勞稼穡，其子不知，而反侮笑之。前人締造艱難，人主苟宴安而忽之，亦何以異？

周公曰：嗚呼，我聞曰：昔在殷王中宗，嚴恭寅畏，天命自度，治民祗懼，不敢荒寧。肆中宗之享國，七十有五年。

以下約舉無逸之義。稱商王及周先王，以其時近易知。中宗，太戊。嚴恭寅畏，嚴密以治心，恭肅以治事，而常存敬畏。天命，天理之原。自度，自檢束。民易玩也，而治之亦懷敬懼。蓋民者天心，敬天則必敬民，敬民則必循天理以治心治事。太戊之德如是，故享國長久，天之福由己德致也。

其在高宗，時舊勞于外，爰暨小人。作其即位，乃或亮陰三年不言。其惟不言，言乃雍。不敢荒寧，嘉靖殷邦。至于小大，無時或怨。肆高宗之享國，五十有九年。

先儒謂武丁父小乙，使居民閒勞稼穡，與小人同事，理或然也。作，自民閒而作。乃或亮陰三年不言爲一句，言其恭默思道，乃或傳其亮陰三年不言也。雍，和靄意。嘉靖，美德靖民，禮樂治而民安樂也。小大，舉上下臣民言。

其在祖甲，不義惟王，舊爲小人。作其即位，爰知小人之依，能保惠于庶民，不敢侮鰥寡。肆祖甲之享國，三十有三年。

祖甲，高宗之子，祖庚之弟也。不義惟王，蓋祖甲常有讓國事，而不可考矣。鄭玄謂高宗欲廢祖庚立祖甲，祖甲逃之，恐未必然。舊爲小人，常居民閒習民事也。不敢侮鰥寡，即保惠中事以狀之。

自時厥後，立王生則逸。生則逸，不知稼穡之艱難，不聞小人之勞，惟耽樂之從。自時厥後，亦罔或克壽。或十年，或七八年，或五六年，或四三年。

立王，立爲王者。孔氏曰：過樂謂之耽。欲壽者人之情也，然必敬戒修德而後可壽，否則耽於逸樂，實自促其死耳。周公戒王至爲悚切。

周公曰：嗚呼，厥亦惟我周太王、王季，克自抑畏。

歎息而言，鄭重之也。抑畏，謙抑敬畏。蔡仲默曰：抑畏者，無逸之本。縱肆怠荒，皆矜誇無忌憚者之爲也。陳氏大猷曰：克自者，眞能自用其力，而人不與。略述周先王無逸之意，以起下文王。

文王卑服，即康功田功。徽柔懿恭，懷保小民，惠鮮鰥寡。自朝至于日中昃，不遑暇食，用咸和萬民。文王不敢盤于遊田，以庶邦惟正之供。文王受命惟中身，厥享國五十年。

卑服，服尋常人之服。康，安也。康功田功，安人莫先於田功，周之業自文王而始大，其無逸有不可殫述者，特即卑服、日昃、不遑以形之。徽、懿，皆美也，柔易懦，恭易僞，徽懿本於性而合乎中也。懷保，懷而保之。鮮，善也，惠而善視之。咸和，皆諧和之。盤，樂也。遊，遊逸。田，畋獵。文王敬德無逸，惟求安民，且恐人不能安民，故戒遊田而儉取民。庶邦惟正之供，文王爲方伯，諸侯禮有貢幣。正供，正額貢賦之數。受命，受命爲方伯。中身，猶中年。漢孔氏曰：文王九十七而終，即位時年四十七。

周公曰：嗚呼，繼自今嗣王，則其無淫于觀于逸，于游于田，以萬民惟正之供。無皇曰：今日耽樂。乃非民攸訓，非天攸若，時人丕則有愆。無若殷王受之迷亂，酗于酒德哉。

則，語助辭。無、毋通。皇、遑通。酒德，縱酒之凶德。歎息言自今以往，嗣王無過於觀逸遊田，以萬民正供爲節，毋自暇曰：今日耽樂，偶爾無妨。乃非民所以訓行，非天所以順導，時人將大有愆責於爾。無若殷王受之迷亂，酗於酒德哉。蓋紂惟不謹小慎微，故迷亂日甚，戒王勿忽於細也。

周公曰：嗚呼，我聞曰：古之人猶胥訓告，胥保惠，胥教誨，民無或胥譸張爲幻。此厥不聽，人乃訓之，乃變亂先王之正刑，至于小大。民否則厥心違怨，否則厥口詛祝。

胥，相也。保惠、教誨，養教民也。譸張，誑也。幻，眩惑意。聽，信從。訓，法也。祝，古咒字。詛、咒大略相似，皆告神怨恨之意，但詛則冀阻其行，咒則欲仇其身也。言古人已治已安，猶相與訓告以勵其行，相與保惠以澤其民，相與教誨以廣其化，是以民服其教，無或相與譸張爲幻。若於此而不聽，人乃訓而法之，乃必變亂先王正法，至於小人皆然。民心不以爲然，則其心違背怨恨，再有不然，則其口必詛祝於神明。心口交怨，國鮮不危矣。

周公曰：嗚呼，自殷王中宗，及高宗，及祖甲，及我周文王，茲四人迪哲。厥或告之曰：小人怨汝詈汝。則皇自敬德。厥愆，曰：朕之愆。允若時，不啻不敢含怒。

迪哲，允蹈明哲之事也，下文乃申明之。皇，大也。不啻，不但也。上文言變亂正刑必致民之詛咒，則詛咒之來固由己致也。若因民詛咒，不自返己而含怒於民，則愈滋咎矣。故言自殷三宗及文王，四人皆實能蹈明哲之事，如或有人告以小人怨詈，則皇自敬德。其所指摘之愆，引而受之曰：是我之愆。誠實自修若是，不但不敢含怒而已，其責己而不責人，所以爲迪哲者也。

此厥不聽，人乃或譸張爲幻曰：小人怨汝詈汝。則信之。則若時，不永念厥辟，不寬綽厥心。亂罰無罪，殺無辜，怨有同，是叢于厥身。

綽，優裕意。怨有同，同此公理。叢，聚也。承上言於此迪哲之事不聽，人乃乘其不明譸張爲幻，告以小人怨詈，則不察而信之。則如是，不能永念爲君之道，不寬綽其心以容善。以怨詈之故，羅織疑似，罰及無罪，殺及無辜，犯天下之公怒，怨有同心，皆叢集於厥身，國之危亡可待矣。

周公曰：嗚呼，嗣王其監于茲。

茲，指上文所言。蔡仲默曰：七章章首皆先致其咨嗟詠歎之意，然後及其所言之事。至此則於咨嗟歎息之外更無他語，惟以嗣王其監于茲結之，所謂言有盡而意無窮也。

附　解

惡勞而好逸者，人情也。况人君享有天下，一切無不如意，微特中下之才，驕佚易生。即素有澡身浴德之功，當海宇晏然，臣民樂業，即不免漸生奢侈，故周公特爲此篇以戒成王。顧其所以能無逸者，非勞神苦形之謂，敬德而已。所其無逸，即該得敬德功夫，操存省察，寡欲清心，內有其緝熙之德，而外亦日見其精明强固。仁者壽，大德必壽，職此之由也。後世人主不知，故怠肆者固促天年，勤勞者亦鮮遐壽，而學者至以聖人之道爲不能延年，其誤世非淺矣。周公非欲成王勞瘁弗息，但恐其忽於久敬仁民之事，故開端即言君子於作所已知無逸矣，尤必先知稼穡之艱難，知其艱難則知小人之依。蓋敬止之學，凡聖人所同。文王內而緝熙敬止，故外而止仁止敬。成王夙夜基命宥密，即文王敬止之道。周公平日導王，王已行之，故曰君子所其無逸矣。今臨民必先知稼穡云云，其字則字，語氣本如此。敬作所即篤恭之義。無逸作所，非置天下事於不問，乃清其本源，所謂居敬而行簡也。民事至多，以稼穡爲本，民足衣食則教化亦易。凡事選賢臣以共治，君有敬德，則必能知人得人而任之，民安，君豈有不逸？昔人云明主勞於求賢而逸於任人，亦此意。周公不言及任賢事，以當時濟濟盈廷，第成王年幼，初親政事，恐其不知稼穡之艱難，故首及之任賢乃逸之義。召公《卷阿》之詩已詳。此篇周公大意衹是欲成王重民事，矢嚴恭，下文歷舉殷宗及文王，所言諸義皆包在所其無逸之中。蓋能敬德，自然能行諸善政。末又以責己而不責人，告之其義。周矣三代下，賢臣陳無逸，及《豳風》篇亦啓沃之苦心。然無有能知敬德之功以告君者，是以高者不過勤政節儉，卑者或不久而懈弛。《孟子》言惟大人能格君心之非，靜而致中，動而致和，內外交養，本末交修，斯爲所其無逸之義。故克自抑畏非恐懼不安也，有敬德之學，理純心定，而畏天命，重民生，一切善念自然念念不忘，未嘗不逸，而實非同常人之逸。此義不明，偏於清淨，疲於耳目，皆同無益耳。周公若不嘗導王以敬止之學，而但使勤於政事，何以爲格君心？又何以異於後世之人臣？庶邦惟正之供，兩言之者，人主以天下自奉，無求不獲，能敬德而抑畏。一切逸樂之緣，無由入心，自不求財貨，《大學》言慎德矣，而又反復戒財用，意義同斯。告以皇自敬德、厥愆曰朕之愆，而究及於詛咒怨詈，亦不尤人。萬方有罪，在予一人；百姓有過，在予一人。自古聖人敬德，意皆如斯，明乎此而歎，巍然自命，視天下臣民如無有者應當汗下。故人臣欲陳《無逸》之篇，必先明其要義，庶不爲虛文焉。成王之賢，後世多未及知，《周頌》成王不敢康篇甚詳，盍參觀之。祖甲非太甲，蔡仲默辨之至詳，而或拘泥《國語》及史遷所記，謂祖甲昏亂，周公不應舉之，當爲太甲。然《國語》帝甲亂之七世而殞，其言出於衞彪傒，彪傒非聖賢，其語何能不謬？且彪傒明曰帝甲，不曰祖甲。鄭康成云武丁欲廢祖庚而立祖甲，祖甲逃之，以爲不義惟王之證，於經傳無明文。太史公據之謂祖甲即帝甲，帝甲淫亂，殷復衰，不思周公此篇之言，其荒唐特甚，豈不從周公而從渠等之妄説乎？卑服即田功之服，與禹惡衣服不同。無若殷王受之迷亂酗于酒德，與禹無若丹朱傲意同，聖賢相與儆戒，以爲一念不謹即下流之歸，其辭固如此也。胥訓告三句作一例説，謂皆臣告君之詞，意複而辭不通。凡諸舊説多有不安，今正其本義，餘不悉辨。

君奭

成王即位，周召二公輔之。召公有疾，欲暫退，周公告畱之。史記其相語之辭於此，以見二公夾輔之實也。因篇首周公呼君奭，故以名篇，無他義也。今文、古文皆有。

周公若曰：君奭，弗弔天降喪于殷，殷既墜厥命。我有周既受，我不敢知曰厥基永孚于休。若天棐忱，我亦不敢知曰其終出于不祥。

古諸侯相稱皆曰君。奭，召公名，周公兄也，故尊之而亦名之。若，語辭。周公呼召公而告之曰：天弗恤殷，既降喪墜其命。我周受之矣，我不敢知國基長信休美。天輔我之誠信，亦不敢知終將出於不祥。蓋武王崩，成王幼，治亂安危之際，周公故勉勵召公，先言天命不可知，國家責在二人，以此冒起全篇。

嗚呼，君已曰時我，我亦不敢寧于上帝命，弗永遠念天威。越我民罔尤違，惟人。

君，指召公。述召公之言，歎息而美之之意。人，賢人也。言君已嘗有言以國事自任，曰是在乎我。天命可畏，我不敢苟安，而不永遠念天威。必體天治民，使政化及民，無愆尤違理之事，即君此言思之，是國家惟賴有人維持也。

在我後嗣子孫，大弗克恭上下，遏佚前人光，在家不知。天命不易，天難諶，乃其墜命。弗克經歷句，嗣前人恭明德。

在，現在也。後嗣子孫，當時舊家子弟。上，君。下，民也。遏，絕。佚，墜。前人光，前人忠賢之勳。在家不知，安享於家，不知艱難，人臣有家者也。不易、難諶，吕伯恭曰：自天言之曰不易，自人言之曰難諶是也。經歷，踐行閱歷。恭明德，前人篤恭之明德。言今老成漸謝，我後嗣子孫大弗克恭于上下，肆其所爲，遏佚前人光，而晏然在家不自覺悟。豈知天命不易，天固難諶信。閒有喪亡者，乃其自墜厥命，弗克經歷憂患，嗣前人至恭之明德也，不甚賴老成匡救之乎。

在今予小子旦，非克有正，迪惟前人光，施于我沖子。又曰：天不可信。我道惟寧王德延，天不庸釋于文王受命。

小子，自謙之辭。前人，謂文武。沖子，成王也。又曰，猶俗言又道也。前人光句，召公所知，及天命不可知，蓋當時人言周公述之者。道，自盡之道。寧王，武王。延，長久。釋，舍去也。承上言在今予小子旦，非有能匡正後嗣惡習，所以教導之者，惟念前人休光施於我沖子。又道天固不可信，我今自盡之道，惟率寧王之德於延長。蓋寧王率由文王，我遵寧王而行，天當不釋於文王所受之命也。以上述召公之言，美其素志，而言老成無多，當勉爲少年新進，倡率以紹文武。

公曰：君奭，我聞在昔成湯既受命，時則有若伊尹，格于皇天。在太甲，時則有若保衡。在太戊，時則有若伊陟、臣扈，格于上帝，巫咸乂王家。在祖乙，時則有若巫賢。在武丁，時則有若[1]甘盤。率惟兹有陳，保乂有殷。故殷禮陟配天，多歷年所。

保衡，即伊尹，爲太甲保傅，故云然。蔡氏曰：太戊，太甲之孫。伊陟，伊尹之子。臣扈，與湯時臣扈當是二人而同名。巫氏咸，名祖乙，太戊之孫。巫賢，巫咸之子。武丁，高宗也。甘盤，見《説命》。率，皆也。兹，指六臣。有陳，有陳列之功。禮陟配天，君臣皆有配天之德，則禮天而享之，其誠上升也。多歷年所，享國久也。歷述殷世得賢臣以輔治，配天之烈如此。

天惟純佑命，則商實。百姓王人，罔不秉德明恤。小臣屏侯甸，矧咸奔走。惟兹惟德稱，用乂厥辟。故一人有事于四方，若卜筮，罔不是孚。

純，專一之意。實，蔡氏曰：虚實之實，國有人則實，《孟子》曰不信仁賢則國空虚是也。百姓王人，以内臣言；小臣屏侯甸，以外臣言。明恤，明哲以恤下。矧咸奔走，况外臣又効奔走。言内外一體也。德稱，德與位稱。孚者，卜筮敬信之也。承上言殷有臣若此，故天純一保佑命之，而内安外寧。人臣惟此惟德稱其位，用能輔乂其君，施治四方。

公曰：君奭，天壽平格，保乂有殷。有殷嗣，天滅威。今汝永念，則有固命，厥亂明我新造邦。

天壽，壽本於天，尊而言曰天壽。平，和平。格，至也。召公有疾欲求退，此乃正言以破其畏老之見。承上言壽本於天，以和平而至，殷世老成多然，故壽考保乂有殷。其後紂嗣天位，而罹滅亡之威，由不信老成也。今汝永念此理，以國事爲重，則有堅固之壽命，其共治以明我新造邦也。以上三節述殷之老成相勖如此。

公曰：君奭，在昔上帝，割申勸寧王之德，其集大命于厥躬。惟文王尚克修

[1] 若，底本原脱，此據《尚書正義》補。

和我有夏，亦惟有若虢叔，有若閎夭，有若散宜生，有若泰顛，有若南宮括。又曰：無能往來，茲迪彝教，文王蔑德降于國人。

申勸，復勸勉之。武王子述文王敬德不替，若天申勸者然也。又曰者，言文王得人之盛將反言之，故愼重少閒也。修和，平治和浹。虢叔，文王弟，虢有三虢叔，所封乃西虢，在今陝西寶雞縣。蔡氏曰：閎、散、泰、南宮皆氏，夭、宜生、顛、括皆名也。言在昔上帝，割殷申勉寧王之德，其集大命于厥躬也，不自寧王始也。惟文王尚克修和有夏，亦惟有虢叔五人左右而輔相之。少閒，又言若無人爲文往來，訓迪彝教，文王亦無德以降于國人。蓋即尋常共見之言，以明必賴有人也。

亦惟純佑秉德，迪知天威。乃惟時昭文王，迪見冒聞于上帝，惟時受有殷命哉。武王惟茲四人，尚迪有祿。後暨武王，誕將天威，咸劉厥敵。惟茲四人，昭武王惟冒，丕單稱德。

亦惟，對上純佑而言。迪知、迪見者，實知而實見之，非虛揣也。知威則敬畏，見冒則能覆育。孔氏曰：虢叔先死，故曰四人。丕單稱德，大盡稱頌其德。文武之賢臣極多，此止大概約舉。吕伯恭謂詳略隨意而言，非爲人物評是也。承上天純佑殷言，天亦惟純佑周秉德之士，五人迪知天威，乃惟是輔文，使益昭顯，迪見其覆冒之德聞于上帝，惟是受有殷命哉。然諸人不但有功文王，虢叔先卒，武王惟茲四人，庶幾迪有天祿。其後及武王大將天威，以劉厥敵，惟茲四人昭明武王，以覆冒天下，人皆大稱武王之德。此可見老成爲國元勳也。

今在予小子旦，若遊大川，予往暨汝奭其濟，小子同未在位。誕無我責，收罔勖不及，耇造德不降，我則鳴鳥不聞，矧曰其有能格。

在，現在。小子，周公自謂。誕無我責，無人責善。收，取也。罔勖不及，所拔取之人無能勉其所不及者。耇造德，老成深造之人。不降，不來相輔。壽耇非一時所至，賢而壽老難得，若自天而降，故曰降也。鳴鳥，鳴鳳。格，上文格于皇天之格。承上言先朝皆以老成相輔致治，今在予小子旦，受托孤之重任，若游大川，非暨汝奭老成何以共濟？雖小子忝居師相，然一無所長，同未在位。今大無責我之人，所收賢士無有能勖我不及者，壽耇造德之人不下將相輔政，治不如前人，鳴鳥久不聞矣。矧曰其有能格天乎？以上三節言文武亦待老成以濟，而自謙以求召公相佐。

公曰：嗚呼，君肆其監于茲。我受命無疆，惟休，亦大惟艱。告君句，乃猷裕，我不以後人迷。

此结上文之意。肆，故也。乃，汝也。猷，谋。裕，有餘猷之意。後人，谓將來臣工。承上歎息而言前人之事如此，故君其監于茲。我周受命無疆，惟休，亦大惟艱。所以告君者，以汝謀猷寬裕故，我必欲公相助爲理，不欲使後人迷於向往也。

公曰：前人敷乃心，乃悉命汝，作汝民極。曰：汝明勖偶王，在亶。乘茲大命，惟文王德，丕承無疆之恤。

公，召公也。前人，謂武王。民極，周公爲冢宰也。明勖，明哲以相勉勵。偶王，與君一體。亶，誠信也。乘，以車爲喻，載而行也。惟文王德，言周公能繼文王之志。恤，憂勤也。召公因周公言而答其意，以美之曰：公毋自謙不逮也。前人敷布心腹，乃悉以大事命汝，置汝於師保以作民極。其命汝之辭曰：汝明以勖王，爲王之偶，其故由汝誠信。汝乘兹大命，惟文王之德是承，亦能丕承文王無疆之憂勤，可以無憂不濟也。

公曰：君，告汝朕允。保奭，其汝克敬句。以予監于殷喪大否，肆念我天威。

允，誠也。保，太保，召公所居之官。大否，猶大壞。肆，故也。周公復歸美召公，言告汝以朕之誠意。惟汝爲師保而能自敬德，今盡心輔予，以予監于殷喪亡之大失，庶我常念天威而不忘也。

予不允，惟若兹誥？予惟曰：襄我二人，汝有合哉。言曰：在時二人，天休兹[1]至。惟時二人弗戡。其汝克敬德，明我俊民，在讓後人于丕時。

襄，助也。二人，謂己與召公。言曰，時人之言。天休滋至，言天命眷周。戡，勝也。明，明揚。俊民，賢士也。後人，即俊民。丕時，後時也，而曰丕者，謂後人年方盛而功可大也。言予豈不誠而若兹相告乎？國事非一二人所能治乎，常自念曰：有賢士襄我二人，庶於理有合哉。予未嘗敢自是，而人言曰：國事是在二人，但天方眷周，天休滋至。惟是二人，恐弗勝耳。其汝能敬德，予告汝豈特欲汝輔我？蓋欲汝明我俊民，我二人年皆已暮，其責在求賢，讓後人於丕時，始長久之計也。

嗚呼，篤棐時二人，我式克至于今日休。我咸成文王功于不怠，丕冒，海隅出日，罔不率俾。

篤棐，厚相輔佑意。式，用也。咸成，二人共成。率俾，率從。服，役也。歎息而言天篤棐我二人，我用克至于今日，承國家休美之恩。我二人共成文王功於不怠，丕冒斯民，使海隅日出之地無不率俾，乃不負天篤棐之意。蓋以天意眷注啓召公以効忠。

公曰：君，予不惠，若兹多誥。予惟用閔于天越民。

公，召公。君，尊稱周公也。惠，順也。閔，憂也。此召公答周公也。尊而告之言，予不能順理而行，勞君若兹多誥，予亦何辭？惟體公之意，用閔于天及民而已。

公曰：嗚呼，君惟乃知民德，亦罔不能厥初，惟其終。祗若兹，往敬用治。

君，召公也。乃，汝也。祗，敬也。兹，指召公閔天越民之意。周公歎息而美召公，言惟汝知民之德，無不能有初者，但恐鮮終耳。今君用閔于天及民，祗敬若兹，

[1] 兹，《尚書正義》、注文均作滋。

長久弗替，我可以釋然矣，往敬用治以光先王之德焉。

附解

自《書序》謂召公不悦，周公作此篇，於是司馬遷、孔穎達皆沿其誤，葛氏至謂召公以爵位先後介意。蔡仲默始辭而闢之，其見卓矣。第仲默謂召公以盛滿難居，欲避權位退老，周公留之。然召公年下於周公，周公没後，召公猶及事成王及康王，則退老之説未允。玩本文天壽平格及則有固命句，則召公蓋有疾欲退休，而周公詳述殷及文武皆得老成共濟，今成王年幼，老成漸漸無人，已二人係國安危，方將訓導後嗣，明揚俊民，成文王功於不怠。其中有召公之言而無召字，後人遂以爲周公一人之言，文義多不承接。夫周公、召公皆聖人也，自文王時已各爲文布化。成王立二公，以至親夾輔，非如後世臨時托孤大臣，誼有輕重，且即托孤大臣亦有不可辭責者矣。况周召昆弟，於成王爲叔父，受兄武王重託，成王年少，禮樂未備，周公師而召公保，位侔權一，又皆有聖德，召公何緣而不悦周公？以小人之心測人已非，况以之誣聖人乎。起言天意難測，惟當永念天威。而天壽平格承上文殷家君臣多歷年所言，天壽由平而至，人臣竭忠不懈，天固當佑之，更有和平之德，何患不壽？故曰今汝永念則有固命，此爲勸慰召公勿辭退。本文下乃述文武得人而興，今老成凋謝，惟我二人是賴，情文懇至，故召公遂從命，而答以惟用閔于天及民。前人第以爲周公一人之言，故於語義多乖，又不知召公何以欲退之，故妄生異説。今詳晰正之，庶文義明，而周召二公同心夾輔，世世弗替之故可知也。天壽平格，前人以壽爲壽國，平格爲至平通格於天。蓋大德必壽，仁者壽之義罕實致其功，故以聖人之學爲不能延年，而孔子亦幾虚言欺世矣。夫人之所以生者，神氣而已。寡慾清心，起居敬慎，苟能善養凡氣凡神，已可卻病延年，老而不衰。况聖人之學，養浩然之氣，至充實之後，美在其中，暢於四支，發於事業，日覺精明强固矣。再加涵養至於大化與神，心即天心，氣即天氣，直養無害，塞於天地之閒，而何短折乎？夫子言雖愚必明，雖柔必强，明之至者聖也，强之至者壽也。人壽以百年爲期，五十則非大壽，有立命之學，決不短命。周召皆聖人，其知之固不待言，特召公因疾不耐煩勞，欲退閒。周公告以壽由于天，勞未必悴，逸未必安，以和平養性，因物付物，應事誠心，憂國憂民，自可固命。因彼此皆夙知此理，故其言簡約。後人未涉其藩籬，則惝恍而莫得其解耳。

蔡仲之命

蔡，國名，今河南汝寧府上蔡縣。仲，字，蔡叔度之子。蔡叔没，周公言於成王，復封之蔡。蔡叔未卒，成王、周公尚冀其庶幾改之，故叔卒而後封其子。蓋蔡叔之没最後，故此篇不叙於《洛誥》前而在此。今文無，古文有。

惟周公位冢宰，正百工，羣叔流言。乃致辟管叔于商；囚蔡叔于郭鄰，以車七乘；降霍叔于庶人，三年不齒。蔡仲克庸祗德，周公以爲卿士。叔卒，乃命諸王邦之蔡。

此史臣本叙也。位冢宰，漢孔氏曰：百官總己以聽冢宰，在武王崩時是也。流言，挾武庚以畔時，欲危周公以禍王室也。辟，法也，以王法誅之，非私也。管、霍，國名。管，今河南鄭州管城縣。霍，今山西平陽府霍州。郭鄰，地名。囚蔡，傳云制其出入而猶從以七乘之車也。不齒，不得與兄弟齒。三叔各因其罪，爲法之輕重。庸，用。祗，敬也。爲卿士，爲周公所屬卿士。仍封仲于蔡，所以不絶蔡叔也。

王若曰：小子胡，惟爾率德改行，克慎厥猷。肆予命爾矦于東土，往即乃封，敬哉。

胡，仲名。率德，循理。改行，遷善。東土，蔡在周之東。既歎其賢，又勖其敬而罔懈也。

爾尚蓋前人之愆，惟忠惟孝。爾乃邁迹自身，克勤無怠，以垂憲乃後。率乃祖文王之彝訓，無若爾考之違王命。

尚，庶幾也。忠孝一原，盡忠以掩前人之愆，即大孝也。邁迹自身，由己自立，不因前人。成王以君命臣，故不諱其父也。

皇天無親，惟德是輔。民心無常，惟惠之懷。爲善不同，同歸于治。爲惡不同，同歸于亂。爾其戒哉。

有德則能體天心以惠民，治亂生於善惡，其幾不可不戒。

慎厥初，惟厥終，終以不困。不惟厥終，終以困窮。

承上言圖治之道，在思其終而慎於始，乃可久安也。惟，思也。

懋乃攸績，睦乃四鄰，以蕃王室，以和兄弟，康濟小民。

懋，勉。績，功。蕃，若藩離也。總括慎始惟終之事而告之。吕東萊曰：觀此則周家所以示德意於諸矦，安靜鎮定之規模可概見矣。

率自中，無作聰明亂舊章。詳乃視聽，罔以側言改厥度，則予一人汝嘉。

中者，無過不及之理，本性而著於事爲者也。凡事循是而行，則協乎天，則[①]作

① 則，疑當作無。

聰明外理而自用。舊章，先王成法。詳，審也。側言，一偏之言。度，一身法度。嘉，美也。

王曰：嗚呼，小子胡，汝往哉，無荒棄朕命。

又歎息而戒其持久勿忘。

附　解

王氏柏曰：史臣序詞既詳且嚴，自《金縢》有羣叔流言之語，至此篇始著其事備。其詞體正而意盡，周公之心坦然明白。可謂知言矣。乃閻百詩等必以今文所無指爲僞書，至崔述竟謂《左氏》《史記》諸書止言管蔡，無霍叔監殷事。不知古人言質，每舉一二人以槪其餘，且三叔雖同畔，然管叔爲冠，蔡叔次之，霍叔又次之，言管蔡舉其首也。若以《左氏》止言管蔡即謂非三叔，然則《孟子》書言管叔以殷畔，止管叔，並無蔡叔乎？《金縢》人所信也，其曰管叔及其羣弟，羣之云者，明非管叔一人。崔氏又謂霍叔罪輕於蔡叔，蔡叔尚從以車七乘，比於大夫，而霍叔反降爲庶人，輕重失宜。不知降庶人止三年耳，蔡叔若早悔過遷善，則不必待其子而後封之。惟其不然，故叔卒，而其子始得就封。《書》敘此於《洛誥》之後，因仲封蔡最遲也。讀書未會通，而抉摘字句以求，可乎？首段惟周公位冢宰至三年不齒四十字，補敘蔡叔失國之事，其事在成王三年喪內。蔡仲克庸祗德以下，乃敘今成王封蔡。或誤以爲同一時事，故云命書之詞雖稱成王，實周公之意，益令妄庸者藉口，甚矣，其惑也。夫武王克商，應天順人，孔子言之而其何以應何以順，則先儒固不甚解，以《詩》《書》所載非如後世史家本紀、列傳情事彙聚，考而易知也。三叔身爲聖人之子弟，而有流言一事何耶？想當時紂從惡諸臣，周封武庚而仍使事之。其中狡黠者多以周公攝政，遠置三叔於殷土爲薄待之，以巧言煽誘，三叔遂受其欺也。當流言時，紛紛疑周公者何窮，公所以有《鴟鴞》之詩，無如託于鳥言。後人猶不能了然，在聖人於疑謗之來，原不似凡人斤斤自爲解說，而讀書必法聖人，倘是非不明，又何知去從？故愚於聖人事，必反復詳辨，非爲其他，慮聖人之心事，學者誤認即誤己而誤人耳。孔子稱武王、周公善，繼述則爲文王肖子。可知三叔不知聖人用心，導亂以危國家，成王以君奉先王命誅之，與周公毫無干涉。儒者必欲區區爲公辨殺兄之嫌，亦爲以小人之心度君子之腹。王世貞《管蔡論》竟謂管叔爲文王肖子，顯與孔子相背，又何堪論辨也。

成王政篇亡

將蒲姑篇亡

多方

武王崩，淮夷、徐奄同武庚畔。成王討武庚而誅之，遷殷民於洛，作《多士》以誥之矣。其後奄復畔，成王征而平之，以殷民驟歸，尚多未知大義及不安於官禮之治者，復作此誥，使周公宣布之，而史名曰《多方》。今文、古文皆有。

惟五月丁亥，王來自奄，至于宗周。

五月丁亥，以《洛誥》十二月戊辰王在新邑推之，當是次年五月。蓋成王營洛以居殷士，奄即藉播遷以恐殷遺，復畔，而王征之，歸值五月也。宗周，鎬京也。吕東萊曰：王者定都，天下所宗，隨其所都而名是也。

周公曰：王若曰：猷告爾四國多方，惟爾殷侯尹民，我惟大降爾命，爾罔不知。

先周公曰者，公傳王命以告也。四國，四方之國。殷侯尹民，殷之諸侯長民者。蓋周家封建，亦多用殷舊臣，今因滅奄，恐其懷疑，故告之也。降爾命，宥其罪而用之。言己平日之心，四國無不知也。

洪惟圖天之命，弗永寅念于祀。惟帝降格于夏，有夏誕厥逸，不肯慼言于民，乃大淫昏，不克終日勸于帝之迪，乃爾攸聞。

洪惟，鄭重之詞。洪，大也。惟，思也。圖天之命，人主代天治民，民事莫非天命，將言天賞罰夏殷事，故言己重念之。降格，降鑒。誕，大也。逸，安肆。慼言于民，蔡氏曰：憂民之言尚不肯出諸口。帝之迪，人主所以教民者，皆代帝以教也。言我嘗大惟圖天之命，而弗永敬念於宗祀者，則有夏桀，惟帝以桀降格于夏，本未嘗絕夏，乃有夏大爲逸樂，不肯出一憂民之言，乃大淫昏，不能一日勤政勸勉於帝教化之事，乃爾所常聞者也。

厥圖帝之命，不克開于民之麗。乃大降罰，崇亂有夏。因甲于內亂，不克靈承于旅。罔丕惟進之恭，洪舒于民。亦惟有夏之民叨懫日欽，劓割夏邑。

麗，附麗。人主代天治民，凡政教一切皆與民相附麗，而不可苟。開，自上而開其源。降罰，天降罰。崇亂，長其亂。甲，始也。旅，眾也。靈承云者，敬民即所以敬天，不順民心之正爲不能靈承。惟進之恭者，爲惡而有悔心，惟進于恭敬，乃能覺悟。丕惟進之恭，大發悟心進于恭。洪舒于民，大舒民困。叨、饕同。懫，貪怨也。承上言桀當圖帝之命，而不能開民教養之源，天乃大降之罰。其長亂始於內亂，不能正其家，亦不能善承其眾，不大進於恭以舒民困。於時上行下效，亦惟有夏之民日以叨懫者爲貴，劓割夏邑。

天惟時求民主，乃大降顯休命于成湯，刑殄有夏。

天以桀不能爲主，乃求民主，而降顯休命於湯，誅絶有夏也。

惟天不畀純，乃惟以爾多方之義民，不克永于多享。惟夏之恭多士，大不克明保享于民。乃胥惟虐于民，至于百爲，大不克開。

純，專一無二，言其上下一于爲惡。多方義民，多方先代善人。恭多士，桀云恭順之多士，容悅臣也。開，張也，通也。承上言桀上下純于爲惡，惟天不與而棄之，乃惟以爾多方前代之義民，亦不能永享安平。惟夏王所謂恭順之多士，大不能明其德，保享于民，乃胥惟虐於民，致百爲皆頽廢。此可見君失其道，爾多方必受其殃矣。將言今日安集多方，先述其先世之患。

乃惟成湯，克以爾多方簡代夏作民主。愼厥麗乃勸，厥民刑用勸。以至于帝乙，罔不明德愼罰，亦克用勸。要囚，殄戮多罪，亦克用勸。開釋無辜，亦克用勸。今至于爾辟，弗克以爾多方享天之命。

簡，如簡在帝心之簡，人心所歸即天心所許也。麗，與民附麗之事。刑，儀刑。要囚，與《康誥》同。吕東萊曰：每語結之以勸者，天下非可驅以智力，束以法制，惟勸化其民，使常有欣欣不自已之意，乃維持長久之道也。爾辟，紂也。言成湯爲多方所歸，代夏作主，愼所麗以勸民，民刑而勸勉，以至于帝乙，無不明德愼罰，以勸其民。故其要囚也，殄戮多罪，名警而勸。開釋無辜，民亦感而勸。今至于爾辟，反其所爲，乃弗克以爾多方享天之命也。頻言多方關係興亡，尊人而賤己，一片謙懷可見。

嗚呼。王若曰：誥告爾多方，非天庸釋有夏，非天庸釋有殷，乃惟爾辟，以爾多方大淫，圖天之命，屑有辭。

周公先歎息而後稱王命以告之。庸，用也。釋，棄去也。屑有辭，飾辭矯誣也。承上言非天有心棄夏，尤非有心棄殷，乃惟爾辟，以爾多方大肆淫佚，以私意圖天之命，而瑣屑有辭，故天棄之也。

乃惟有夏，圖厥政，不集于享，天降時喪，有邦閒之。乃惟爾商後王，逸厥逸，圖厥政，不蠲烝，天惟降時喪。

集，成也。不集于享，不成其享天之事。有邦，諸侯。閒，攜貳也。逸厥逸，安爲逸樂。蠲，潔。烝，眾也。不蠲烝，不潔之事，《太誓》所謂穢德彰聞也。

惟聖罔念作狂，惟狂克念作聖。天惟五年，須暇之子孫。誕作民主，罔可念聽。

罔，昧理。克，克己。須，待。暇，寬也。子孫，謂紂。承上而歎紂不改過，言人一念可以轉移善惡，天以成湯之故，不忍遽絶其子孫，以五年之久寬待紂王，欲其自新，大爲民主，而紂無可念可聽者。五年必有所指實，今不可考，孔氏牽合歲月言之，非是。

天惟求爾多方，大動以威，開厥顧天。惟爾多方，罔堪顧之。惟我周王，靈承于旅，克堪用德，惟典神天。天惟式教我句，用休句。簡畀殷命，尹爾多方。

動威，災異警告。開厥顧天，啓其能顧天命者。蓋有德者必敬天，乃堪受眷顧也。克堪，能勝意。典，主也。式教，若垂法以教也。此乃言周受天命，選擇於多方而興周也。惟爾多方，罔有敬天威而堪受眷顧者。我周王善承其衆，實能用德，以主神天，天意眷之。凡文武所爲皆天之則，若天式教者。然以日進於休美，故遂簡畀殷命，尹爾多方。其詞甚謙矣。顧錫疇曰：天於文武只是至公無私，欲得周王以爲天下，非以天下私周王，可謂知言。

今我曷敢多誥？我惟大降爾四國民命。

承上言受天之命，不敢不告誡多方，使知自新降命，爲善承天，即所以立命也。

爾曷不忱裕之句，于爾多方？爾曷不夾介句，乂我周王，享天之命？今爾尚宅爾宅，畋爾田，爾曷不惠王熙天之命？爾乃迪屢不靜，爾心未愛，爾乃不大宅天命，爾乃屑播天命，爾乃自作不典，圖忱于正。

忱裕，以誠信自致於寬裕之途，所謂作德日休也。夾，輔。介，助。惠，順。熙，光也。迪屢，教之者屢。愛，自愛。屑播，輕棄。正，正人也。此乃指其失而戒之。言爾何不以至忱自致於寬裕，爲多方倡率？爾何不輔助我周王，使成善治，以享天之命？今爾等尚安爾宅，耕爾田，孰非先王之德？爾何不順王所爲以熙天之命？爾乃教導之屢而不安靜，爾心未知自愛，爾乃大不安天命，爾乃輕棄天命，爾乃自作不法，尚欲圖見信於正人，其可得乎？蓋殷民習紂之惡，於周之禮樂法度多不遵從，不知周王之政皆天理當然，順王章即可以熙天命，故反復曉諭之，非謂其不服己也。

我惟時其教告之，我惟時其戰要囚之，至于再，至于三。乃有不用我降爾命，我乃其大罰殛之。非我有周秉德不康寧，乃惟爾自速辜。

戰，戒懼意。要囚，罪其首惡，萬氏國欽曰：上文既叙其恩而責之以善，此復叙其恩而懼之以禍是也。承上言我周敬承天命如此，我惟是教訓而告戒之。即有罪當罰，亦慎懼而要囚之，至于再，至于三矣。乃有不用我命者，我乃其大罰殛之。非我有周秉德不安寧，乃惟爾頑梗，自速其罪耳。此上戒凡多方士庶。

王曰：嗚呼，猷告爾有方多士暨殷多士，今爾奔走臣我監，五祀。

此下又特告多方之士正身化民。歎息而言猷者，時法度已定，多士皆知也。監，臨下也，《周禮》立其監。臣我監，臣我而爲監也。五祀，自平武庚後，計之不曰年而曰祀，告殷士故從商，言之謙也。歎息而呼殷士，今爾奔走臣服於我而爲監，已五祀矣。凡我所爲，爾宜知之。

越惟有胥伯小大多正，爾罔不克臬。自作不和，爾惟和哉。爾室不睦，爾惟和哉。爾邑克明，爾惟克勤乃事。

胥、伯、正，皆官名。臬，法也。和，情理浹洽也。承上言爾庶官無不能守法者，但須和衷共濟。多士或自作不和，爾其和哉。即爾室不睦，爾惟和哉。和其身，睦其室，推之以治民，爾邑庶幾克明，爾惟克勤乃事可也。蓋勉以正身齊家之事。

爾尚不忌于凶德，亦則以穆穆在乃位，克閱于乃邑句，謀介句。爾乃自時洛邑，尚永力畋爾田。天惟畀矜爾，我有周惟其大介賚爾，迪簡在王庭，尚爾事，有服在大僚。

忌，畏也。凶德，惡德。穆穆，和敬貌。則，法也。閱，經歷。介，大也。大介之介，助也。洛邑，殷士采地所在。尚，庶幾也。永畋爾田，不失爵祿意。尚爾之尚，尊尚也。有服在大僚，爲大臣所敬服。承上言爾有正身齊治之責如此，爾尚不忌於凶德乎？忌之如何，亦作則以德，平日正心修身，穆穆在乃位，先由爾邑始能閱歷民情，謀其遠大。今爾既來洛邑，自是而起，正己化人，爾庶幾永力畋爾田，不墜世業。然天惟與爾矜爾，我有周惟其大賴爾助用錫予爾，迪簡在王庭，衆皆尊尚爾事，有敬服者在大僚，衆人可知矣。

王曰：嗚呼，多士，爾不克勸忱我命，爾亦則惟不克享，凡民惟曰不享。爾乃惟逸惟頗，大遠王命，則惟爾多方探天之威，我則致天之罰，離逖爾土。

探，試也。多方，多方之士也。離逖爾土，奪其采邑。承上又申戒之，爾不能相勸勉信我之命，爾亦則惟不能享上矣，凡民亦必曰爾不必享矣。爾既放逸偏頗，大遠王命，則惟爾多方之士以天威爲戲，不敬而試探之，我則致天之罰，離逖爾士，不能享爾世祿矣。

王曰：我不惟多誥，我惟祇誥爾命。又曰：時惟爾初，不克敬于和，則無我怨。

命，吉凶之天命。時惟爾初，殷民更新之初。吕東萊曰：記又曰者，形容惓惓無已之心也。結言我本不如是多誥，因爾不知吉凶之天命，故敬告爾也。王少閒又曰：此時畔亂甫平，時惟爾更新之初，若不克敬於和，則自遭罪罰，無我怨也。

附解

崔氏述謂《多方》篇次當在《多士》之前，奄無再畔之事，昔朕來自奄即指王來自奄，時命有申即申多方之命。然細核文義情事，自當以蔡傳爲確。蓋武庚之畔，淮奄諸國實助之，成王伐之，而有《大誥》。及命周召營洛，遷殷士居之，而有《多士》。奄與淮夷逖遠，不知遷殷美意，或以遷徙恐誘殷遺，又畔，成王伐之而歸，爲誥，使周公宣之。蓋周公留洛，殷士新遷洛邑，非止一處人，故以《多方》名篇。《史記》云：東伐淮夷，殘奄，遷其君薄姑。成王自奄歸，在宗周，作《多方》。蓋實錄也。然則奄昔從武庚畔，成王討武庚，奄即來服，成王、周公不加深究。至此復畔，王親討平之。第孔氏、蔡傳謂《費誓》淮夷、徐戎並興爲一時事，以《費誓》之事例成王時則不可也，第不知此定爲何年。篇中言奔走臣我監五祀，蓋謂殷多士遷洛後任官分治者。若以此，伐奄仍成王初年事，則五祀句爲不通。前遷殷士，以其不免怨望，故曉之曰予一人惟聽用德，此因告民。而末數節乃告多士，以善化爲民倡，義固不同。詳玩二篇，周遷殷之頑民，蓋淫酗不易化導之民，其中有士有民，因周僻西陲，布化僅於岐豐，東方士民未親善化，驟見官禮之政，不遵王章者尚多。《多士》篇勸士者多，此篇先告殷民，述天命之非偶，明周非強民從己。次戒多士，使正身齊家以爲民倡，其詞甚謙，其心愷切。爾惟和哉，和字內該許多修己化人功夫在內，前人多忽視矣。夫官禮之法，至周且密，然乃天理人情之自然，故曰和，有子言禮之用和爲貴本此。殷民乍見官禮，苦難梗化，告多士以穆穆之德在位和其身，與室乃和以治民。蓋聖王修己治人無上下，同此一理。穆穆者，文王之德，而此以勖多士，可見周初以至德化民，即至頑殷民亦以此望之，此爲大公至仁之心。前人誤解頑民，並成王、周公一片盛德俱至湮没，讀者能無盡心乎。

書經恒解卷六 晚年定本

立政

周公既成文武之德，制作畢而復命於王，因羣臣戒王，又申告之。史記其語，摘篇中立政二字名篇，以任賢政乃立也。今文、古文皆有。

周公若曰：拜手稽首，告嗣天子王矣。

周公制作功畢，復命於王之詞，如後人奉旨纂修，功畢復命。但後人詞多，此詞簡耳。

用咸戒于王曰：王左右常伯、常任、準人、綴衣、虎賁。周公曰：嗚呼，休兹，知恤鮮哉。

羣臣因周公制作，進戒於王，言王左右有如許糾輔之臣，言動不可不愼。周公因歎其然曰美哉此等輔佐之人，但知憂懼戒愼者鮮，以起下文。常伯，常为長者。常任，常爲信任者。準人，人君所取正者。綴衣，該司衣服侍御，諸臣舉綴衣以例其餘。虎賁，該侍衛，諸臣亦然。官職甚多，此特舉王左右進習而言，以明毫不可肆耳。

古之人迪惟有夏，乃有室大競，籲俊尊上帝，迪知忱恂于九德之行。乃敢告教厥后曰：拜手稽首后矣。曰：宅乃事，宅乃牧，宅乃準，兹惟后矣。謀面用丕訓德，則乃宅人，兹乃三宅無義民。桀德惟乃弗作往任，是惟暴德罔後。

迪，蹈也，謂實能知恤。有室有家者，謂羣臣也。競，争相勉也。籲，招呼意。俊，賢也。尊上帝，賢才天心所繫。迪知，實踐而知。忱恂，誠信也。九德，臯陶與禹所言九德。事，所職之事。牧，養民。凖，可法。兹惟后矣，用人各得其宜，乃無愧君道也。宅，居而安之之謂，或才德不稱，或委任不篤，皆非宅也。謀面，初晤其面。丕訓德，大以爲德。宅人，任其人。作，爲也。往任，往昔任人之道。周公既歎知恤者鮮，因舉古之知恤者以告王曰：古之人能實知恤之道者，惟有夏。乃其臣有室者，皆大競勉於求賢，招呼賢俊以尊上帝。蓋實知誠信於九德之行，自治以爲治人之本，乃敢告教厥后曰：拜手稽首后矣。其告后之言曰：宅乃任事，宅乃養民，宅乃取法之人，乃爲君道。若謀面初見即大用推獎以爲順德，於是宅人則必爲小人所欺，兹乃三宅皆無義民矣。桀德惟不爲往昔任人之道，是以所用皆暴德，而滅亡無後，此夏之已事然也。

亦越成湯陟丕句，釐上帝之耿命，乃用三有宅，克即宅，曰三有俊，克即俊。嚴惟丕式，克用三宅三俊。其在商邑，用協于厥邑。其在四方，用丕式見德。

陟丕，升大位也。釐，治。耿，光也。天命有德治民，故曰釐上帝耿命。蔡仲默曰：三宅，居常伯、常任、凖人之位者。三俊，有常伯、常任、凖人之才者。克，即能就是位而不曠其職，能就其德而不浮其名是也。嚴惟丕式，嚴立九德用人之大法以示天下。用協，上合下心。見德，下應上求也。亦越成湯即位，代天出治，乃用三有宅人，皆不負其職。所選三有俊人，皆不愧其名。且嚴立用人之大法，凡在位者皆克用三宅三俊，其在商邑王畿，則用協于厥邑，民安其用賢之治。其在四方，用其式以求賢，而賢者皆得自見其德，湯所以興也。

嗚呼，其在受德暋，惟羞刑暴德之人，同于厥邦。乃惟庶習逸德之人，同于厥政。帝欽罰之，乃伻我有夏，式商受命，奄甸萬姓。

受，紂之字。王安石曰：桀紂所用非人，皆本於身有惡德，故曰桀德紂德，推本言之也。暋，昏也。羞刑，進刑法以助暴者。同厥邦，爲諸侯同厥位，任朝政。罰而曰欽，天爲民去暴，非偶然也。式商受命，法商當年受命，上文所謂釐上帝之耿命也。夏，諸夏。奄，覆。甸，治也。歎息而言受德昏亂，惟進尚刑助暴德之人，同于厥邦。乃惟衆習逸德之人，同于厥政。帝罰其罪，乃使我有此諸夏，法商當年受命，以奄治萬姓，商之已事又如此。

亦越文王、武王克知三有宅心，灼見三有俊心，以敬事上帝。

又言文武能眞知灼見三宅三俊之心，以盡其才而通其誠，用以敬事上帝，熙帝之載。此節冒起下文。

立民長伯句，立政任人句，凖夫句，牧作三事。

長伯，即常伯。任人，即常任。凖夫，即凖人。此即篇首所稱三者也。爲民立政，政以治民，而立民立政分言者，釋伯爲長民之稱，任爲任政之義，各舉其所重言耳。牧作三事，言立此常伯、常任、凖人，牧民以作三者之事。蓋篇首雖並舉五者，而常伯、常任、凖人則統夫凡長民任事平法之官，虎賁、綴衣則統夫凡庶司小官。但篇首但渾舉之，此乃言其本於文武，而釋此三者爲牧作三事，下乃又舉虎賁、綴衣以推其餘。前人不明書旨，屬讀亦誤，今正之。

虎賁、綴衣、趣馬、小尹、左右攜僕、百司庶府。

虎賁、綴衣雖皆下大夫，然乃侍御之臣，故即二者以推及凡百庶司也。《周禮》：趣馬掌贊正良馬，而齊其飲食，是掌馬小官。小尹，又其下之小官。左右攜僕，王左右攜持器物之僕，如寺人、內小臣等。百司庶府，謂百官有司之下，主券契府藏之吏。唐孔氏曰：謂其下賤人，非百官有司之身是也。此言王左右親近之臣雖至賤，皆得其人，所以能共成君德。

大都小伯句**、藝人**句**，表臣百司、太史、尹伯，庶常吉士，司徒、司馬、司空亞旅，夷微、盧、烝、三亳、阪尹。**

此下因王左右之小官而推及於天下也。大都小伯，大都邑之小長，謂王畿公卿都邑內之大夫、士、邑宰之屬。藝，蔡氏曰卜、祝、巫、匠執技以事上者。表，外也。表臣百司，外諸矦所屬之百司，如太史、尹伯之類，皆指小臣言也。太史，下大夫掌文書者。尹伯，又其屬臣。庶常吉士，上士、中士、下士之衆士也，以其人衆而爲常職不可無者，故曰庶常。吉，善也。司徒、司馬、司空，矦國三卿。亞，貳。旅，衆也。言三卿之亞旅，非敘三卿也。夷，外夷。下五者約舉之。微、盧、烝，三夷名。三亳，蔡仲默曰：蒙爲北亳，穀熟爲南亳，偃師爲北亳是也。阪尹，防邊之官，若障水之阪也。或據《左傳》謂阪尹皆地名，然玩上文夷字，則非地也，不可以其偶同而混言之。承上言不止左右小臣得人，即大都之小伯及藝人，外臣之百司若太史、尹伯之類，及庶常吉士，皆一一致慎。至於矦國三卿之亞旅，蠻夷若微、盧、烝、三亳及邊防之地，皆爲立官以防守。按：此言文王之任人其始，但文王國內及爲方伯所統屬諸國，文王悉用賢臣治之。而後有天下，周公即沿文王當年任官，名目或仍舊，或另爲之名，以定官制，非文王便已爲天子之制也。切宜詳玩，勿誤認之。

文王惟克厥宅心，乃克立茲常事司牧人句**，以克俊有德。**

宅心，處心，聖人之心至虚至明，惟其安止而不遷也。常事司牧人，任常職而牧民之人。該上文常伯、常任、凖人等在內，非如舊説專指常伯、常任而言。俊，賢也。總束上文言文王惟能宅心公明，乃能立茲常任事之司牧人，以能賢而有德也。

文王罔攸兼于庶言、庶獄、庶慎，惟有司之牧夫，是訓用違。庶獄庶慎，文王罔敢知于茲。

蔡仲默曰：庶言，號令；庶獄，獄訟；庶慎，國之禁戒儲備是也。牧夫，牧民者也。用違，用命違命者。罔敢知，不敢以一己私心爲知，而委任賢人也。承上言文王雖至聖明，然既得賢而用之，則不復參以疑貳。所有庶言、庶獄、庶慎，文王無所兼及，惟有職司之牧民者常申訓戒，以察其用命與違命而已。

亦越武王率惟敉功，不敢替厥義德，率惟謀從容德，以並受此丕丕基。從，促平聲。

敉，安也。義德，咸宜之德。謀，求也。從容德，和平之德，《中庸》所謂從容中道也，非義無以裁決，非從容無以審幾。言及於武王率文王安定之功，不敢替其咸宜之義德，率惟謀從容之至德，以能興賢，並受此至大之基。

嗚呼，孺子王矣，繼自今我其立政立事句。準人、牧夫，我其克灼知厥若，丕乃俾亂，相我受民，和我庶獄庶慎，時則勿有閒之。

我，代王設身而言也。政事本一，以其在上之事所以正人，故曰政。立政立事，立己之政以立下之事也。若，順也，謂順理。亂，治。相，輔也。受民，受於天與祖宗之民，鄭重之辭也。和，調劑均平之意。歎息而言今孺子已爲王矣，今法制已備，庶官已立，王當思繼自今我其立政以立衆事乎？準人、牧夫，我其能灼知乎？果其順理有德，乃大使襄治，助我受民，和我庶獄、庶慎，更隨時檢察，勿使小人閒之，俾得行其志焉。

自一話一言，我則末惟成德之彦，以乂我受民。

末，終。彦，美也。申明上文勿閒之意。人主全在任賢，稍有怠心，則賢人即不安其位。故一話一言，皆當終惟成德之彦是倚，乃可以治民也。

嗚呼，予旦已受人之徽言，咸告孺子王矣。繼自今文子文孫，其勿誤于庶獄庶慎，惟正是乂之。

徽，美也。謙言己平日告王之語受於人，欲王之動聽也。文子文孫，文王子孫爲政者。蓋同姓之臣與國同休戚，其庶獄庶慎尤宜加意，且成王年沖，諸臣多伯父、叔父，故上文既告以專任賢臣，而此又即文子文孫言之。誤，失也。正，正道，下文所謂德也。歎息言予旦平日所受於人之善言，皆告孺子矣。繼自今凡文子文孫，其勿誤於庶獄庶慎，惟正以乂之。蓋道立於己而法行自近，於此尤宜慎也。

自古商人，亦越我周文王，立政、立事，牧夫、準人，則克宅之，克由繹之，茲乃俾乂。國則罔有立政用憸人，不訓于德，是罔顯在厥世。繼自今立政，其勿以憸人，其惟吉士，用勵[①]相我國家。

克宅之，能使賢者安其職。由繹，由其道而繹思之。憸人，利口之小人。訓，順也。勵，勉勵。相，輔也。申明上文惟正是乂之意。言自古商人及我周文王，立政之事，牧夫、準人，惟能宅之，使安其職，人人由其職而深思其道，此其所以使治民而

① 勵，《尚書正義》作勱。

民治。故國無有立政而用憸人者，使不訓于德，而用憸人是必不能光顯在其世矣。繼自今立政，其勿以憸人，其惟吉士，用勉輔我國家。

今文子文孫，孺子王矣。其勿誤于庶獄，惟有司之牧夫。

孺子王、文子文孫指目之之辭，與上文不同。此處獨言庶獄，以同姓繫於一本，罪罰尤宜慎重也。有司之牧夫，上文所指常伯、常任、準人等。結明上文言今文子文孫，皆以孺子爲王視效之矣。王其勿誤於庶獄，惟有司之牧夫慎選其人，則可以皆訓於德矣。

其克詰爾戎兵，以陟禹之迹，方行天下，至于海表，罔有不服。以覲文王耿光，以揚武王之大烈。

詰，治也。戎，亦兵也。兹戎兵並言，則戎謂兵器，兵謂兵人也。陟，如《虞書》陟方之陟，巡行登歷之謂。禹迹，禹服舊迹。方行，方岳巡行也。耿光，明德。烈，功也。承上言用人立政，自王朝以迄於天下皆然，則乂安矣。然猶恐諸侯久而或懈，則必舉巡狩之典以威之。其克詰爾戎兵，以陟禹之迹，巡行天下，至于海表，皆被德教，用以見文王之耿光，揚武王之大烈，然後不慮其渙。《周官》文、武皆各有官制，故並及焉。

嗚呼，繼自今後王立政，其惟克用常人。

承上而歎息言之，勖成王立政貽後。言王能如此，則可爲法於後，繼自今後王立政，其惟克用常人矣。常人，有德之人。理本至常，踐天理而全其所性，猶是人道之常，故曰常人也。

周公若曰：太史。司寇蘇公，式敬爾由獄，以長我王國，兹式有慎句**，以列**句**，用中罰。**

此周公平日告太史之言，史臣記之，見周公尤留意於慎獄。蘇公，蘇忿生，爲武王司寇，能其官者。式，法也。爾，語助詞。由獄，獄之所由來，所謂原情定法也。長，培植意。兹式，蘇公所垂之法。列，布也，猶後世列傳之列，謂布於方策也。中罰，輕重得中。史臣既敘周公所告成王，又節録其平日戒史官之詞，以見公用意之周密。言周公以用人立政之道告王，而尤兢兢於刑獄。獄者，生民之大命也。故公又嘗呼太史而告之曰：昔司寇蘇公，用法能敬爾由獄，培忠厚以長我王國，兹公所垂之法有慎罰之道，爾其列之於册，使後人用中罰，而毋失之過與不及焉。

附　解

先儒以此篇爲周公自作，非也。成王既壯，周公制作大備，復申命於王。因羣臣舉王左右之臣，言周公輔成君德用意之周密，公歎美其意，復申告於王。史臣因輯其要而紀之，名曰《立政》，以政由此立也。觀起結文義自見，常伯、常任、準人、綴衣、虎賁，經文明言左右之臣，該卻《周禮》王左右諸臣，前人乃牽連外諸侯言之，誤矣。羣臣止言王左右臣，周公申告乃及於外臣，然止是言文王當日用人，非謂今日之臣，本文自明，何得誤認。夫人君固賴任人以治，而任人必先自正。公以灼知實踐九德告王，並述文王用人不外乎此，是政所以立，而一切設官乃不爲虚器，史臣故以《立政》名篇也。末記公告太史之言，又以明執法之官關係民命，尤宜愼重。史臣蓋賢者，夫子存之以教後世，惜解者多誤耳。

周官

史臣記成王命官之詞，美其能成文武之德，踐周公之政，名曰《周官》。明周之官制，自成王而彰；非成王有德，官禮亦無能成，以爲後世法美。成王非著周之官制也。今文無，古文有。

惟周王撫萬邦，巡侯甸，四征弗庭，綏厥兆民。六服羣辟，罔不承德。歸于宗周，董正治官。

萬邦，極言其廣。侯甸，五服之二，去圻最近，舉近以該遠耳。孔氏曰：庭，直也。蔡氏曰：侯、甸、男、采、衛並畿内爲六服。《禹貢》五服通畿内，周制五服在王畿外，《周禮》又有九服，與此不同。愚謂六服大概言之耳。史臣美成王能撫綏天下，諸侯無不承德。王乃董正治事之官而訓迪之，如下文所云。此節總贊之詞，下乃分言之。

王曰：若昔大猷，制治于未亂，保邦于未危。

此節記王平日戒愼語，以見其安居思危，該許多脩德之事在内。林氏曰：若，發語辭。若昔，猶曰在昔。未亂，未危。人所易忽，王能制治保邦，此爲立官治人之本。

曰：唐虞稽古，建官惟百。内有百揆、四岳，外有州、牧、侯伯。庶政惟和，萬國咸寧。夏商官倍，亦克用乂。明王立政，不惟其官，惟其人。

此述王特立公孤命官之詞，見其尊賢以脩身之意，與上非一時言，故有曰字。王遵周公官制，又恐己德不脩，特立公孤自輔。而先言自古立官必得其人，非徒虚器。百揆，百官之長。四岳，總方岳者。牧，一州之長。侯伯，羣小侯也。

今予小子祗勤于德，夙夜不逮。仰惟前代時若，訓迪厥官。

逮，及。時，是。若，順也。王自言敬勤於德，不敢稍懈，惟順前代之法以訓百官，起下立公孤意。

立太師、太傅、太保，茲惟三公。論道經邦，燮理陰陽。官不必備，惟其人。少師、少傅、少保，曰三孤。貳公弘化，寅亮天地，弼予一人。

自古聖王無不有聖師，故公、孤古有其人而無專官，成王始立之。太，尊尚之名。師，教導。傅，輔相。保，保安。三公皆有德可以成天子者，三者祇大概爲之名，無優劣也。道所該者廣，自身心以迄於天地萬物皆是。經邦之政必本於道，論其是非以經緯之，天心順逆見於陰陽。以道成君德，則天心順而二氣調，即燮理之實。不必備，難其人也。少，次於尊者之辭。孤，特也。副貳三公，宏大道化。寅，敬。亮，明。弼，輔也。三孤之德不必定遜於三公，祇是互相輔益，以成君德。公孤無專任之職事，而其位實至尊，成王特立此官而明其所以立之之意。史臣記之以見王修身尊賢，所以能成文武而行周公官禮。後人不知，乃援《周官》所載以相疑議，可謂不善讀書矣。

冢宰掌邦治，統百官，均四海。司徒掌邦教，敷五典，擾兆民。宗伯掌邦禮，治神人，和上下。司馬掌邦政，統六師，平邦國。司寇掌邦禁，詰姦慝，刑暴亂。司空掌邦土，居四民，時地利。

此下三節史臣舉六卿以概成王立官之善，即時巡以見王黜陟之明。冢宰，天官也，政治無不掌之。邦治，管攝百官之職，調劑四海之宜。司徒，地官也，專主教化五典五倫，擾順其天性之自然而導之。宗伯，春官也。邦禮，治天神地祇人鬼之事。神人一理也，上下一心也，本天理人情之則，而通以誠敬，則治與和矣。司馬，夏官也。邦政，戎馬之事。六師，天子六軍也。平，各安其位而不相侵暴。蔡氏曰：軍政莫急於馬，故以司馬名官。何莫非政，獨戎政謂之政者？征伐而正其不正，王政之大者也。司寇，秋官也。邦禁，寇賊法禁。蔡氏曰：不曰刑而曰禁者，禁於未然也。吕氏曰：姦慝隱而難知，故謂之詰，推鞫窮詰而得其情。暴亂顯而易見，則刑之而已。司空，冬官也。邦土，土地之事。金仁山曰：分晝空土以待臣之受封，士[①]之受禄，農之受田，工之受肆，賈之受廛者。凡土之未授者，司空主之，既授則屬之司徒、司馬。四民，士、農、工、商。時地利，吕東萊曰：江河徙移，陵谷遷變，固有昔瘠而今沃，昔下而今高者，隨時而權其興廢，然後地利可盡焉。

六卿分職，各率其屬，以倡九牧，阜成兆民。

承上而美之，言各率其屬官以倡九州之牧，大小相繼，内外相承，以厚民而成化職如是，當時人能如是也。

六年，五服一朝。又六年，王乃時巡，考制度于四岳。諸侯各朝于方岳，大明黜陟。

孔氏安國曰：五服，侯、甸、男、采、衛。六年一朝會京師，十二年一巡守。蔡

① 士，底原作土，疑誤。

氏曰：考制度猶舜協時月等事，各朝方岳猶舜肆覲東后，大明黜陟猶舜黜陟幽明是也。史臣記成王能統一諸侯，黜陟幽明，故天下悅服。而周公所定官制禮樂，天下安而化之。六年，紀王實事。《周官》所紀常法也，成王豈必盡蹜蹜遵循，如印板文字乃爲令主哉？法制自天子，天子而不可變通，誰當變通之？但必合乎中正，不至流弊，斯爲善耳。

王曰：嗚呼，凡我有官君子，欽乃攸司，愼乃出令，令出惟行，弗惟反。以公滅私，民其允懷。

此下乃雜記王訓迪厥官之言，亦舉其要言之，王言不止此也。令出惟行，當天理而順人情，人樂從之，否則壅逆之則爲反。公，公理。私，私情。欽其所司，愼其所令，期於必行，皆歸於至公之天理而已。

學古入官，議事以制，政乃不迷。其爾典常作之師，無以利口亂厥官。蓄疑敗謀，怠忽荒政，不學牆面，莅事惟煩。

此訓之以學古。學古入官，學之於未仕之前。及入官議事，則以得於古者制之，政故不迷。典常，文、武、周公之法，師之則無疑異。利口變亂典常，蓄疑由於不學，怠忽者亦學之未深也，故總之曰不學面牆，而臨事徒見其煩擾。

戒爾卿士，功崇惟志，業廣惟勤，惟克果斷，乃罔後艱。

此訓之以恒久。卿士，亦指内外臣工而言。已成曰功，方務其成曰業。功之崇在乎志，業之廣在乎勤，惟能果斷於義而必爲，乃無後日艱難之患。

位不期驕，祿不期侈。恭儉惟德，無載爾僞。作德心逸日休。作僞心勞日拙。居寵思危，罔不惟畏，弗畏入畏。

此訓之以持盈保泰之道。位祿不與驕侈期，而驕侈自至，故當恭儉至誠以立德。作德則心安而形適，故日休。作僞則心勞而形梏，故日拙。居寵盛之時常思危殆，則無處不形敬畏，倘弗敬畏則入於可畏。

推賢讓能，庶官乃和，不和政厖。舉能其官，惟爾之能，稱匪其人，惟爾不任。

此訓之以進賢之道。賢能凡有才德者，皆是稱舉也。賢能不必其出於己，而惟人之推讓。讓則人皆感其至誠至虚，而互相讓善，故庶官乃和。和者無忌，刻無乖爭也。反此，則不和而政亂。舉得其人則己賢益見，匪其人則己爲不勝任。蓋既欲其公，又欲其明也。

王曰：嗚呼，三事暨大夫，敬爾有官，亂爾有政。以佑乃辟，永康兆民，萬邦惟無斁。

此又言在官不外於敬，總而訓之。蔡仲默曰：三事，即立政三事是也。蓋六官所主即三事。亂，治也。官以位言，政以治言，官必有政，亂政即所以敬其官也。無斁，永存尊親之心。蔡氏曰：不及公孤者，公孤德尊位隆，非有待於戒勅也。

附　解

周家積累功仁，淵源深厚，至武王有天下。周公成文武之德，總前王之法，損益得中，定爲官制。然非成王有德，安能力行以化天下？此篇史臣特表成王之美，明立官必得人，得人必由主德。故開端即總贊成王，次述王憂盛危明之言，次記王特立公孤之意，後又雜記王訓迪百官之語。明周官之法由王而成，以爲世法，王之所以爲成，即周之所以盛也。後人不得其意，以爲僞書，信之者又牽合《周禮》，疑其不侔，何其鹵莽也。今就本文疏析之，讀者誠詳味詞義，當必不以予爲傅會。夫天下非一人所能理也，設官分職自上世雲龍紀官已然，至周而集聖王之成。然有治人無治法，故王曰不惟其官惟其人。後世官制不能不隨時變通，而非聖君賢臣又安能適合其宜，此篇成王之言非萬世之則歟？史臣綜立官大意，特爲此篇，不瑣瑣舉《周禮》求其脗合，而實已得周公官制之全義。學者即是而會通之，庶不至食古而不化，拘違而背乎聖人也。斥爲僞，又何堪一噱哉。

賄肅慎之命篇亡

《序》云：成王既伐東夷，肅慎來賀。王俾榮伯作《賄肅慎之命》。史遷亦云蓋有其事也。

亳姑篇亡

《史記》言周公將没，遺言必葬成周，明不敢離成王。周公卒，成王亦讓，葬周公於畢，以明不敢臣周公，義固無害也。《序》云：成王葬公於畢，告公，作《亳姑》。孔仲達謂遷奄君於亳姑者，周公之意。告周公以葬畢之意，乃用《亳姑》爲篇名，必是告葬之時，並及奄君已定於亳姑，言周公所遷之功成，故以名篇，亦有意義，然未見其必然也。

君陳

君陳，孔安國曰臣名也，鄭康成謂周公子，當闕疑。成王營洛邑爲東都，遷殷民於下都，周公治洛七年而薨，成王命君陳繼之，史錄其策命之詞爲此篇。今文無，古文有。

王若曰：君陳，惟爾令德孝恭。惟孝，友于兄弟，克施有政。命汝尹茲東郊，敬哉。

令德所包者廣，孝恭其一端也。惟孝友于兄弟二句，又推其本，孝以措政爲得其本。東郊，洛邑王城之近郊也。

昔周公師保萬民，民懷其德。往慎乃司，茲率厥常。懋昭周公之訓，惟民其乂。

師保萬民，民尊之如師，親之如保。厥常，周公師保之政。懋昭，勉行以明其教。周公治洛之德在人，君陳能率其常法，昭明周公之訓，則民可治。

我聞曰：至治馨香，感于神明。黍稷非馨，明德惟馨。爾尚式時周公之猷訓，惟日孜孜，無敢逸豫。

上文告以率常，恐其易視周公常典，故言至治則天人協應，馨香之氣通於神明。蓋天之所愛者民，民之所歸者德，神明司天之功化，以天之心爲心者也。黍稷非不馨，而非德則神亦不格。法周公之猷訓，勤慎無怠，則德乃至，無或忽也。猷訓，行與言。

凡人未見聖，若不克見。既見聖，亦不克由聖。爾其戒哉。爾惟風，下民惟草。

仍申明式周公意。君陳承周公後，凡公之事皆所親見，式之何難？但恐習見而忽忘耳，故又戒之。未見聖惟恐不得見，既見聖又不能由聖，人情類然矣。上之德風，民之德草，風之動物也無心，而草之從風也自然。又言民不可欺，惟式周公，乃可以得民心。

圖厥政，莫或不艱，有廢有興，出入自爾師虞，庶言同則繹。

此告以思艱圖政必擇衆言。言圖政甚難，凡政之便民者因時而異，有所當廢，有所當興，上之令下，下之忠上，一出一入，自爾衆共虞度之。衆論既同，則紬繹而深思其當否。

爾有嘉謀嘉猷，則入告爾后于内，爾乃順之于外，曰：斯謀斯猷，惟我后之德。嗚呼，臣人咸若時，惟良顯哉。

謀、猷一也，此分言之，則謀爲謀事，猷爲合道。后，君也。順，順民意宣導之。惟我后之德，歸功於人。良顯，德良而名顯也。申上文庶言同則繹之義，言爾博采衆論，若有嘉謀嘉猷，則入告于君，予必信從而行之。既行矣，爾乃順有謨猷者之意而美之言：此謀此猷實能成就君德。因歎息而言人臣皆如是，採嘉言以佐君，誠良臣有顯名哉。

王曰：君陳，爾惟弘周公丕訓，無依勢作威，無倚法以削。寬而有制，從容以和。

能式周公則政舉矣，恐其躁率而忽於刑獄，不能容保勸善，故又戒之。勢之所在而威存焉，法之所昭而削易焉。毫髮不準理，而任情即非是。寬而有制則非姑息，從容以和又非激切也。此節領起下文慎刑之意。

殷民在辟，予曰辟，爾惟勿辟。予曰宥，爾惟勿宥，惟厥中。有弗若于汝政，弗化于汝訓，辟以止辟，乃辟。狃于姦宄，敗常亂俗，三細不宥。

申明上文無依勢倚法意。言殷民有罪，勿徇君意爲生殺，惟當審其至中。誠有弗順於善政，弗化於善訓者，不得已而辟以止辟，乃辟。至於習爲姦宄、敗典常、亂風俗，三者雖細，亦當懲創之，以其所關者大也。

爾無忿疾于頑，無求備於一夫。必有忍，其乃有濟。有容，德乃大。簡厥修，亦簡其或不修。進厥良，以率其或不良。

此申上文寬而有制，從容以和之意。頑，不率教者。忍，不輕躁。容，寬容也。蔡氏曰：忍言事，容言德，各以深淺言。簡，擇别。進，登也。修，方修於善。良，已進於善。刑罰以懲不肖，而欲化不肖，尤當有忍有容。頑者勿但忿疾之，必善教化。有能者不求備之，即予獎拔。夫子所謂舉善而教不能也，故事可濟而德乃大。簡厥修四句，無忿疾、無求備二句中義理。

惟民生厚，因物有遷。違上所命，從厥攸好。爾克敬典在德，時乃罔不變，允升于大猷。惟予一人膺受多福，其爾之休，終有辭于永世。

又言民生之性本厚，因物欲而後有遷，然其本性未嘗無也。變，變化，上敬德則下變化。爾能敬五常而有德，是乃無不化者，信可以升于大猷。予一人亦膺受多福，其爾之休，終有辭于永世矣。人君以民安爲福，人臣以爲君養民爲休。有辭，後世言念之而不忘也。

附　解

周公治洛七年，民蓋化之矣。成王命君陳繼之，恐其不遵公遺法，故再三告之懋昭、式猷訓、克由聖、宏丕訓，屢以此勖之。而又戒其採衆善，進嘉謨，慎刑獄，善教化，周詳至矣。而前人必斥爲僞書，其所斥者不過字句可疑之閒，而於經文大義並不深究，亦可笑矣。今略辨之。而閻百詩等謂嘉謨嘉猷數語非成王之賢所出，又《論語》引《書》云孝乎惟孝作句，而此去孝乎字，斷爲僞作。然嘉謨數語，成王非欲君陳阿順也，乃告其採集善言，順進言者之意，以誇誘之使喜而進言，豈順君乎？孝乎惟孝，夫子以己意引經而易其辭。毛西河曰：《論語》引《書》無不改竄其句，讀者自漢以來包咸、何晏、潘岳、王利貞、張齊賢等無不以孝乎惟孝作句，亦曰此所引係《論語》引《書》，而非古文《君陳》之原文，其言是也。又有謂《緇衣》

引《君陳》庶言同爲句，今增出則繹二字，爲僞者，然庶言同本可斷句。凡書籍文字苟無害於義理，即片語單詞亦取之，吟風弄月亦仍之。讀書然，即取才亦然。百工技藝有益於民生者不可廢也，一言一行有關於世教者不可無也，而況聖經賢傳爲天理民彝所繫屬，豈容未得聖人中正之道，妄相詆毀乎。三代下如聖人者希，書籍文字充棟汗牛，非可概從芟逸。愚於文士騷人，稗官野史，下及百家雜記，皆棄其所短，取其所長。惟四子六經，爲人倫軌則，有不合聖人者，不敢不爲辨正。非自恃己見，輕詆前賢，平心自思，似與貶斥《尚書》古文者不侔耳。

顧命

鄭康成曰：回首曰顧，臨死回顧而發命也。成王將崩，命羣臣立康王，史序其事及康王受命見羣臣之語。今文本一篇，古文分爲二篇。然康王答羣臣，明云予一人釗報告，非康王特告諸侯。史記成王、康王授受事以爲世法，不得截其辭以云《康王之誥》，故當仍爲一篇。今文、古文皆有。

惟四月哉生魄，王不懌。

始生魄，十六日也。吳氏澄曰：天子之疾曰不懌、不豫，皆臣子不忍斥言之也。

甲子，王乃洮頮水。相被冕服，憑玉几。

洮，盥手。頮，洗面。相，正王服位之臣。孔安國曰：王發大命臨羣臣，必齋戒沐浴，今疾病故，但洮盥頮面，相者被以衮冕，憑玉几以發命。吕東萊曰：甲子去崩纔一日耳，猶盥洗以致潔，冕服以致嚴，顧託之言淵奥精明，蓋臨衆之敬，不以困憊廢素定之禮，雖垂没固炯如也。惟善治氣者能歷疾病而不惰，善養心者能臨死亡而不昏，豈一朝一夕之積哉。

乃同召太保奭、芮伯、彤伯、畢公、衛矦、毛公、師氏、虎臣、百尹御事。

孔安國曰：太保、芮伯、彤伯、畢公、衛矦、毛公，六卿也。冢宰第一，召公領之。司徒第二，芮伯爲之。宗伯第三，彤伯爲之。司馬第四，畢公領之。司寇第五，衛矦爲之。司空第六，毛公領之。芮，今陝西西安府朝邑縣有南芮鄉、北芮鄉，古芮伯國。彤，今西安府華州西南有彤城。畢，今長安縣西北。衛，今河南衛輝府淇縣。毛地不知所在。林氏曰：此紀述一時所命之人，而周家命官之意見於此者有四。以六卿兼主三公之事，一也。諸矦人爲公卿，二也。公卿皆同姓之邦，三也。三公各以其職任爲尊卑，不以爵秩高下，四也。師氏，中大夫。虎臣，虎賁氏，皆見《周禮》。百尹御事，百官之長及諸御治事者。

王曰：嗚呼，疾大漸，惟幾。病日臻，既彌留，恐不獲誓言嗣，兹予審訓

命汝。

大漸，病日甚而近死也。惟幾，猶幾希，言危也。臻，至也。彌留，彌甚而流連。誓言，永訣之言，若矢言也。嗣，繼今也。言病危將死，恐不獲誓言繼今之事。審，詳慎。汝，羣臣也。蔡氏曰：統言曰疾，甚言曰病。

昔君文王、武王宣重光，奠麗陳教則肄，肄不違，用克達殷集大命。

蔡氏曰：武猶文謂之重光，猶舜如堯謂之重華是也。奠麗陳教，奠安民生，凡與民附麗之事皆陳列教法，該許多養教之政在內。肄，習也。不違，順其治。達，治化洽而殷民歸也。言文武以聖繼聖，定民居而陳民教，民則順從而肄習之，肄之久而不違，用克達於殷邦，殷民感化以集大命。

在後之侗，敬迓天威，嗣守文武大訓，無敢昏逾。今天降疾殆，弗興弗悟，爾尚明時朕言，用敬保元子釗，弘濟于艱難。

侗，無知貌，成王自言。敬迓天威，秉天理而行，若天臨之以威，無敢肆也。昏逾，昏於欲而逾度。弗興，委頓也。弗悟，昏迷也。釗，康王名。言己無知，然敬迓天威，嗣守文武大訓，不敢昏逾。今病殆將死，望羣臣明朕所言，用敬保元子，以大濟艱難之業也。

柔遠能邇，安勸小大庶邦。思夫人自亂于威儀，爾無以釗冒貢于非幾。

柔，懷來。能，撫循。安勸，安之而勸勵於善。夫人，謂子釗。亂，治也。威儀者，性情之著，治其威儀則身修。貢，進也。非幾，意之動而非理者。承上宏濟艱難意而約言之，當柔遠能邇，安勸小大庶邦。然自治者，治人之本也。羣臣尤宜思夫人，使自治於威儀，無以釗冒進於非幾。蓋謹其微當嚴其著，然後身正而治洽也。先子敬五公曰：垂死之際，志定而神不衰，身憊而氣不餒，皆基命宥密，單心緝熙之效也。沅按：成王有基命之學，至於緝熙，則史載年止五十餘者妄矣。古人年歲不可稽，史固多謬。

茲既受命還，出綴衣于庭。越翼日乙丑，王崩。

還，復本位。綴衣，連綴著之。羣臣以王疾病，不敢歸休，解衣綴于庭，候王起居，而翼日王遂崩也。

太保命仲桓、南宮毛，俾爰齊侯吕伋，以二干戈、虎賁百人，逆子釗于南門之外。延入翼室，恤宅宗。

桓、毛，二臣名，蓋主宿衛者。伋，太公望子。使領虎賁往迎，非伋爲虎賁氏也。延，引也。翼室，蔡氏曰：路寢旁左右翼室。稱子明父子繼世之義，稱名未成君也。南門，王宫之外門。孔氏穎達曰：天子崩，太子必在側，將正其尊，故使太子出於路寢門外更迎入，所以殊之也。恤宅，憂居也。宗，主也。成王殯於路寢，太子入側室，憂居爲喪主也。

丁卯，命作册度。越七日癸酉，伯相命士须材。

王氏心敬曰：十九日丁卯，王崩之第三日。命，太保命也。册，簡也，所以書顧命授嗣王者。度，新君即位之禮節，如下文所云，猶今之儀注是也。癸酉，二十五日。伯相，猶言首相，召公也。成王既崩，事皆聽於冢宰，故上言太保而此言伯相，以明召公爲冢宰，主發命事也。須材，喪事待用之材木。

狄設黼扆綴衣，牖間南嚮，敷重篾席，黼純，華玉仍几。西序東嚮，敷重底席，綴純，文貝仍几。東序西嚮，敷重豐席，畫純，雕玉仍几。西夾南嚮，敷重筍席，玄紛純，漆仍几。

狄，伶人供喪役者也。黼，黑白文爲斧形。扆，狀如屏風，天子朝諸侯則依之以立。綴衣，死者之衣，並施帷幄如生時。此句冒下，蓋四座皆設之。牖閒南嚮，孔安國曰：見羣臣、覲諸侯之坐也。牖，壁門通明處。古者前堂後室，堂後列牖，牖閒即堂中。篾席，桃枝竹席。設三重之篾席，以黑白雜繒緣之。几則仍華玉所飾者。仍，因也，因其生時所用。西序東嚮，孔氏曰：旦夕聽事之坐也，東西廂謂之序。底席，蒲蒻席也。綴，雜彩。文貝，水蟲，取其甲以飾几。東序西向，孔氏曰：養國老、饗羣臣之坐也。豐，莞席。郭璞曰：苻蘺，今蜀中所用是也。畫，繪彩色於上。雕，刻鏤也。西夾南嚮，孔氏曰：親屬私燕之坐也，西廂夾室之前。筍席，取蒻竹之皮以爲之。玄紛純，以黑組爲緣。漆，漆几也。蔡氏曰：牖間南嚮之席，坐之正也，其三席各隨事以時設。將傳先王顧命，知其在此乎在彼乎，故兼設平生之坐是也。

越玉五重，陳寶，赤刀、大訓、弘璧、琬、琰，在西序。大玉、夷玉、天球、河圖，在東序。胤之舞衣、大貝、鼖鼓，在西房。兑之戈、和之弓、垂之竹矢，在東房。

越玉，馬融曰越地所產之玉是也，蓋以其不恒得故特陳之。陳寶，列寶器。此句總冒下文。赤刀，赤金刀也。大訓，文武以上列聖遺言。宏璧，大璧。琬、琰，皆圭名。《周禮》云琬圭以治德，琰圭以易行，皆九寸。孔氏穎達曰：上文東西序已有王之坐矣，此復云在東序西序者，明於東西坐北也。序者，墻之别名，其牆南北長，坐北猶有序牆，故言在西序、東序也。鄭康成曰：大玉，華山之玉。夷玉，東夷之玉。球，玉磬，謂之天球者，玉生而天然肖磬也。三者皆非人工之器而可寶者。河圖，伏羲時龍馬出於河所負之圖，其文列五行，該變化，故歷代傳而寶之。胤，國名。舞衣，舞者之衣。大貝，如車渠。鼖鼓，長八尺。王爾緝曰：三者或前代所傳亡國之器，或異方所獻，以示戒而示無外也。房，夾室。東西兩房，天子之制。諸侯廟寢稍狹，但有東房無西室。孔氏安國曰：兑、和，古之巧人。垂，舜共工。所爲皆中法，故傳寶之。王氏曰：寶玉列於庭序，器械列於房者，輕重之等也。

大輅在賓階面，綴輅在阼階面，先輅在左塾之前，次輅在右塾之前。

王氏心敬曰：大輅，玉輅。賓階，堂右南向之階也。面，猶前也。綴輅，金輅。阼階，堂左南向之階也。先輅，木輅。塾，門兩旁堂室也。次輅，象輅、革輅。天子五輅，玉輅爲貴，次金，次革，行則貴者近而賤者遠。至乘玉輅，則金輅接之，故爲綴輅也。最遠者木輅，故爲先輅。革與象居中，故爲次輅。《禮》大喪祭、大賓客則出輅，示不敢安居也。愚按：出輅不特喪禮之常，蓋將授王册命，輅乃天子象德重器，以爲顧命授受之器也。

二人雀弁執惠，立于畢門之内。四人綦弁，執戈上刃，夾兩階戺。一人冕執劉，立于東堂。一人冕執鉞，立于西堂。一人冕執戣，立于東垂。一人冕執瞿，立于西垂。一人冕執鋭，立于側階。戣，音逵。鋭，一作鈗。

弁，冕之無延旒者，士冠也。雀，赤黑如雀頭。門階遠，故用士。惠，三隅矛。畢門，路寢門也。綦弁，孔氏曰：以文鹿子皮爲之。戈，戟。上刃，直立以刃向上。兩階，堂左右階。兩人夾立，欲其不相礙也。戺，堂階廉隅之處。冕，大夫冠也。堂、垂近，故用大夫。劉，鉞類，鄭康成曰今之鑱斧。東堂、西堂，王氏曰：猶言堂東堂西，皆中堂也。鉞，大斧。戣、瞿，鄭康成曰今之三峰矛，王氏心敬曰：皆戟屬，形如花，故得名。東、西垂，堂東西屋簷下也。鋭，矛屬。孔氏穎達曰：此所陳七兵，惟戈經傳多言之，其餘多無文。古今兵器名異體殊，此等形制皆不可得而知是也。側階，西夾之階。西夾有嗣王位，故特設一人爲衛。古者執戈戟以宿衛王宫，皆士大夫，其平日德性涵養義勇兼全，所謂侍御僕從，罔非正人者也。後世陛捕之士或僅武夫，而心腹之寄左右無人，則以文武分途而養成人才者，未端其本也。

王麻冕黼裳，由賓階隮。卿士邦君麻冕蟻裳，入即位。太保、太史、太宗皆麻冕彤裳。太保承介圭，上宗奉同瑁，由阼階隮。

王，嗣王。麻冕，以二千四百縷布爲冕，用布貴質也，細縷貴精也。白黑曰黼。賓階，西階。天子者天所命也，嗣王受先王命爲天子，實受天之命，故從吉服而在西階爲賓。太保奉先王命如受天命，在阼階爲主，此聖人公天下之義，非無端而變喪服，先儒議之者非也。卿士，王朝卿士。蟻裳，色黑如蟻。《禮》祭服皆玄衣纁裳，此用蟻裳，吕東萊曰：無事於奠祝，不欲純用吉服；有位於班列，不可純用凶服，故酌於吉凶之閒是也。入即位，入路寢之門，即堂下之位。太保主其事，太史奉册，太宗掌禮。彤，赤色。此三人皆主顧命之事，故純用吉服。介圭，天子之大圭，長尺有二寸。上宗，即太宗，云上者，宗伯有大小，大宗伯爲上。同，酒器。瑁，以玉爲之，方四寸，天子之圭合四爲一，上有冒，朝諸侯則執瑁以合瑞也。同之與瑁，猶瓚之與圭，圭爲瓚柄，瑁爲同蓋。太保攝主，故由東階升堂，宗伯奉同瑁以從。

太史秉書，由賓階隮，御王册命。曰：皇后憑玉几，道揚末命，命汝嗣訓。臨君周邦，率循大卞，燮和天下，用答揚文武之光訓。

太史奉王册，獨由西階，以王在西也。御，猶御事之御，治也。宣册於堂上，齎册下堂，皆太史之事。册所書即成王憑几之命也，曰以下太史傳神意而宣之。皇后，大君，謂成王也。末命，臨終之命。嗣訓，守文武大訓。曰汝者，父前子名，且如天命之也。大卞，孔氏安國曰：大法也。答，對也。

王再拜，興，答曰：眇眇予末小子，其能而亂四方，以敬忌天威。

眇眇，至小也。眇眇微末小子，自謙之至。而，語助辭。言恐不能治四方以敬畏天威也。王受位於先王，實受位於天，故成王顧命言敬迓天威，而康王言敬忌天威，此可見王麻冕之故矣。

乃受同瑁，王三宿，三祭，三咤。上宗曰：饗。

受瑁乃受命爲天子矣，故遂受同以祭，不言受圭，省文也。宿、肅同，進爵也。咤，《説文》作託，奠爵也。禮成於三，故三宿、三祭、三咤。三祭各用一同，非一同而三反也。王尊爵於神，宗伯傳神命，以饗告之。

太保受同，降，盥以異同，秉璋以酢，授宗人同，拜，王答拜。

康王祭畢，以同付太保，太保受之。因係王所奠之爵，不敢用之，於是下堂，别取同盥濯，以半圭之璋爲柄而酢。《禮》諸臣亞裸用璋瓚，獻而後酢用亞裸之器也。尸既受獻而酌主人曰酢，嗣王喪憂，不忍受酢，太保代受而自酢也。以同授宗伯之人，將受酢而拜故。拜，拜王。答拜，代尸答，又答其代己也。

太保受同，祭嚌宅，授宗人同，拜，王答拜。

太保既拜，起，乃受宗人同，祭酒於地而後嘗之。至齒曰嚌，凡祭神之後，禮當飲福酒，太保飲至齒者，以在喪，示不甘其味意。金仁山曰：王在喪祭，告王不飲福，故太保攝飲福是也。宅當作咤，蓋傳寫之譌。既飲，以同授宗人，復拜謝，王又答拜。林少穎曰：君於臣無答拜，此答之者，以其傳先王之命。

太保降，收。諸侯出廟門俟。

降，下堂。收，撤祭物。廟門，路寢門，曰廟者，成王之殯在也。俟，俟見新君。

王出在應門之内。太保率西方諸侯入應門左，畢公率東方諸侯入應門右，皆布乘黄朱。賓稱奉圭兼幣[①]。曰：一二臣衛，敢執壤奠。皆再拜稽首。王義嗣德。答拜。

應門之内，即路門之外，外朝所在也。周初以召公主陜以西諸侯，周公主陜以東諸侯，此猶然舊職，而畢公則繼周公爲東伯也。諸侯蓋來朝而適遇國喪者，遂因見新君也。布，陳也。乘，四馬。黄，五色之貴；朱，周家所尚，故馬皆取黄朱二色以爲

① 幣，底本作弊，據注文及《尚書正義》改。

庭實也。賓，相禮者。稱，言也。儐者相禮，口稱奉圭及幣也。曰，諸矦言也。一二，非一人也。爲王蕃衛，故曰臣衛。壤奠，壤地所出之物以爲贄而奠於地也，《禮》見尊者奠其贄於地。稽首，九拜之極禮也。王義嗣德亦諸矦之言也。稽首而言，言王義當嗣先王之德爲天子，朝賀之辭。王答其意而拜，曰答拜者，明不答稽首也。王初見羣臣，以居喪故，故答拜。

太保暨芮伯咸進相揖，皆再拜稽首，曰：敢敬告天子，皇天改大邦殷之命，惟周文武，誕受羑若，克恤西土。

太保，召公。芮伯，司徒。錯舉二人之名與位。咸進，二人同進。相揖，與諸矦相揖也。上文諸矦美王王義嗣德，無規戒之辭，故召公與芮伯進相揖，使言也，皆指諸矦也。召公等不言者，前授顧命時已進戒於王也。曰敬告、曰大邦殷，皆所以明神器至重之意。羑，誘導。若，順也。天眷有德，導而順之，文武能大受之也。恤，撫也。言西土者，明文武本無意於天下，而天命眷之，以見皇天改命不在强大也。

惟新陟王，畢協賞罰，戡定厥功，用敷遺後人休。今王敬之哉。張皇六師，無壞我高祖寡命。

新陟，新升遐也。成王未葬無謚，故稱新陟王。畢協，盡合，賞善罰惡，盡合乎中正也。戡定厥功，成王初立，武庚、徐奄等猶未安定，成王討平而制禮樂，文武之功實賴之而安定也。張，不弛其備。皇，不輕其事。六師，天子六軍。周以仁厚開基，封建之世，權分勢渙，久而易弱，故周公告成王以克詰戎兵，此戒康王張皇六師，皆所以振權綱、一道化，而非尚武之意也。且周寓兵於農，主德固結於平日，王威震懾者有素，苟六軍之不率，即民心之渙散矣。高祖，德高之祖，謂文武。寡命，罕有之天命也。

王若曰：庶邦矦、甸、男、衛，惟予一人釗報告[①]。

惟上文乃外諸矦進戒之辭，故王特呼而誥之。報，答也。六服言其四，略舉之也。

昔君文武，丕平富，不務咎，底至齊信，用昭明于天下。則亦有熊羆之士，不二心之臣，保乂王家，用端命于上帝。皇天用訓厥道，付畀四方，乃命建矦樹屏，在我後之人。

丕，大也。平富，均平其富，使民皆豐足也。不務咎，不以咎責於人爲務。底[②]至，必求其至。齊信，齊一誠信。熊羆，喻其猛。不二心，忠一也。端，正也，己德正而天命應之。訓，順也。建矦樹屏者文武，而曰乃命者，歸其命於天，以尊諸矦，重其職也。言文武平其富於天下，不務咎責於人，使民安其生而樂其化，爲底至齊一

① 告，《尚書正義》作誥。
② 底，底本作齊，據經文改。

誠信之道，使天下率由，有此仁育義正之德，用昭明於天下。於時又得武勇忠一之臣，共保乂乎王家，用能端命於上帝。皇天用順其道，而付畀以四方，乃命文武建立諸矦以爲藩屏，畱於後人。然則文武之誕受羑若，非但文武之賢，亦惟得賢臣之助始然，以此起下文之意。

今予一二伯父，尚胥暨顧句**，綏爾先公之臣服于先王。雖爾身在外，乃心罔不在王室。用奉恤厥若，無遺鞠子羞。**

天子稱同姓諸矦曰伯父，時諸矦當不止同姓，而第稱伯父者，周重宗盟，舉同姓以該異姓也。胥暨，相與也。迴瞻曰顧。綏，安也。先公，諸矦之祖考。奉恤厥若，奉其祖考憂勤之意以順天。鞠子，猶穉子，康王自謂。承上言文武既得賢臣以興，今予一二伯父尚相與顧念，安爾先公之臣服於先王者以事予。雖爾身在外爲矦，乃心當無不在王室。用奉爾先人憂恤之意以順承天，無遺我穉子羞可也。

羣公既皆聽命，相揖趨出。王釋冕，反喪服。

命，上文誥命。

附　解

天子者，天所命也，臨之以天，則天下爲公器，惟有德者天命居之。古聖王兢兢業業，重視斯民，無非體天心以愛民，不敢負天之任也。唐虞禪授，告廟禋宗，具載《虞典》。夏禹傳子，初意亦欲傳賢，朝覲訟獄謳歌不之益而之啓，啓乃嗣位。商周之興，事由征伐，嗣君繼位之典，古無明文。成王席文武之盛，輔以周公，禮明樂備，天下宴然。成王臨終，從容顧命，又得康王之賢，召畢諸人之襄贊，聖賢繼統。史臣特爲此篇，謂太平盛事可以爲後世法也。孔子取之，亦以垂教。自漢人分王出在應門以下爲《康王之誥》，已令經意不明。蘇東坡等又以康王冕服爲非，似召公、畢公俱不達禮。孔子亦茫然莫辨，而空傳此書，甚矣其晦聖經也。夫臨之以天，則天子嗣位受諸先王，實受諸上帝，服冕不亦宜乎？《禮》：喪三年不祭，惟祭天地山川，越紼行事。夫祭猶越紼，況乎初受天命，爲山川百神主邪？君薨世子初生尚用冕服告，況受天命以嗣位，暫時吉服成禮，奚爲不可？愚故於正解明辨之，而合二篇爲一篇，以還伏生書之舊。至篇中舊説誤解之處，則肄也，自亂也，齊矦爲虎賁也，須材也，越玉五重也，而亂也，宅受宗人同也，黄朱也，賓稱奉圭也，王義嗣德也，太保暨芮伯咸進相揖也，羑若也，張皇六師也，尚胥暨顧綏也，皆牽强不順，今皆正之。讀者玩本註自明，兹不再贅。

畢命

《史記》云：康王命作策畢公分居里，成周郊。蓋自周公遷殷民於洛邑，至康王時生齒日繁，遷善者衆，康王故命畢公別其居里，異其善惡，以爲成周保障也。今文無，古文有。

惟十有二年，六月庚午朏。越三日壬申，王朝步自宗周，至于豐。以成周之衆，命畢公保釐東郊。

孔氏穎達曰：《説文》云：朏，月未盛之明也。此日未有事而記此庚午朏者，爲下言壬申張本。命畢公而必至豐者，以畢公嘗相文王，故告廟而後遣之，重其事也，以命畢公保釐者告於文王。保，安。釐，理也。東郊，即下都。

王若曰：嗚呼，父師。惟文王、武王敷大德于天下，用克受殷命。惟周公左右先王，綏定厥家，毖殷頑民，遷于洛邑，密邇王室，式化厥訓。既歷三紀，世變風移，四方無虞，予一人以寧。

畢公以太師爲方伯，曰父師者，親而尊之也。頑民，謂染紂習之深而不能即變者，非謂其不服周也，詳見《洛誥》。周公謹毖之，遷於洛邑，使近王室而法其教化。十二年爲一紀，歲星十二年一周天，三紀極言其久，非謂自周公至今始三紀也。此述文、武、周公化殷民之難，以勗畢公。

道有升降，政由俗革，不臧厥臧，民罔攸勸。

道一而已，而曰有升降者，因時而酌其輕重緩急以適於中，若升降也。由俗革，視俗之所偏者而革化之。臧厥臧，善其善者以勸民也。四句冒起下文。

惟公懋德，克勤小物，弼亮四世，正色率下，罔不祗師言。嘉績多于先王，予小子垂拱仰成。

懋，勉也。德以懋而益大。勤小物，謹細行也。四世，畢公於文王時已爲大臣，歷武、成、康而四世。正色，嚴正之貌。祗師言，敬法所言。公之可法者不僅在言也，言以出令，且商俗以利口爲賢，故賴公之慎默者鎮之。此述其德望之隆，自先王時已多嘉績，已深依賴之也。

王曰：嗚呼，父師。今予①祗命公以周公之事，往哉。旌别淑慝，表厥宅里，彰善癉惡，樹之風聲。弗率訓典，殊厥井疆，俾克畏慕。申畫郊圻，慎固封守，以康四海。

周公之事，正己治人之事。此乃正告公以保釐之事。旌，獎。别，簡。淑慝，善惡也。表，異。善，人之居里即所以旌善也。癉，病也，勞苦之意。使有所感動如

① 予，底本作于，此據《尚書正義》改。

風，使有所聽聞如聲，勞苦之使警畏而爲善矣。而猶不率訓典，則殊其井疆，不使得與善者雜處。蔡氏謂《禮記》所謂不變移之郊遂是也。畏慕，畏爲惡之禍，而慕爲善之福。蔡氏曰：郊圻之制，昔固規畫矣，而申明之。封域之險，昔有守矣，而戒嚴之。康四海，王畿安則四海安也。

政貴有恒，辭尚體要，不惟好異。商俗靡靡，利口惟賢，餘風未殄，公其念哉。

上文既告之以因俗立政，又患其務紛更而用巧言，故又戒之如此。孔氏安國曰：政以仁義爲常，辭以理實爲要，故貴尚之。若異於先王，君子所不好是也。靡靡，隨順意。以利口爲賢，好異者每爲所惑，故欲公念之也。

我聞曰：世祿之家，鮮克由禮。以蕩陵德，實悖天道。敝化奢麗，萬世同流。茲殷庶士，席寵惟舊，怙侈滅義，服美于人。驕淫矜侉，將由惡終。雖收放心，閑之惟艱。

成王既討武庚，别封微子，商之世族無歸，周公故遷之於洛邑，而此特戒畢公善化之也。以蕩陵德，肆人欲而蔑天理也。敝化，壞風俗。席寵二句，言憑藉光寵恃驕侈而滅正義。服美，其一端也。驕淫矜侉，則所包者廣收放心，沐周之化而自戢也。舊習未忘，故防閑甚難。此述殷士舊習，以起下文。

資富能訓，惟以永年。惟德惟義，時乃大訓。不由古訓，于何其訓。

資富能訓，富而教之也。德、義一也，天理存於心曰德，措諸事而宜曰義。大訓，天下古今所共由也。承上言閑殷士之放心而革其舊，惟訓以德義。蓋成王、周公遷殷士於洛邑，宅爾宅，佃爾田，未嘗稍使有離鄉之感，故富庶已久而驕淫多生，王切切冀公之善訓也。陳氏經曰：《君陳》尚有辟以止辟、三細不宥之説，此篇雖歷數商俗之不美，然惟務區别以生其愧，教訓以導其善，無片言及於刑，蓋純以德化而刑措不用，信矣。

王曰：嗚呼，父師。邦之安危，惟茲殷士。不剛不柔，厥德允修。

成王遷殷士於洛邑，皆商之世臣舊族，且洛爲諸侯朝會之所，殷士不服教，則天下諸侯必有因而懷疑攜二者，故曰邦之安危惟茲殷士。不剛不柔，寬猛交濟也。厥德之修，又剛柔適中之本。

惟周公克慎厥始，惟君陳克和厥中，惟公克成厥終。三后協心，同底于道，道洽政治，澤潤生民，四夷左衽，罔不咸賴，予小子永膺多福。

又以周公、君陳勉之，望其以道布澤爲天下，表己亦深賴之也。

公其惟時成周，建無窮之基，亦有無窮之聞。子孫訓其成式，惟乂。

承上而勉，以固人心，善風俗，培國本，而示法後人。

嗚呼，罔曰弗克，惟既厥心。罔曰民寡，惟慎厥事。欽若先王成烈，以休于前政。

蘇東坡曰：弗克，畏其難而不敢爲。民寡，易其事而以爲不足爲。前政，周公、君陳是也。

附　解

先儒謂周遷頑民於洛邑，頑民乃不肯事周之民，誤也。商紂淫酗，殷人染其惡習至深，且周世居西陲，仁化未及東土。既定天下，變禮易樂，商民尤以爲不便，多梗化者。成王既討武庚，分殷舊都以爲邶、庸、衛，選康叔等賢臣以治其民。復念殷士皆世臣大家，驟失故都，既不忍即編入齊民，又不欲不教而誅，於是遷之洛邑，畱周公以治之，使密邇王化，漸摩自新。周公没，而又命君陳、畢公治之，於是殷士咸歸於善。至於東遷之後，盟向之民猶不肯歸鄭，陽樊之民亦不肯從晉，暨於戰國，周民東亡，猶不肯事秦，足見成康君臣善化之深。合《洛誥》《多士》《多方》《君陳[①]》《畢命》諸篇觀之，乃見周家革殷忠厚仁恕本末。前人乃以《君陳[②]》《畢命》二篇爲今文所無，斥爲僞作，而其目爲僞者，不過即字句雜見於諸書者以相難，並不詳考時世，細味本文，亦可謂鹵莽矣。即信此二篇者，亦未能紬繹章句，令前後事蹟顯然。予故順其白文語意釋之，俾學者貫通前後經文，毋致成康君臣、周畢賢聖之心湮没而不著焉。抑周至康王時大化洽矣，天下諸侯皆宜服教畏神，即有時誥命亦當不止一二人。而史記《君陳》《畢命》惓惓於東郊，似殷民懷思商家，不遽從周，此頑民二字所以誤解。而蘇氏軾、陳氏埴竟謂殷之德民不能忘，若周德猶未至也。不知武王、周公營洛邑以會東諸侯，免其遠涉，亦以東方久染紂王之習，一時恐未革面，畱公居洛布化行仁。一切政教自洛邑始，洛邑安則天下安，所以史記《洛誥》，復記《君陳》《畢命》，明周之德所以及於天下者。成、周之治一本西周，以至頑之殷民而服教至深，皆因得賢臣分化之力也。後世兩京同重者多，然其仁化或不如周，而又無賢臣以治。王莽篡而西京裂於赤眉，隋煬虐而畔亂生於畱守。然後歎夫子删書存此，垂戒至深，攻斥古文者，其亦知之否邪？

① 陳，底本作臣。
② 陳，底本作臣。

君牙

舊説穆王命君牙爲大司徒，作《君牙》。愚按：乃史記其語如此，非必自作也。今文無，古文有。

王若曰：嗚呼，君牙，惟乃祖乃父，世篤忠貞，服勞王家，厥有成績，紀于太常。

王，穆王也，康王孫、昭王子，名滿。君牙，臣名，其祖父蓋周賢臣，然無考矣。忠久不二曰貞。日月畫於旌旗曰太常。王建太常，書功臣於太常，以明其左右王之勳也。

惟予小子，嗣守文武成康遺緒，亦惟先王之臣，克左右亂四方。心之憂危，若蹈虎尾，涉于春冰。

言己守先王之業，賴老臣以治世，常懷憂懼，欲君牙亦繼其祖父，毋忘戒慎也。

今命爾予翼，作股肱心膂，纘乃舊服，無忝祖考。

膂，脊也。股肱心膂，身賴以運用，君任臣如之一體也。舊服，祖父忠貞服勞之事。忝，辱也。

弘敷五典，式和民則。爾身克正，罔敢弗正，民心罔中，惟爾之中。

宏敷，大爲宣布，使人人敦典。式和，爲之法式，教至詳矣而行之以和，有子所謂禮之用和爲貴也。則，五倫準則。正身者，正民之本。中，率天理而無偏倚也。

夏暑雨，小民惟曰怨咨。冬祁寒，小民亦惟曰怨咨。厥惟艱哉，思其艱以圖其易，民乃寧。

上文正言敷教之事，而此復言民心不常。暑雨祁寒，天道之常，而民因病暑病寒，不免怨咨，奢望無窮。故宏敷式和，其法不一，必正身而自心協中，乃能曲成之。此其所以艱也，思其艱則必能盡其道而易矣，民安其教故寧。

嗚呼，丕顯哉，文王謨。丕承哉，武王烈。啟佑我後人，咸以正罔缺。爾惟敬明乃訓，用奉若于先王，對揚文武之光命，追配于前人。

申言上文宏敷式和，正身中心，必遵文武謨烈。丕，大。謨，謀。烈，功也。文德昭著而爲謨，武王承之而有功烈，咸以正五倫，皆知勉爲。罔缺，周密也。言文武五典之教具在，爾惟敬遵明白訓化，即奉若先王，對揚文武，繼先人之業。吕東萊曰：後世之治隨失隨救，所立之法鮮有能終其身。由文武至穆王百餘年矣，而謨烈無偏可指，無隙可乘，創業垂統，信非三代以下所可及是也。若，順。對，答。配，匹也。前人，古賢臣。

王若曰：君牙，乃惟由先正舊典時式，民之治亂在茲。率乃祖考之攸行，昭乃辟之有乂。

先正，即上文文武舊典，文謨武烈，折衷前聖而適中者。茲，指舊典。臣能敷教，則彝倫正而君德昭，故曰昭乃辟之有乂。

附解

五典本於天，人之所以異於禽獸者，明人倫也。《周禮》司徒敷教而屬於地官，不特養立而後教行，且以明飽食煖衣而不敦五倫，即禽獸也。此書記周世德至詳，而宏敷五教之事未有專詞。夫子存此篇，以見自文武至穆王，猶明倫立教，所以爲八百靈長之基。其不詳叙教法者，以文武謨烈具在，天下率從已久，但能正身中心，宏敷式和，敬明乃訓，即可以化人也。正身中心，該《大學》《中庸》二部功夫在內。穆王能爲此言，而其後乃有車轍馬跡馳天下之意，何耶？朱子謂此篇内史所作，如今翰林作制誥，然當時此等文字自有格子，是以穆王爲果有周行天下之事，而此篇特史臣依格子爲之。以後世法文相循之事擬周初已非，且誣穆王，不可不辨也。子革借穆王事諫楚子，言穆王欲周行天下，將皆有車轍馬迹，祭公作《祈招》之詩以諫王，諷楚子改過，未嘗云穆王竟周行天下也。子革所言，詩書無有，孔孟亦未言及，其或子革託言，如屈宋之流寓言諷諫，蓋未可知。即或有此一事，必是穆王巡狩天下，觀風問俗，偶然思及周行天下，一者考察政刑，二者可以周覽山川景物。然車駕所至，勞民傷財，故祭公作詩諫之，而王即止。後乃以公詩入樂，名爲《祈招》，招即韶也。齊景公《徵招》《角招》亦因從諫之美，作樂歌以記而名曰招。穆王偶有此念，祭公諫之即止，故《祈招》之詩作爲樂歌名招，以傳爲美談，何自而見穆王果周行天下也？後人妄爲《穆天子傳》傅會之，致齒王於秦皇漢武，且增許多怪誕。然此經載此篇及下二篇，穆王之賢炯然可見。使穆王非賢，特史臣之詞，夫子豈不核實而猶存之？况史記其人之言，即增飾亦易明辨。此三篇情詞悱惻，意義周詳，非無本之學所能爲也。前人因子革言，於此三篇文義遂皆誤解，若不辨明，誣罔前人，貽誤後學，伊於胡底。

冏[1]命

冏，《史記》作臩。伯冏，臣名也。穆王命伯冏爲太僕正，以此命之。蓋僕正者，衆僕之長，其職於君最親邇，人君動靜語默，熟見習聞。得其人則足以養成君德，非其人則狎昵遊燕，無所不至。文武以來罔非正人，故燕私之際，皆紀綱肅而志氣清。穆王此命其猶未替家法也。古文有，今文無[2]。

王若曰：伯冏，惟予弗克于德，嗣先人宅丕后，怵惕惟厲，中夜以興，思免厥愆。

怵惕，中心警懼。厲，危也。思免厥愆，孫氏繼有曰：愆之既往者，思補之於終；愆之未形者，思禁之於始。言己無德，以繼前人之爲君，常戒懼而思寡過也。林少穎曰：穆王命君牙曰憂危若蹈虎尾，此曰怵惕惟厲，成湯所謂慄慄危懼者不是過也。而蘇氏曰二書皆無哀痛惻怛之語，此非惻怛之語而何?

昔在文武，聰明齊聖，小大之臣，咸懷忠良。其侍御僕從罔匪正人，以旦夕承弼厥辟。出入起居，罔有不欽。發號施令，罔有不臧。下民祗若，萬邦咸休。

蔡氏曰：侍，給侍左右者。御，車御之官。僕從，太僕、羣僕，凡從王者是也。承順其善，弼匡其失，號以警衆，令以施法。文武之聰明齊聖，宜無俟近臣之匡翼，而當時莫非正人，是以由近及遠無弗從風，民祗若而邦咸休也。陳氏大猷曰：太僕掌正王之服位，出入王之大命，掌諸侯之復逆，復王之答報，逆下之敷奏，君之起居號令皆與有職焉是也。

惟予一人無良，實賴左右前後有位之士，匡其不及，繩愆糾謬，格其非心，俾克紹先烈。

良，善也。匡，輔正。繩，糾如繩絲之矯正物也。格，正也。蔡氏曰：非心，非僻之心。先烈，文武是也。黄氏度曰：古者諫無常職，百官官箴王闕，然近而易入莫如僕御之臣，故穆王專責伯冏以諫爭之事。漢諫大夫、議郎、博士與郎官常從，得三代餘意。隋唐諫官屬兩省，謂之供奉官，隨仗入閣而勢疏遠矣。

今予命汝作大正，正于羣僕侍御之臣，懋乃后德，交修不逮。

大正，太僕正也。按《周禮》太僕下大夫，而無太僕正之名，孔穎達以爲《周禮》太馭之官，中大夫也。詳此文義，云正於羣僕侍御，則孔説疑優。所謂羣僕，自

① 冏，《尚書正義》作冋，二字通。
② 古文有，今文無，底本作古文無，今文有，恐誤。

指戎僕、齊僕、道僕、田僕之流。張南軒曰：公卿進見有時，僕御褻近無間。有時者見其尊嚴，無間者知其性情，甚嚴則未易犯其顔色，無間故可糾其過失。救過於無間之時易爲力，救過於已發之後難爲功。懋德交修，正侍御僕從之職是也。

慎簡乃僚，無以巧言令色，便辟側媚，其惟吉士。

巧令、便辟，見前。側，傾邪。媚，諛説也。承上言正羣僕侍御，惟在慎選所屬。吕東萊曰：王雖急於求助，苟徧擇之則叢脞矣。故命一伯冏作大正，使精擇其僚，此爲治之體統也。陸贄在唐，欲使諸司長官各舉其屬，亦庶幾有見於此。

僕臣正，厥后克正。僕臣諛，厥后自聖。后德惟臣，不德惟臣。爾無昵于憸人，充耳目之官，迪上以非先王之典。

自聖，自以爲聖也。人主之性情嗜好，惟近侍者爲得其眞，言行動静偶有不檢，僕臣即能匡正之，則禁惡於未萌，主德日清矣。諂諛之徒希旨望幸，以遂己所求，必將美其君爲堯舜，使君喜而信己，因得招權納賄，甚則潛移國柄。迨大臣流涕而爭之，不知其潛消默奪於憸人者已久矣。導上已非先王之典，必其先有爲之夤緣者，然後小人得以倖進。穆王告伯冏以慎簡無昵，可謂得其要矣。

非人其吉，惟貨其吉。若時瘝厥官，惟爾大弗克祗厥辟，惟予汝辜。

上文既告之以慎簡，此又指其弊而惕之以刑。言若僕臣有不重賢而重貨者，若是則爲病厥官，是必爾不慎簡而進之，是爾大不敬於其君，予必加爾罪也。

王曰：嗚呼，欽哉。永弼乃后于彝憲。

彝憲，常法也。人臣玩法蠹民皆由不敬，王終歎息而以欽勖之，使其永弼己於彝憲，夫能敬則未有不永者也。

附　解

人主求賢自輔，每留心任事之大臣，而近習指使之臣往往不以爲意。《周官》冢宰之職，合宫府内外親邇君身之臣皆統之，其法嚴且密矣。然必大臣忠賢如伊周，始能正身率屬，簡用賢才，下此即不無得失，况又有權奸在位，既攬朝綱，復以爵賞權威脅制僚屬，王左右之臣皆其鷹犬，人主不危者寡矣。權勢既固，人君左右無人，雖欲自强而不能，如漢去梁冀乃用鄭眾，唐甘露之變至危國家。穆王惓惓於太僕之官，念文武僕從莫非正人，而特訓伯冏，自是必不可無之文，夫子所以存之。其告伯冏以慎簡乃僚，而發端即言己弗克於德，思免厥愆，此不自滿假之心，即所以能命賢求治之本。使不自修其德，而徒責臣下以慎簡乃僚，又烏知其所任者未必賢，而所簡者愈益謬乎？故其述文武則曰聰明齊聖，自叙則曰無良，非實有克己正身之功，固不能爲此言也。而後世因《左傳》楚臣周行天下之言，遂目之爲衰王，何哉？善乎林少穎之言也，曰後世之論穆王者，多過其實。蘇氏因之，遂以爲周德之衰。今觀此篇，其言純正明白，切於治體，彼其僕御之臣，丁寧反復如此。至謂愼簡乃僚，無便辟側媚，則其僕御豈有導王爲非者？而王之言既然，則亦豈肯爲無方之遊哉？以是知世之論穆王者，皆好事者爲之也，當以《書》爲正。夫聖王之治，必由修身齊家始，而修身之道必内正其心，外謹于度，一嚬一笑之不苟，一言一行之皆宜，然後近習不能窺其隙，天下莫不仰其明。三代下至英明才斷之君，能殷殷於臨朝發政之閒，而不端其正身齊家之原。至近習左右以奴隷蓄之而已，小人備員，起居不謹，女子小人乘之，所以不旋踵而敗亡。此篇安可忽哉，斥爲僞書者，其亦思之否也。

吕刑

吕，吕矦，周天子司寇，封於吕，子孫後改爲甫。穆王命吕矦祥刑之法，史錄其語名篇。今文、古文皆有。

惟吕命，王享國百年句**，耄**句**，荒度作刑**句**，以詰四方。**

此史臣原序也，爲訓吕矦言之，故曰惟吕命也。穆王即位年已五十，曰享國百年，從生年數之也。八九十曰耄。旁治曰荒。度，度量也，合天下而大爲裁度。作，制作也。詰，治也。史臣特作此篇，著穆王恤刑之仁，故鄭重自序，言此吕命緣王享國久，深知刑罰之失，大爲裁度，既作之刑，又爲此誥以治四方。閱歷久而爲此命，史特美其老而不倦，非貶辭也。

王曰：若古有訓，蚩尤惟始作亂，延及于平民，罔不寇賊，鴟義姦宄，奪攘矯虔。苗民弗用靈，制以刑，惟作五虐之刑曰法。殺戮無辜，爰始淫爲劓、刵、椓、黥，越兹麗刑幷制，罔差有辭。

若古，猶自古。古有訓，古人所言，穆王述之如此。蚩尤，黄帝時諸矦。鴟義，盜賊狀如鴟梟，以鴟張爲義也。姦宄見前。矯虔，矯詐虔劉。苗，南蠻。靈，善也。五虐之刑，舜之五刑，流、官、教、贖、賊也。有苗始創爲暴虐之五刑，而後世沿之，王故溯其始也。曰法，自以爲法，吴草廬曰非法而謂之法也。劓鼻、刵耳、椓竅、黥面，曰淫爲者，其初别有暴虐之五刑，而後濫爲此等。幷制，幷加虐刑。罔差有辭，不復差别其情辭之重輕也。此述虐刑之所由來。皇古民風汾穆，蚩尤始爲亂階，延及平民染其惡習，民乃不善，不可無刑以治之。而苗蠻素頑惡，民不爲善，其酋亦不以善化之，創作五虐之刑曰法，殺戮無罪之人，爰始淫爲劓、刵、椓、黥等刑，凡於麗法者並制，以此無所差别。

民興胥漸，泯泯棼棼，罔中于信，以覆詛盟。虐威庶戮，方告無辜于上。上帝監民，罔有馨香德，刑發聞惟腥。皇帝哀矜庶戮之不辜，報虐以威，遏絕苗民，無世在下。乃命重黎，絕地天通，罔有降格。羣后之逮在下，明明棐常，鰥寡無蓋。

胥漸，相漸染。泯泯棼棼，昏亂也。中於信，忠心誠服。覆詛盟，既詛盟亦猶覆棄之。庶戮，眾庶被戮者。馨香德，爲善之德。漢孔氏曰：皇帝，堯也。報虐，報其虐民之眾。重黎，即羲和也。絕地，盡輿地而步之，《虞書》所謂宅嵎夷、宅朔方等是。天通，地紀明而天道以通，《虞書》所謂曆象日月星辰，敬授人時者是。報虐以威，有苗虐民，堯加以刑威，若相報也。降格，天心下應。羣后，諸侯。在下，庶司百職。棐常，輔以常道。蓋，覆庇也。承上言天下之民染有苗之習，昏亂無信，虐威戮民，民告無辜于上。上帝監其無有聲香之德，惟刑穢之氣腥聞於上，於是命帝堯治之。帝堯哀矜無辜，報有苗之虐則以刑戮，絕其繼世。乃命重黎司地司天，分明陰陽之道，而天尚未降格也。於時羣后體堯之意，其政之逮於下者，已明明輔民以彝常之道矣。而鰥寡猶多失所，故堯又清問下民，如下文也。

皇帝清問下民，鰥寡有辭于苗。德威惟畏，德明惟明。乃命三后，恤功于民：伯夷降典，折民惟刑；禹平水土，主名山川；稷降播種，農植嘉穀。三后成功，惟殷于民。士制百姓于刑之中，以教祗德。

清問，虛心下問，不爲人所壅蔽。有辭于苗，言因苗之虐刑致民失所也。德威二句，王述堯之意，言堯念化民必先以德畏民志，德威則無所不畏，德明則無所不明。帝知之，故遂命三后以布德也。命三后者，舜攝相時事，實皆堯事。恤功，憂民之功。伯夷典禮，下典禮於民。折民惟刑者，以禮齊民不率者，折之以刑實折之以禮，無禮則刑不中也。主名，表其山川之疆域，《禹貢》所記是也。降播種，下其播種之法於民。殷，正也。士，臯陶爲士也。刑之中，輕重得宜。以教祗德，刑其不善而教民敬於德。承上言堯因鰥寡無依，又清問下民，鰥寡乃言爲上者襲用苗民五刑，鰥人之夫，寡人之妻，希圖以威服人而不尚德，故民失所。堯因自念威不如德，必先德化，乃命三后典禮、治水、教稼，以正民生。又命臯陶爲士，制百姓於刑之中，以教祗德。刑也而曰以教祗德，刑以警不德，德外無刑，非敬亦無以修德也。

穆穆在上，明明在下，灼于四方，罔不惟德之勤。故乃明于刑之中，率乂于民棐彝。典獄，非訖于威，惟訖于富。敬忌，罔有擇言在身。惟克天德，自作元命，配享在下。

穆穆，狀堯之德。明明，狀羣臣也。灼，若火之明照也。訖，止也。富，謂養民。忌，畏也。自作元命，陳氏經曰：猶言自貽哲命，元者善之長，以仁心恤民命，即所以固己之元命。承上而言堯當日用刑之中，因發明其義。言當時堯以穆穆之德而在上，下有禹稷諸臣以明明之德而在下。君臣之德灼於四方，天下風動，無不惟德之勤。故善惡明而是非當，乃能明於刑之中，率乂於民以輔彝常。故凡典獄之人，非止以威制民，惟當以養民爲心，民富則易施禮義也。然必己有祗德，以敬畏爲心，即聽訟之時亦是非不爽，無有擇言在身。斯爲能體天德，自作元命，配享天心而在下也。以上皆穆王述古訓而衍之。

王曰：嗟，四方司政典獄，非爾惟作天牧，今爾何監？非時伯夷播刑之迪，其今爾何懲？惟時苗民，匪察于獄之麗，罔擇吉人，觀于五刑之中。惟時庶威奪貨，斷制五刑，以亂無辜。上帝不蠲，降咎于苗。苗民無辭于罰，乃絕厥世。

司政，諸侯。典獄，凡治獄者。迪，道也。獄之麗，所以麗罪之由。庶威奪貨，以諸班虐威脅取材貨。蠲，潔也。此下二節承上嗟歎而告天下諸侯以敬畏天命，此節則告異姓諸侯也。言爾四方司牧及典獄之官，非爾爲天牧民者乎，其責非輕矣，今爾當以何爲監？非是伯夷播刑導民者乎，今人已失伯夷播刑之意，爾當何懲乎？惟是苗民不察獄情之實，又不擇善人治獄，使觀于五刑之中。惟是庶威奪貨，私意斷制五刑以虐無罪。上帝不潔其所爲，降咎于苗。苗民無所辭罰，乃絕其世，爾其不可深戒乎。

王曰：嗚呼，念之哉。伯父伯兄，仲叔季弟，幼子童孫，皆聽朕言，庶有格命。今爾罔不由慰日勤，爾罔或戒不勤。天齊于民，俾我一日，非終惟終，在人。爾尚敬逆天命，以奉我一人。雖畏勿畏，雖休勿休。惟敬五刑，以成三德。一人有慶，兆民賴之，其寧惟永。

幼子童孫，林少穎曰：穆王享國百年，故諸侯或其子孫也。格命，降格之天命。慰，愜心也。當時同姓惰安，賞而後勤，不自戒其不勤，故穆王指其弊而言之。一日二句，自言天俾我在位，一日未終，一日當終民事也。逆，迎也。畏，艱難可畏之事。休，暇也。二句正教之以勤事。德，漢孔氏謂剛、柔、正直之三德是也。又告同姓諸侯以敬天命，亦歎息而言，令其深念。爾諸同姓皆聽朕言，庶有可格之天命也。今爾無不由慰心而後日勉於勤，否則不勤無或能自戒者，怠安性成，非所以仰承天意也。上天欲整齊於民，俾我享國至今，豈私我哉。我一日未終，即當體天愛人，是我當終之事在人。爾當敬迓天命，以奉我一人。雖可畏之事勿以爲畏，雖休暇之時勿使休暇。惟敬於五刑，勤慎以成三德。如此則予一人有慶，而兆民亦賴之，其安寧長久矣。以上二節承上文上帝遏絕苗民而言，使之敬念天命，下文始及刑罰。自來講家即泥用刑言之，故詞不可解，而文之虛實次第亦紊矣。

王曰：吁，來，邦有土，告爾祥刑。在今爾安百姓，何擇非人，何敬非刑，何度非及？

此下乃正言祥刑，而此節又下六節之綱領也。有邦，諸侯。有土，卿大夫。蔡氏曰：刑，凶器，而謂之祥者，刑期無刑，祥莫大也。度，審度。曰何曰非，問答以發其言，明三者之決不可不盡心是也。及，連及。人者，司刑者，擇之則罔擇吉人者無有。刑關民命，敬之則匪察於獄者無有。及者，獄詞所蔓及，度之則亂罰無辜者無有矣。

兩造具備，師聽五辭。五辭簡孚，正于五刑。五刑不簡，正于五罰。五罰不服，正于五過。

兩造，兩爭訟者。本無事而造爲此事，故曰造也。具備，詞證皆全。師聽，眾聽之。《周禮》三刺曰訊羣臣、羣吏、萬民，《王制》史以獄成告於正云云是也。五辭，麗於五刑之辭。簡孚，核之而信。不簡，情罪不相當。罰，贖也。不服，不應罰。過，誤也。此正告以用刑差等之法，蓋必求其簡孚而後可，慎之至也。

五過之疵，惟官，惟反，惟內，惟貨，惟來。其罪惟均，其審克之。

孔氏安國曰：五過之所病，或嘗同官位，或詐反囚辭，或內親用事，或行貨枉法，或舊相往來是也。審克，審其情而治之。上文言慎刑而遞降爲五過，疑或輕縱有罪矣，故又言五過之疵。有此五者，則其罪惟均，不得以過置之，其詳審而治之也。

五刑之疑有赦，五罰之疑有赦，其審克之。簡孚有眾，惟貌有稽。無簡不聽，具嚴天威。

申明上文五罰五過之説。五刑之疑者則赦而爲罰，五罰之疑者則赦而爲過，赦此則屈彼，其詳審而治之。若簡孚眾以爲然矣，尤必稽其貌而審其情，恐眾口不實，犯者或有難言之隱。若稽其貌而無可簡實，則且勿聽之，此皆所以嚴敬天威，慎重人命也。

墨辟疑赦，其罰百鍰，閲實其罪。劓辟疑赦，其罰惟倍，閲實其罪。剕辟疑赦，其罰倍差，閲實其罪。宮辟疑赦，其罰六百鍰，閲實其罪。大辟疑赦，其罰千鍰，閲實其罪。墨罰之屬千，劓罰之屬千，剕罰之屬五百，宮罰之屬三百，大辟之罰其屬二百，五刑之屬三千。上下比罪，無僭亂辭，勿用不行。惟察惟法，其審克之。

范蜀公謂舜之五刑，流、官、教、贖、賊，其墨、劓、剕、宮、辟乃有苗之刑是也。五虐之刑自有苗以來流傳人閒，長民者或常用之。穆王時多以此刑虐民者，故王特爲此贖罰之法，蓋仁民之苦心也。刻顙而涅之曰墨。疑赦，情節疑似而可赦者。六兩曰鍰。鍰，黄鐵，即今之黄銅也。閲，檢閲。實，核實。劓，割鼻。剕，刖足。宮，淫刑也，男子割勢，婦人幽閉，幽閉之法，割乳。大辟，死刑也。倍，二百鍰。倍差，倍而又差，五百鍰也。三千，總計之也。蔡仲默曰：《周禮》司刑所掌五刑之屬二千五百，兹刑雖增舊，然輕罪比舊爲多，而重罪比舊爲減也。上下比罪，法無此條則上比重罪，下比輕罪，上下相比定其所犯之重輕，如今律比例也。無僭亂辭，當比例之時法無所據，無差誤於眾人僭亂之詞。律無所依，勿用今所不行之法，察辨之精，法處之當也。

上刑適輕，下服；下刑適重，上服。輕重諸罰有權。刑罰世輕世重，惟齊非齊，有倫有要。

申明上文審慎適中之道。張氏九成曰：殺人者死，此上刑也，然有誤殺者，此適輕也，則服下刑。鬬歐不死，此下刑也，然有謀殺而適不死者，此適重也，則服上刑。至於用罰亦當權其輕重，情輕則罰亦輕，情重則罰亦重是也。下三句乃歎息而總結之，言刑罰失實，隨世俗爲輕重久矣。爾惟齊其不齊，歸於有倫而不紊，有要而不易，民乃不至枉屈耳。

罰懲非死，人極于病。非佞折獄，惟良折獄。罔非在中，察辭于差，非從惟從。哀敬折獄，明啟刑書，胥占，咸庶中正。其刑其罰，其審克之。獄成而孚，輸而孚，其刑上備，有并兩刑。

單承罰而言之，舉輕以見重也。佞，口才。良，仁厚。中，中心，謂天良也。差，不由中之辭。從，從犯者之説。刑書者，首節云作刑，王蓋特制爲刑書，此戒羣臣遵行之。上備，上其獄而備載其辭也。并兩刑，兩列刑條以請上奪。承上文而惕以哀敬之心，言罰所以懲過，非欲致之於死也。然以金贖罪，人且極於疲病，况刑之者乎。是故折獄之人，非佞口爲貴，惟良爲貴。夫民罔非有天良之在中者，特忿迫而然，折獄者察其辭於差誤之處，以審其實，非必從其説，亦未嘗不從其説。要以哀敬之心折獄，明啟刑書，與眾共占，咸眾以爲中正矣，則其刑其罰，其庶幾能審治之。然猶不敢自恃也，即獄成而眾信之，犯者亦輸情而信之矣，而其刑上備，猶有并兩刑以請者，蓋如此始爲慎重。今制獄，疑則黏單請旨，即此意也。

王曰：嗚呼，敬之哉。官伯族姓，朕言多懼，朕敬于刑，有德惟刑。今天相民，作配在下，明清于單辭。民之亂，罔不中聽獄之兩辭，無或私家于獄之兩辭。獄貨非寶，惟府辜功，報以庶尤。永畏惟罰，非天不中，惟人在命。天罰不極，庶民罔有令政在于天下。

此總承上六節而惕以天罰，與四方司政典獄二句相迴應也。官伯，官之長。孔氏安國曰：族，同姓；姓，異姓是也。自言其懼，以惕之使懼，蓋懼而後能敬也。有德惟刑，有德者惟能用刑。作配在下，輔天工而作配。單辭，一面之辭。各於單辭聽之，則兩辭皆悉矣。亂，爭訟不治。私家，據單辭一家之私言。獄貨，鬻獄得貨。府辜，聚罪。功，事也。報以庶尤，蔡氏曰降之百殃是也。非，違也。違天即爲不中，所以釋上文中字之義，見明中乃天理也。在命，在天命之中。人命莫不本於天，猶諺所謂人命關天也。總承而歎息之，令其敬畏。凡此刑罰之事易於失中，朕言之猶多畏懼，是以朕敬於刑，思有德者惟能用刑。今天相民，令我君臣作配在下，將何德以堪之？是必至明至清於單辭，詳審之使各盡其説。凡民之爭亂者，無不中聽獄之兩辭，無或私家於獄之兩辭，則可謂明清矣。苟爲不然，鬻獄而取貨，其貨非寶，惟府罪之事，天必報以庶尤。故可永畏者惟天罰，斷獄而非天理則爲不中，惟人皆在天命之中。使背天理而天罰不極，則庶民含冤，世無有令政在於天下矣。知此而用刑，可不敬懼歟。

王曰：嗚呼，嗣孫，今往何監？非德于民之中，尚明聽之哉。哲人惟刑，無疆之辭，屬于五極，咸中有慶。受王嘉師，監于兹祥刑。

此又重告後來也。德於民之中，有德以爲民之中也。哲人惟刑，即上文有德惟刑意。無疆之辭，蔡傳曰無窮之譽是也。屬，著也。五極，孔安國曰五常是也。刑以弼教，故哲人之刑無非欲民屬於五常，言此迴應伯夷典禮以教祗德等意。嘉師，猶言衆良民。又歎息而告後來，言嗣世子孫自今以往當何所監？非修德以立於民中乎，我今所言尚明聽之哉。惟哲人惟能用刑，有無疆之譽辭。凡屬於五極之刑者，咸得其中而無冤濫，非德以爲刑之本，何以致兹。嗣世子孫受王嘉師，其監于兹祥刑可也。

附解

刑者，聖王不得已而用之，所以儆愚懲凶，使歸於善也。聖王之世，禮樂爲先，本躬行以導民，政治詳而教化洽，有不率者，然後刑以一之。《虞書》兵刑合爲一官，而四凶之罪止於流竄，其禁網之疏可想。自世運益降，道德齊禮之化不能長存，刑罰乃日加密。《虞書》所記典刑，流、官、教、贖、賊而已。後世乃沿苗民之制，多用墨、劓、剕、宫、辟。解經者誤以爲舜之法，不知此篇穆王明言苗民制五虐之刑，淫爲劓、刵、椓、黥。若果聖王所垂，穆王豈瞢焉不知？朱子乃謂穆王從苗民蚩尤作亂道起，説得散漫，其亦未知書旨矣。蔡仲默又謂穆王大辟，亦與其贖，蓋巡遊無度，財匱民勞，末年爲此權宜之術，以斂民財。然此書哀矜惻怛，誠意曲至，毫無苟斂民財之意。《左氏》載子革引穆王之言，原不足信，何乃據之以解經？耄荒度作刑，從東坡解爲是，土功云荒度。禹平洪水，合天下而營其疆界；穆王當刑獄之紊，合天下而定其法制，故皆曰荒度也。八十九十曰耄，豈得以爲昏亂之稱？古無刑書，決獄聽諸在上者。墨、劓等五刑爲苗民所作，因聖王惟重德化，刑罰次之，自來未著有明條。世衰教微，無德者嫌舜五刑太輕，遂襲用苗之五刑。《周禮》雖有之，然開端即分輕典、中典、重典，又明列野、軍、鄉、官、國五刑，而五聲、八法、三刺諸法尤分別之至詳。使墨、剕等五刑爲常用，則必大書，以屬於大司寇、小司寇，而何乃僅列於司刑哉？《小司寇》曰：以五刑聽萬民之獄訟，附于刑。夫曰附于刑，則可知非刑之正律，而因沿襲之久，亦特備一説耳。《司刑》曰：若司寇斷獄訟，則以五刑之灋詔刑罰，而辨罪之輕重。蓋謂司寇斷獄已定，或閒有用此五刑，則必辨其輕重而刑罰之。罰即罰之以金，此章所謂贖也。下文即次以三刺、三宥、三赦之法，曰求民情，斷民中，而施上服下服之罪，然後刑殺，豈輕用哉？穆王因時多尚五刑，故特爲此贖之之法，然曰疑赦也，閱實其罪也，非概爲贖也。可疑可赦，閱實而後贖之，贖亦何害？先儒拋卻疑赦字，而第曰大罪亦許贖耳，其於文字亦殊未究矣。篇中字句，舊説尤多牽强，致書旨不明，今略辨之。開端述古訓言上古民氣渾穆，至蚩尤作亂，民染惡習，乃多爲非，以刑治之，而苗民凶惡，創爲虐刑，其義甚明，前人何乃疏忽？皇帝，孔安國以爲堯，而蔡仲默以爲舜，謂命禹稷皆舜事。不知舜攝相時事莫非堯事，及得位後，則夫子歎其無爲矣。命重黎即堯命羲和事，先儒誤認舜之典刑即墨、剕等五刑，故以爲舜。然使堯舜用此五刑，即不成爲堯舜，且穆王不當歸罪於苗，而云其淫爲。禹征有苗雖在舜時，而舜相堯時已曾竄三苗於三危，則遏絕苗民謂爲堯事何不可？且有苗至頑，經堯舜禹治之猶不化，經文明明可考者。絕地天通，孔傳云：使天神無有降地，地祇不至於天。宋儒因之謂修明祀典，絶神怪之説，眞謬説也。天地人一理相孚，故一氣相感。人爲天地之心，三才之主，人道修則天地格，天地一氣渾淪，何時不闔闢？鬼神，朱子以爲陰陽之靈，天地即陰陽也，鬼神爲天地之靈，故體物不遺。天地無息不通，即無時不降格於下，而云絶之，使不通不降格可乎？天地本清寧也，仁覆本無已也，因人功失，而天地生養曲成之意皆失。堯使羲和經緯地紀天道，以通釐百工而熙庶績，以此故曰絶地天通也。但經理地維，明時治歷天地之意已通，而養教之法未備，故又命羣后及在下輔倫常而恤鰥寡。乃命二字直貫下文，故羣后二字上不復用乃命字，而先儒亦遂因之誤解。羲和，重黎之子孫，茲稱重黎或即以爲氏也。鰥寡無蓋，即鰥寡以概窮民也。苗民五刑至輕者亦殘肢體，故凡犯罪者多成廢人，民苦其虐而官吏不恤，九重何以知之？皇帝清问下民，乃得其狀，乃命三后治水教稼明倫，然後民安，而天心降格。前此絶地天通，天猶罔降格者，以民多失所也，疑堯時猶鰥寡無蓋爲非者，未晰文義也。伯夷降典，折民惟刑，典禮以範民，不率者以刑折之，言此正見聖王之刑莫非所以維禮。蔡氏乃疑伯夷嘗兼刑官，崔氏述亦云然，誤矣。庶有格命，承上上帝不蠲，起下敬逆天命，自當以蘇東坡之説爲是。罔不由慰日勤以下，舊説尤强，今正之。五過之疵，蔡傳不如孔傳之醒。惟貌有稽，無簡不聽，舊説亦不連貫。因疑而後有赦，然必簡孚閱實，其審克之，慎重丁寧至矣。而蔡氏乃谓穆王輕贖，刑罰世輕世重解爲周官刑新、國用輕典之類，而曰輕重諸罰有權爲權一人之輕重；世輕世重，權一世之輕重；惟齊非齊，法之權；有倫有要，法之經。全不顧本文上下承接語意，而以己私妄解，可嗤也。其刑上備，有并兩刑節，語氣亦不順。官伯族姓，孔傳爲允。有德惟刑，作穆王自明者非。明清于單辭，明清二字貫下二句，罔不中聽、無或私家即清明也。諸家因上言單辭，下言兩辭，是用眩惑，不知兩辭分則單，合則兩也。聽獄者必先使人各自盡其單辭，然後合兩辭而折之，若令兩相訟辨則易淆惑，故先言明清於單辭。辜功，蔡傳曰猶云罪狀，亦似可通。然辜功不成語，不如從孔傳訓功爲事，府辜二字相連爲順。非天不中，惟人在命，非字本訓違，猶云違天則爲不中也，舊説承上天罰而不得其貫通。五極，蔡氏指五刑，不如孔安國之允。篇中字句舊解多誤，不能盡書。穆王開端即斥蚩尤、苗民，而述皇帝曰明明棐常、德威、德明、以教祇德、罔不惟德之勤、惟克天德、惟敬五刑、以成三德、有德惟刑，反復丁寧，總欲治獄者知刑以輔德，不可虐刑。故於末節結之曰今往何監、非德於民之中乎，將上文德字中字收盡，而表哲人以爲法。稱民曰嘉師，稱刑曰祥刑，不敢慢民，不忍尚刑，其仁至矣。而先儒乃謂王創贖法以斂財，夫子存以示戒，又謂文繁不殺，可覘盛衰。夫以纏緜之詞爲瑣屑，以仁厚之意爲斂財，其得失奚啻霄壤。不詳辨之，則本文意義不明，古人之志晦，而夫子删書之旨亦晦，豈好爲異論，必與前人相反哉，識者其鑒諸。

文矦之命

舊説幽王爲犬戎所殺，晉文矦與鄭武公迎太子立之，是爲平王，遷於東都。平王以文矦爲方伯，賜以秬鬯、弓矢，史錄其策命。愚按：平王當喪亂之後，諸矦用命，不乘此時收權綱、殄讎民，而輕棄故都，散遣重臣，王室遂微。東遷之後賴晉主盟，緜延周祚者又數百年。夫子錄此，誌周之所以衰，亦以明晉之功，見東周之所以延也。今文、古文皆有。

王若曰：父義和，丕顯文武，克慎明德，昭升于上，敷聞在下。惟時上帝，集厥命于文王。亦惟先正，克左右昭事厥辟，越小大謀猷，罔不率從，肆先祖懷在位。

蔡仲默曰：同姓故稱父。文侯名仇，義和其字，不名者，尊之也。丕顯者，言其德之所成。克慎者，言其德之所修是也。上，天。下，民。上言文武而下專言文王者，述周受命之始也。先正，先代賢臣。懷，安也。

嗚呼，閔予小子嗣造天丕愆，殄資澤于下民。侵戎我國家純。即我御事，罔或耆壽俊在厥服，予則罔克。曰：惟祖惟父，其伊恤朕躬。嗚呼，有績予一人，永綏在位。

漢孔氏曰：歎而自痛傷也。蔡仲默曰：閔，憐也。嗣造天丕愆者，嗣位之初，爲天所大譴，父死國敗是也。殄，絶。資，用。侵戎，西犬侵伐。純，大也。即，今也。耆壽俊，老成俊士。厥服，其位也。祖、父，謂諸侯同姓之尊者。伊，伊誰。績，功也。此述已遭禍甚大，無有賢臣在位，望同姓諸侯安定己身，以起下文。張氏九成曰：平王卑卑以位爲樂，其無有爲之志可見。吕東萊曰：平王求於人者重，而自任者輕，徒延頸企踵以望諸侯之助，而不思反身以自强。燕昭小國之君耳，慨然有復讎之志，而士爭趨之。平王豈可以罔或耆壽俊在厥服而但已哉，皆知言也。

父義和，汝克昭乃顯祖，汝肇刑文武，用會紹乃辟，追孝於前文人。汝多修，扞我于艱，若汝予嘉。

顯祖，唐叔。前文人，前代名臣。肇，始也。蔡氏曰：會者，合之使不離。紹者，繼之使不絶。汝多所修，完捍衛我於艱難，若汝之功，予所嘉美是也。

王曰：父義和，其歸視爾師，寧爾邦。用賚爾秬鬯一卣，彤弓一，彤矢百，盧弓一，盧矢百，馬四匹。父往哉。柔遠能邇，惠康小民，無荒寧。簡恤爾都，用成爾顯德。

師，衆也。孔氏安國曰：黑黍曰秬，釀以鬱草。卣，中尊也。諸侯受錫命，當告其始祖，故賜鬯也。彤，赤。盧，黑也。諸侯有大功，賜弓矢，然後專征伐。馬供武用，四匹曰乘。蔡氏曰：簡者，簡閲其士；恤者，惠恤其民，皆是也。

附　解

周自東遷以後，王室遂衰，其咎全在平王。蓋幽王無道，身戮國亡，於时天下諸侯並無怨畔者，晉文、鄭武之徒一起而犬戎逃遁。使平王能振拔有爲，選用賢臣，復父之讎，幹父之蠱，修葺宗社，如文侯、鄭武輩晉爲夾輔，命秦襄攘斥西戎，晉爵倍禄，而不與以岐豐之地，則少康、宣王不得專美於前也。乃以懷安之故，輕棄故都，偷安洛邑，怯於西戎，遽畀秦以巖疆。夫子蓋深有慨焉，故於《詩》記黍離戍申，於《書》記此篇，以見周室之衰，非文武周公之德不長，乃平王自取卑弱也。蘇東坡曰：宗周傾覆，禍敗極矣，平王宜若衞文、勾踐，然今其書乃旋旋焉，與平康之世無異。讀《文矦之命》，知平王之無志也。張氏九成曰：文矦，平王腹心之臣也，當如周公畱相朝廷而矦其子，如伯禽與之圖復國讎可也。乃使之歸視爾師，寧爾邦，其志可知，可謂不知輕重。吕東萊曰：東遷之初，大讎未報，王略未復，正君臣卧薪嘗膽之秋也。奔亡之餘，僅得苟安乃釋然，自以爲足，曰歸視爾師、寧爾邦，兵已罷矣；曰賚爾秬鬯、彤盧弓矢、馬四，功已報矣；曰往哉柔遠能邇、惠康小民、無荒寧，告以平世之政，軍旅不復講矣；曰簡恤爾都，勉以本邦之治，王室無復事矣。嗚呼，周其終於東乎。董氏鼎曰：平王所以深嘉文矦者，不過曰汝多修，扞我於艱耳。方當戡亂之際而使之歸，拳拳於爾師爾邦爾都，而置我君我父我王家於不問。夫子録其書者，尚以其能錫命諸矦，文武之遺澤未泯，特平王自不振耳。以上諸人之言皆有所見，然愚嘗考論周室盛衰之故，聖人無一毫利禄之心，苟非其道，棄天下如敝屣耳。周家世僻西陲，非有發奮自雄長心，因盛德所著，民心自然趨向。公劉經營之業，狄人貪而侵奪，太王不忍因土地而力爭害人，棄之如遺，遷岐，民又附之。至文武而遂大，商紂無道，天下畔之歸周，武王恐不順天下推戴，亂爭必起，民反罹殃，且成湯善政必湮，故爲順天應人。既得天下，去其不肖，廣植賢矦，以爲天下已安，唐虞以來聖人之政不墜足矣。既立之禮樂，使諸矦遵守之，世世相傳以緜政敎，即以延祚禄，下至臣僚亦有世官世禄之典。其視天下爲公器，非如後人區區經畫，作一家之世業也。然人心至難防閑，聖人之法亦不能久而弗墜。在上者世富貴而驕淫，在下者長飽煖而滋弊，世官世禄之制，遂爲後世淫惡兼幷等禍所由興，非聖人不慮及之也。治世之道歷久必當變通，後世子孫不肖，實前人所無如何。平王不幸而遭家難，賴諸矦以平，文矦忠順，錫命爲方伯。厥後世益衰亂，管仲創爲霸局，尊周攘楚。晉文繼之，扞楚而御秦，周賴以安者數百年。使三家不分，晉秦安能鴟張？夫子所以大管仲之功有取於崤師，而此書亦所以予晉。平王之失，在輕棄岐豐，不修文武之政。然扶衰救弊，不外修德行仁，尤必得大賢襄治。厲王之後，尚有宣王，以周召共和之力。幽王之亂甚於厲王，而廷臣無若周召者，僅外矦晉秦之類，逐犬戎定王室而已。至經營再造之業，既無大賢，平王又安能爲之？即遷都以後，王能博求賢佐，修舉廢墜，亦何嘗不可中興？蓋周家深仁厚澤，所以維繫人心者，固非如後世根本不厚，專恃法令相維。觀東遷以降，天下諸矦爭幷，無所不至，而王朝晏然，無有萌覬覦之心者。天子之令不行於諸矦，而天子亦未暴虐及於臣民也。至於世及世祿，久必生兼并之禍，乃一定理勢。當平王時，若有聖君賢相，乘國家新造，變通而更張之，恰合其宜則妙，然此豈不明《大學》之道可以能之者乎？諸儒非議平王，衹就此篇文字評斷，其言雖是而未洞悉由來。夫子删《書》存此，則以周家立國賴藩矦拱衛，不必權歸一人。文矦於當時有靖亂之功，而東遷後子孫世主夏盟，周賴以安，故與《費誓》同存。見聖人封建既以天下爲公，亦藉臣下相維相恤，不以心膂股肱之誼，第爲空談。至積久變亂，乃因聖學不傳故，無有聖人隨時補救之，不得以咎前王也。

費誓

《序》云魯矦伯禽宅曲阜，徐夷並興，東郊不開，作此。蓋淮夷、徐戎在周公時已屢畔，周公没後復畔，魯公征而平之。史記其事，夫子錄之，以見伯禽能承周公之烈，捍衛王室也。徐戎，在今江南鳳陽府泗州地。曲阜，屬今山東兖州府。今文、古文皆有。

公曰：嗟，人無譁，聽命。徂兹淮夷、徐戎並興。

漢孔氏曰：伯禽爲方伯，監七百里之諸矦，帥之以征，歎而勅之，使無諠譁，靜聽誓命。孔氏穎達曰：《禮》諸矦不得專征伐，惟州牧於當州之內有不順者，得專征之。《明堂位》云：封周公於曲阜，地方七百里。蓋監此七百里內之諸矦，非以七百里封伯禽也。下云魯人三郊、三遂，指言魯人，明於時軍內更有諸矦之人是也。徂兹，漢孔氏曰：往征此夷戎也。

善敹乃甲胄，敿乃干，無敢不弔。備乃弓矢，鍛乃戈矛，礪乃鋒刃，無敢不善。

蔡仲默曰：敹，縫完也，完其甲胄，勿使斷毀。孔氏穎達曰：少康子杼作甲，古用皮，秦漢以來用鐵。胄，兜鍪也，蓋用鐵爲之。敿，鄭氏曰猶繫也，紛繫楯而持之。弔，至也，謂其精至。鍛，淬。礪，磨也。甲胄所以衛身，弓矢戈矛所以克敵，先自衛而後攻人，亦其序也。此戒軍中治戎備。

今惟淫舍牿牛馬，杜乃擭，斂乃穽，無敢傷牿。牿之傷，汝則有常刑。

蔡仲默曰：淫，大也。牿，閑牧也。擭，機檻。斂，塞也。師既出，牛馬所舍之閑牧，大布於野，當窒塞其擭穽，或不謹而傷閑牧之牛馬，則有常刑。愚按：古惟車戰，牛馬載緇重備攻戰，故特戒其善豢也。除道路事亦該其中。

馬牛其風，臣妾逋逃，無敢越逐①。祗復之，我商賚汝②。乃越逐，不復，汝則有常刑。無敢寇攘，踰垣墻，竊馬牛，誘臣妾，汝則有常刑。

賈逵曰：風，放也，牝牡相誘謂之風。孔氏穎達曰：因牝牡相逐而遂至放逸遠去也。臣妾，金仁山曰：軍中奴婢薪炊者。戎車甲士三，徒七十二，外有餘子二十五人，即臣妾也。越逐，越軍壘而逐之。祗復之，偶得之則敬還其主。商賚，度量多寡而賞之。不復，竟攘取也。寇攘以下禁其盜竊。此嚴部伍而肅軍法也。

甲戌，我惟征徐戎。峙乃糗糧，無敢不逮，汝則有大刑。魯人三郊三遂，峙乃楨幹。甲戌，我惟築，無敢不供，汝則有無餘刑句，非殺句。魯人三郊三遂，峙乃芻茭，無敢不多，汝則有大刑。殺，所界切。

峙，儲備也。糗，熟米麥以爲粉餌。糧，統指粟麥之屬。逮，及軍用也。大刑，死刑。《周禮》萬二千五百家爲鄉，萬二千五百人爲遂。凡起徒役，家出一人，故萬二千五百人爲軍，天子六軍出自六鄉，諸侯大國三軍出自三鄉。鄉在郊內，遂在郊外，鄉近於郊，故以郊言之。諸侯之兵皆在而云魯人者，地近而易辨也。楨幹，版築之木，牆端者楨，兩旁障土者曰幹。吴氏澄曰：總諸侯以同征，糗糧當自齎持，楨幹芻茭非遠國所能自齎，故責之魯人是也。無餘刑，凡不供者盡懲以刑，無留餘。若敢藉此爲非，如後世藉公擾奪民者，則殺之。行軍之道，能守而後能戰，故嚴其法以儆之。茭，乾芻也。孔氏穎達曰：糗糧難備，不得偏少，故云無敢不逮。楨幹易得，惟恐闕事，故云無敢不供。芻茭賤物，惟多爲善，故云無敢不多是也。

附　解

今山東兗州府有費氏故城，蓋季氏私邑，而孔安國謂魯東郊地，則非此矣。陳師凱曰：春秋之初，費自爲國。隱元年《左傳》曰：費伯帥師城郎。僖元年曰：公賜季友汶陽之田及費。然則伯禽時之費決非魯地，但魯爲方伯，費在屬國之中耳。其説甚是。此篇吕東萊謂在伯禽初封之時，蔡氏從之，《洛誥》傳又謂在周公東征之時，皆非也。《禮記·曾子問》篇孔子曰：吾聞諸老聃，昔者魯公伯禽有爲爲之也。蓋淮夷、徐戎嘗肆侵擾，周公既没，乘機復畔，伯禽卒哭而遂征之。夫子錄此以見魯公能繼周公之志，征不廷以衛王室。且周公成文武之德，明備禮樂，不特八百年靈長之祚賴之，即唐虞以來聖人修己治人之道，亦賴公而傳。《詩》紀《魯頌》，《書》存此篇，皆思周公之意耳。故曰如有用我，吾其爲東周夢見周公。夫子苟得志，脩明周

① 無，《尚書正義》作勿。逐底本作遂，因據注文及《尚書正義》改。
② 汝，《尚書正義》作爾。

公之治，使東周比美於西周，即爲東周也，豈改制而自爲乎？徐戎、淮夷世爲周患，武王崩，三監及淮夷畔，召公平淮，徐方繹騷。自成王至宣王，每有畔亂。蓋周居西陲，去東較遠，伯禽就封當周公在時，淮戎等不敢鴟張。及公没而遂蠢動，欺伯禽未必才耳。夫子存此篇，見魯公之英明，不止但有文德，所以能繼周公而緜秉禮之政。且周家天子但治畿內，天下乂安全恃諸矦之藩衛，而方伯連帥，專征敵愾，尤天子所倚賴。春秋衰亂，盟主維持者尚數百年。前篇紀晉文矦，此篇記魯公征伐，所以明周之立國封建遺畱若此，後世天子不能持其綱，方伯不能舉其職，所以淩夷，非先王立法之不善。不然，魯公之賢，何不記其文德，而專存此武功之事？夫子生長於魯，爲東周之意，固曰苟有用我，輔魯以藩周室不難。而魯積弱不振，三月攝相，又復不能久任。此篇特記魯公武略以寄慨歎，豈謂魯公之賢乃僅於此乎。薛季宣曰：以戰則兵甲精鍊，以居則營廐嚴肅，以動則軍無侵掠，戰守則糧餉備具，城築則楨幹畢集。而申之以戒令儆之，以邦刑節制之，明師衆之一，兵法之善，固無加於此者，其言亦爲有見要之。史記王及矦國書不一端，經夫子删訂其所存之篇均有意義，第讀者未之深察耳。史載伯禽三年報政，周公曰：魯矦滋弱矣。即此篇推之，則其言爲後人所傅會，不足信可見。

秦誓

《左傳》：秦穆公與晉文同伐鄭，私與鄭平，畱杞子等三人戍鄭。杞子自鄭使告於秦，導以伐鄭。穆公訪諸蹇叔，蹇叔不可，公不聽，使孟明、西乞、伯乙伐鄭。晉人敗諸殽，囚其三帥，文嬴請三帥釋歸。穆公素服郊迎，鄉師而哭曰：孤違蹇叔，以辱二三子，孤之罪也。後復伐晉，自茅津渡河，封殽尸而還。此篇其誓衆之辭，夫子錄之，取其悔過之誠，而夏聲必大之故，亦早見其微矣。今文、古文皆有。

公曰：嗟，我士，聽無譁。予誓告汝羣言之首。

玩我士聽無譁五字，則此誓作於封殽尸時可知。首，要領意。羣言之要，下文所引古言是也。

古人有言曰：民訖自若是多盤。責人斯無難，惟受責俾如流，是惟艱哉。

蔡仲默曰：訖，止也。盤，安也。凡人止自是多耽安樂，責人則無難，惟受責於人，如流水之無阻滯，則甚難。蓋穆公悔前自安而不聽蹇叔之言，故深味古言，舉爲誓言之首。

我心之憂，日月逾邁，若弗云來。

此乃自言其悔過，無及日月過而不可復來，以起下文。

惟古之謀人，則曰未就予忌。惟今之謀人，姑將以爲親。雖則云然，尚猷詢茲黄髪，則罔所愆。

古謀人，老成之士，暗指蹇叔。今謀人，新進之士，暗指杞子等。未就予忌，以爲不就己而忌之。姑將以爲親，喜其順己而苟且親之。此述己前日之過也，又言前日雖已然，今尚當詢此黄髪而行，庶無所愆矣。

番番良士，旅力既愆，我尚有之。仡仡勇夫，射御不違，我尚不欲。惟截截善諞言，俾君子易辭，我皇多有之。

番、皤同，老貌。愆，過也。仡仡，勇貌。截截，辯捷。諞言，論偏而巧也。老成雖無旅力，我庶幾有之。勇士即工射御，我尚不欲。况以巧言變亂善言，我皇多有之哉。此乃推言己今後用人之意，以起下文。

昧昧我思之，如有一介臣，斷斷猗，無他技，其心休休焉，其如有容。人之有技，若己有之。人之彦聖，其心好之。不啻如[1]自其口出，是能容之，以保我子孫黎民，亦職有利哉。

昧昧，沈潛静思也。介，《大學》作个，《左傳》一介行李亦一个意。斷斷，誠慤意。猗、兮通。无他技，外若無他技藝，正形容斷斷之貌。休休，坦綽也。有容而曰如，形容不盡其量也。朱子曰：彦，美士。聖，通明是也。不啻，猶不但。是能容，惟是爲容，有實字意，故《大學》竟作實也。職，主也。

人之有技，冒疾以惡之。人之彦聖而違之，俾不達。是不能容，以不能保我子孫黎民，亦曰殆哉。

冒，《大學》作媢，忌也。違，不從之。俾不達，則阻其進用也。

邦之杌隉，曰由一人。邦之榮懷，亦尚一人之慶。

杌隉，不安貌。張氏九成曰：杌如木之動搖，隉如阜之圮壞是也。懷，安也。一人，孔、蔡均以爲所任之一人是也。

附　解

《書序》、孔傳及蔡仲默皆以爲此誓作於敗殽之年，惟《史記》載穆公三十三年敗殽，三十六年伐晉，晉敗，乃自茅津渡河，封殽中尸，爲發喪，哭之，乃誓於軍。金仁山從之。按：《左傳》穆公敗殽，鄉師而哭，有孤違蹇叔、以辱二三子之言，與此篇意合。然篇首曰嗟我士聽無譁，則誓作於封殽

---

① 如，《尚書正義》作若。

尸時明甚。蓋穆公始違蹇叔而致敗創，終用孟明而報晉恥，故作此篇，言國家安危係於所用之一人，而悔己從前不信老成。夫子録之，著穆公悔過任賢之意。其言君子小人情狀，得其要領，夫子所以取之，而《大學》特引之。蓋君子小人之實多端，然惟廣集天下之賢能，樂善之量始大，而天下無棄材。大舜問察，周公吐握，所以爲聖。小人己不善而嫉人之善，己有長而忌人之長，不特良善裹足，甚且罹害國家，用之安得不喪敗？穆公經一番挫折，便自刻責，明晰君子小人情狀，若此可不謂賢乎。故夫子取以殿四代之編，或以爲逆知秦必代周，則近於妄。蓋神以知來，知以藏往，聖人所以百世可知者，不任數而任理，理見其精則前知，正非奇事。秦僻西陲，盟會不通中國，然仲與襄公忠勤，肇造奕世，殊少篡亂。穆公悔過，任賢能，以忠厚待人，固有昌大之理。夫子即知其將大，非必遂謂其必繼周。此篇自是取其言君子小人該括一切，可爲後法耳。穆公之後，秦君罕如穆公，其後雖有天下，乃以詐力，夫子豈遥遥遽許以代周哉？聖人無不前知而不貴前知，蓋人心一念之聖狂，即善惡轉移之霄壤。老子曰：前識者，道之華，而愚之首也。道得於身，原有前知之妙，然專恃乎此，則人禽幾希之。故事天立命之學，全屬無用，故以爲第一愚人。夫子曰：賜不幸多言而中，是使賜多言者也。老子世以爲神仙，而不貴前知，豈異端乎？世人不知聖賢即神仙，而爲奇誕之徒所惑，遂謂聖外别有仙。是故聖人之實以晦，而怪妄之徒益多矣。